Erfolgskonzepte Zahnarztpraxis & Management

Erfolgs-Konzepte für Ihre Zahnarztpraxis
Als Zahnarzt sind Sie auch Führungskraft und Manager: Teamführung, Qualitätsmanagement, Abrechnungsfragen, Erfüllung gesetzlicher Vorgaben, patientengerechtes Leistungsspektrum, effiziente Abläufe, leistungsgerechte Kostensteuerung ...

Zusätzliche Kompetenzen sind entscheidend für Ihren Erfolg.

Agieren statt reagieren

Gestalten Sie zielgerichtet die Zukunft Ihres Unternehmens - als Organisator, Stratege und Vermarkter.

Marc Däumler
Marcus M. Hotze

Social Media für die erfolgreiche Zahnarztpraxis

Mit 55 Abbildungen

Marc Däumler
Agentur für Kommunikation
excognito
Berlin

Marcus M. Hotze
HEUSSEN Rechtsanwaltsgesellschaft mbH
Berlin

ISBN 978-3-642-45034-1 ISBN 978-3-642-45035-8 (eBook)
DOI 10.1007/978-3-642-45035-8

Die Deutsche Nationalbibliothek verzeichnet diese Publikation in der Deutschen National-bibliografie; detaillierte bibliografische Daten sind im Internet über ▶ http://dnb.d-nb.de abrufbar.

© Springer-Verlag Berlin Heidelberg 2016
Das Werk einschließlich aller seiner Teile ist urheberrechtlich geschützt. Jede Verwertung, die nicht ausdrücklich vom Urheberrechtsgesetz zugelassen ist, bedarf der vorherigen Zustimmung des Verlags. Das gilt insbesondere für Vervielfältigungen, Bearbeitungen, Übersetzungen, Mikroverfilmungen und die Einspeicherung und Verarbeitung in elektronischen Systemen.
Die Wiedergabe von Gebrauchsnamen, Handelsnamen, Warenbezeichnungen usw. in diesem Werk berechtigt auch ohne besondere Kennzeichnung nicht zu der Annahme, dass solche Namen im Sinne der Warenzeichen- und Markenschutz-Gesetzgebung als frei zu betrachten wären und daher von jedermann benutzt werden dürften.
Der Verlag, die Autoren und die Herausgeber gehen davon aus, dass die Angaben und Informationen in diesem Werk zum Zeitpunkt der Veröffentlichung vollständig und korrekt sind. Weder der Verlag noch die Autoren oder die Herausgeber übernehmen, ausdrücklich oder implizit, Gewähr für den Inhalt des Werkes, etwaige Fehler oder Äußerungen.

Umschlaggestaltung: deblik, Berlin
Fotonachweis Umschlag: © thinkstockphotos.de
© Kzenon, fotolia.com, Seiten: 26, 27, 28, 31, 51, 59, 60, 66, 76, 97, 100, 116, 117, 118, 119
© Robert Kneschke, fotolia.com, Seiten: 59, 66
© von Lieres, fotolia.com, Seiten: 64, 66
© photowahn, fotolia.com, Seiten: 59, 66
Satz: Crest Premedia Solutions (P) Ltd., Pune, India

Gedruckt auf säurefreiem und chlorfrei gebleichtem Papier

Springer-Verlag ist Teil der Fachverlagsgruppe Springer Science+Business Media
(www.springer.com)

Vorwort

Bei Youtube schaut man Musikvideos, das weiß doch jeder. Aber wussten Sie auch, dass Youtube zudem die zweitgrößte Suchmaschine der Welt nach Google ist? (Quelle: ▶ http://www.suchradar.de/magazin/archiv/2013/2-2013/youtube-fuer-einsteiger.php). Praxen und Kliniken geben zwar enorme Summen für die Googleoptimierung aus (SEO), um »weit oben« bei Google zu stehen, aber vernachlässigen komplett die kostenlosen Möglichkeiten, um trotzdem ganz oben bei Google stehen zu können. Für ein offensives Zuweisermarketing versenden Ärzte aufwendige Mailings und organisieren teure Veranstaltungen, dabei ist eine effektive Kontaktaufnahme über Xing oder LinkedIn wesentlicher dezenter und dabei auch günstiger. Klar, Facebook ist was für Teenager, die überwiegend unbedeutenden Schwachsinn mitteilen, zum Beispiel, wo sie gerade welchen Kaffee mit wem trinken; dabei liegt das Durchschnittsalter der deutschen Facebookuser in der Realität tatsächlich bei über 40 Jahren – und stellt für Zahnärzte somit eine lukrative Zielgruppe dar. Twitter wird von Prominenten wie beispielsweise Boris Becker zum Tratsch für die Medien genutzt, aber kein geringerer als das Bundesministerium für Gesundheit twittert ebenfalls, und zwar keinen Tratsch. Arztbewertungsportale lassen so manchen Zahnarzt erschauern und denken, dass die Bewertungen sowieso überwiegend unqualifiziert sind, und außerdem schaut da kein Patient rein bei der Arztwahl. Aber Fakt ist: Etwa jeder dritte Patient sucht seinen Arzt über eben genau diese Arztbewertungsportale aus!

Merkwürdigerweise reden »alle« von der großen Bedeutung von Social Media, wenn es um eine moderne Patientenansprache und effektive Patientengewinnung geht, aber nur wenige Ärzte setzen diese Möglichkeiten ein. Das liegt sicherlich auch daran, dass Ungewissheit darüber herrscht, was es eigentlich für Möglichkeiten gibt, welche davon für einen Zahnarzt sinnvoll sind und wie diese technisch und rechtlich korrekt funktionieren. Genau hier setzt unser Buch an!

Wir haben speziell für Zahnärzte die relevanten Social Media Tools ausgewählt und genau beschrieben, wie diese im Praxisalltag am effektivsten eingesetzt werden können. Wir führen Sie Schritt für Schritt durch die Anmeldung, geben aktuelle Tipps bei der Pflege und juristische Hinweise, damit Sie stets auf der wahrlich sicheren Seite stehen.

Ärzte und Arztpraxen sind nicht vergleichbar mit anderen Unternehmen. Die Erwartungen an einen Arzt und die Restriktionen, etwa aus Berufsrecht und dem HWG (Heilmittelwerbegesetz), sowie die meist sehr knappe Zeit in einer Arztpraxis erfordern eine andere, eine spezifische Herangehensweise. Zahlreiche, bewährte Checklisten helfen dem Zahnarzt oder der Praxismanagerin zum Beispiel bei der Facebookpflege oder der aktiven Nutzung eines Arztbewertungsprofils.

Mit unserer Autorenkombination aus einem PR-Berater und einem Rechtsanwalt, die beide sowohl auf Medizin als auch auf Social Media spezialisiert sind, erhalten Sie das moderne Praxis-Social-Media-Spektrum zum sicheren Erfolg.

Marc Däumler, PR-Berater
Marcus M. Hotze, Rechtsanwalt und Fachanwalt für Urheber- und Medienrecht
Im Sommer 2015

Die Autoren

Marc Däumler
ist Diplom-Kaufmann und studierter PR-Berater, arbeitete als Journalist, Pressesprecher und PR-Berater, bevor er sich mit seiner Agentur excognito in Berlin 2001 selbstständig machte. Zum Kundenportfolio gehören neben Praxen auch Kliniken, medizinische Verbände und internationale Pharmaunternehmen. Mit seiner Spezialisierung auf die Medizinbranche ist er gefragter Dozent, Referent und Autor für Pressearbeit, Imagebildung, Krisen-PR sowie das Trendthema Social Media.

Marcus M. Hotze
ist Rechtsanwalt und Partner der Heussen Rechtsanwaltsgesellschaft in Berlin. Als Fachanwalt für Urheber- und Medienrecht berät er Unternehmen aus dem Medien-, Gesundheits- und IT-Bereich im Wirtschaftsrecht. Neben seiner Tätigkeit in lizenzrechtlichen und regulatorischen Fragestellungen ist Marcus M. Hotze ein praxiserfahrener Experte für das Internet-, Werbe- und Vermarktungsrecht. Er ist in vielfacher Weise, insbesondere im Hinblick auf aktuelle Rechtsfragen rund um Social Media, als Lehrbeauftragter und Dozent aktiv.

Inhaltsverzeichnis

1	**Einführung**	1
	Marc Däumler, Marcus M. Hotze	
1.1	Was ist Social Media?	2
1.2	Was ist PR?	3
1.3	Was ist eigentlich Image?	3
1.4	Die relevanten PR-Möglichkeiten für Zahnarztpraxen	4
1.4.1	Corporate Design	4
1.4.2	Pressearbeit	4
1.4.3	Zuweisermarketing	4
1.4.4	Internetseite	5
1.4.5	Suchmaschinenoptimierung	5
1.4.6	Bewertungsportale	5
1.4.7	Werbung	6
1.4.8	Veranstaltungen	6
1.4.9	Patientenzeitung/Newsletter	6
1.4.10	Mythen, Märchen und wahre Wunder	7
1.4.11	Social Media und Ärzte – zwei Welten treffen aufeinander!	8
1.4.12	Arztpraxis ist nicht gleich Arztpraxis	8
1.4.13	Mitarbeiterbindung durch Social Media?	9
1.5	Die Expertentipps	9
1.6	Speed oder Perfekt?	9
1.7	Für wen ist dieses Buch?	10
1.8	Der Themenkuchen	10
1.9	Medizinische Themen interessieren doch keinen Menschen	10
1.10	Wer ist eigentlich Herr Dr. Stefan Beispiel?	11
1.11	Memo	11
	Literatur	12
2	**Facebook**	13
	Marc Däumler, Marcus M. Hotze	
2.1	Profil und Seite	16
2.1.1	Ich nutze als Zahnarztpraxis ein Facebookprofil. Na und?	16
2.1.2	Woran kann ich sehen, ob es sich um ein Profil oder eine Seite handelt?	16
2.1.3	Fans, Freunde und »Gefällt-mir«-Angaben	17
2.2	Anmeldung	17
2.2.1	Sie sind absolut neu bei Facebook, haben kein Profil und keine Seite?	17
2.2.2	Sie haben zwar ein Facebookprofil, aber noch keine Seite?	18
2.2.3	Sie haben bereits eine Facebookseite?	18
2.2.4	Anmeldung: Jetzt geht es los!	18
2.2.5	Tipps bei der E-Mail-Adresse	18
2.3	Ausloggen und einloggen	23
2.4	Facebookseite erstellen	24
2.4.1	Schritt 1: Info	26
2.4.2	Schritt 2: Profilbild	26
2.4.3	Schritt 3: Bevorzugte Seitenzielgruppe	28

2.4.4	Facebookseite nicht veröffentlichen	28
2.4.5	Seiteninfo aktualisieren	30
2.4.6	Einstellungen bearbeiten	40
2.5	**Titelbild**	45
2.5.1	Wie sollte ein Titelbild aussehen?	46
2.5.2	Anforderungen an ein gutes Titelbild	46
2.5.3	Titelbild hochladen	48
2.6	**Facebookseite freischalten!**	49
2.7	**Posten**	50
2.7.1	Die Statusmeldung	50
2.7.2	Tagging	52
2.7.3	Fotos posten	54
2.7.4	Angebot posten	59
2.7.5	Veranstaltungen posten	60
2.7.6	»Meilensteine« der Praxisgeschichte	62
2.8	**Gefällt mir**	63
2.9	**Kommentieren**	63
2.10	**Teilen**	64
2.11	**Was ist die Chronik?**	64
2.12	**Was sind gute Themen zum Posten?**	65
2.13	**Was darf und soll eine Zahnarztpraxis »teilen«?**	65
2.14	**Was darf und soll eine Zahnarztpraxis kommentieren?**	67
2.14.1	Wie kommentieren?	67
2.14.2	Wie reagiere ich auf einen schlechten Kommentar?	67
2.15	**Wann poste ich?**	69
2.16	**Wie erreiche ich hohe Interaktion auf meine Posts?**	69
2.16.1	Edge-rank	70
2.16.2	Call to action	70
2.17	**Was schadet dem Image der Praxis?**	70
2.18	**Was verstößt gegen das Gesetz?**	72
2.19	**Shitstorm**	72
2.20	**Wie erhöhe ich meine »Gefällt-mir«-Angaben (Fanzahl)?**	73
2.20.1	Ablauf der Facebookwerbung	74
2.20.2	Targeting	76
2.20.3	Wie pflege ich meine Facebookseite?	76
2.21	**Statistik**	76
2.21.1	»Gefällt-mir«-Angaben	77
2.21.2	Reichweite	77
2.21.3	Besuche	78
2.21.4	Beiträge	78
2.21.5	Personen	78
2.22	**Redaktionsplan**	79
2.23	**Delegieren**	79
2.24	**Besuche**	80
2.25	**Facebookbewertung – Blaue Sterne**	80
2.25.1	Wie wird eine Praxis bewertet auf Facebook?	81
2.25.2	Rezensionen/Sterne deaktivieren	81
2.26	**Was kommt als Nächstes?**	82
	Literatur	82

Inhaltsverzeichnis

3	**Google+**	83
	Marc Däumler, Marcus M. Hotze	
3.1	**Braucht man noch ein weiteres Netzwerk neben Facebook?**	85
3.1.1	Worin liegt der Vorteil von Google+?	86
3.1.2	Wie wichtig ist Google+ für eine Zahnarztpraxis?	86
3.1.3	Unterschied zwischen Google+ und Facebook	85
3.1.4	Google+ an- und abschalten	87
3.2	**Anmeldung**	87
3.2.1	Google Konto einrichten	87
3.2.2	Unternehmen in Google My Business eintragen	89
3.2.3	Google My Business – Dashboard	90
3.3	**Google+-Seite**	93
3.3.1	Impressum	93
3.3.2	Hintergrundbild	95
3.3.3	Info	96
3.3.4	Beiträge	96
3.3.5	Sammlungen	97
3.3.6	Foto	97
3.3.7	Video	99
3.3.8	Bewertungen	99
3.4	**Beiträge verfassen**	99
3.4.1	Text	99
3.4.2	Foto	99
3.4.3	Link	99
3.4.4	Video	100
3.4.5	Veranstaltung	100
3.4.6	Abstimmung	101
3.5	**Den fertigen Beitrag bearbeiten**	102
3.6	**Aktiv sein auf anderen Seiten**	103
3.7	**Google+-Seite – Auf einen Blick**	104
3.7.1	Stream	104
3.7.2	Personen	104
3.8	**Und zum Schluss die Frage: Soll ich nun Google+ nutzen?**	107
	Literatur	108
4	**Twitter**	109
	Marc Däumler, Marcus M. Hotze	
4.1	**Wer nutzt Twitter?**	111
4.2	**Anmeldung**	112
4.2.1	Profil bearbeiten	114
4.2.2	Impressum	116
4.3	**Einstellungen**	116
4.3.1	Account	116
4.3.2	Sicherheit und Datenschutz	117
4.3.3	Passwort	119
4.3.4	Karten und Versand	119
4.3.5	Bestellprotokoll	119
4.3.6	Handys	119

4.3.7	E-Mail-Mitteilungen	119
4.3.8	Web-Mitteilungen	120
4.3.9	Freunde finden	120
4.3.10	Stummgeschaltete Accounts	120
4.3.11	Blockierte Accounts	120
4.3.12	Design	120
4.3.13	Apps	121
4.3.14	Widgets	121
4.4	**Twittern**	121
4.4.1	Foto twittern	122
4.4.2	Hashtag	123
4.4.3	Twitterwall	122
4.5	**Startseite, Mitteilungen, Nachrichten**	123
4.5.1	Startseite	124
4.5.2	Mitteilungen	124
4.5.3	Nachrichten	125
4.6	**Pflege**	125
4.6.1	Tweeten	125
4.6.2	Retweeten	125
4.6.3	Antworten	126
4.6.4	Favorisieren	126
4.6.5	Tweets melden	126
4.6.6	Tweets einbetten	127
4.6.7	Konkurrenz ausspionieren	127
4.6.8	Redaktionsplan	127
4.6.9	Wie den Überblick behalten?	127
4.6.10	Listen	127
4.7	**Twitterpflege delegieren**	129
4.7.1	An wen delegieren?	129
4.7.2	Wer sind geeignete Follower?	129
4.7.3	Wie entferne ich einen Follower?	130
4.7.4	Wem soll ich folgen?	130
4.7.5	Suchfenster	130
4.8	**Erhöhung der Follower-Anzahl**	130
4.8.1	Wann soll man twittern?	131
4.8.2	FollowFriday	131
	Literatur	131
5	**Youtube**	133
	Marc Däumler, Marcus M. Hotze	
5.1	**Anmeldung**	134
5.2	**Kanal einrichten**	135
5.3	**Video hochladen**	138
5.4	**Pflege**	141
5.4.1	Kreativ-Tools	142
5.4.2	SEO bei Youtube	143

6	**Bewertungsportale**	145
	Marc Däumler, Marcus M. Hotze	
6.1	**Lohnt sich eine Premiummitgliedschaft?**	146
6.2	**Wer gibt eigentlich Bewertungen ab?**	147
6.2.1	Wonach »bewerten« die meisten Patienten?	149
6.2.2	Was tun, wenn es negative Bewertungen oder Kommentare gibt?	149
6.2.3	Wie bekommt eine Praxis eine gute Bewertung?	151
6.3	**Welche Portale sind relevant?**	151
6.4	**Bewertungen kaufen**	152
6.5	**Foren**	152
7	**Xing**	153
	Marc Däumler, Marcus M. Hotze	
7.1	**Anmeldung**	154
7.2	**Foto**	156
7.3	**Profildetails**	156
7.4	**Portfolio**	158
7.5	**Weitere Profile im Netz**	158
7.6	**Pflege**	158
7.7	**Newsmeldungen**	160
7.8	**Gruppen**	160
8	**LinkedIn**	161
	Marc Däumler, Marcus M. Hotze	
9	**Instagram, Flickr, Pinterest und Tumblr**	163
	Marc Däumler, Marcus M. Hotze	
9.1	**Instagram**	164
9.2	**Flickr**	165
9.3	**Pinterest**	165
9.4	**Tumblr**	165
	Literatur	165
10	**Foursquare**	167
	Marc Däumler, Marcus M. Hotze	

Serviceteil

	A Anhang	170
	Stichwortverzeichnis	178

Einführung

Marc Däumler, Marcus M. Hotze

1.1	Was ist Social Media? – 2	
1.2	Was ist PR? – 3	
1.3	Was ist eigentlich Image? – 3	
1.4	Die relevanten PR-Möglichkeiten für Zahnarztpraxen – 4	
1.4.1	Corporate Design – 4	
1.4.2	Pressearbeit – 4	
1.4.3	Zuweisermarketing – 4	
1.4.4	Internetseite – 5	
1.4.5	Suchmaschinenoptimierung – 5	
1.4.6	Bewertungsportale – 5	
1.4.7	Werbung – 6	
1.4.8	Veranstaltungen – 6	
1.4.9	Patientenzeitung/Newsletter – 6	
1.4.10	Mythen, Märchen und wahre Wunder – 7	
1.4.11	Social Media und Ärzte – zwei Welten treffen aufeinander! – 8	
1.4.12	Arztpraxis ist nicht gleich Arztpraxis – 8	
1.4.13	Mitarbeiterbindung durch Social Media? – 9	
1.5	Die Expertentipps – 9	
1.6	Speed oder Perfekt? – 9	
1.7	Für wen ist dieses Buch? – 10	
1.8	Der Themenkuchen – 10	
1.9	Medizinische Themen interessieren doch keinen Menschen – 10	
1.10	Wer ist eigentlich Herr Dr. Stefan Beispiel? – 11	
1.11	Memo – 11	
	Literatur – 12	

M. Däumler, M. M. Hotze, *Social Media für die erfolgreiche Zahnarztpraxis*, Erfolgskonzepte Zahnarztpraxis & Management, DOI 10.1007/978-3-642-45035-8_1, © Springer-Verlag Berlin Heidelberg 2016

1.1 Was ist Social Media?

Es müsste doch ganz leicht sein, diese Frage zu beantworten, denn dieser Begriff ist alltäglich. Alleine bei Google finden Sie zu dem Begriff »Social Media« rund eine halbe Milliarde Treffer, also etwa 500 Millionen. Ein Synonym gibt es aber nicht, also ein Wort, das »anstelle« verwendet werden kann. Und so könnte man ein Lexikon herausbringen, in dem ausschließlich Definitionen des Begriffs Social Media beschrieben sind.

Social Media ist ganz einfach erklärt:

Sie haben ein bestimmtes Hobby oder ein bestimmtes Interesse und suchen Personen, die genau dieses Interesse mit Ihnen teilen und mit denen Sie sich dann gut und einfach austauschen können. Klar, dazu gibt es zum Beispiel Vereine und Clubs. Wenn es um die »Blumenfreunde Berlin-Marzahn« geht, dann ist ein Verein sicherlich eine Lösung, um sich wöchentlich mit Gleichgesinnten auszutauschen. Denn es ist nicht so schwierig, diesen Personenkreis zu finden. Bei den »Madagaskar-Blumenfreunden« wird das mit dem Finden und Treffen und Austauschen mit genau diesen Blumenfreunden schon schwieriger. Und Personen zu finden, die sich für »Bunte Schattengewächse der Frühgeschichte auf den Osterinseln« interessieren, wird es schon deshalb fast unmöglich, weil Sie die Leute, die das interessiert, erst einmal finden müssen. Mit Social Media ginge das – auch wenn es wahrscheinlich keine bunten Schattengewächse der Frühgeschichte auf den Osterinseln tatsächlich gibt!

Social Media, auch soziale Medien genannt, bedeutet, dass sich Personen mit gleichen Interessen finden und dialogorientiert austauschen können. Niemals war es zudem leichter, seine Standpunkte und sonstigen Inhalte vielfältig und weltweit zu verbreiten und einer Masse von (bekannten und unbekannten) Internetnutzern zur Diskussion zu stellen. Social Media ermöglicht es also Personen, einander im Internet zu suchen, zu finden und sich zu »treffen«, um ihr Wissen auszutauschen. Klingt noch immer kompliziert? Ist es nicht, denn Sie nutzen schon lange die sozialen Medien, also Social Media, ohne es eigentlich zu ahnen.

Haben Sie schon mal bei Wikipedia etwas gesucht und den Beitrag gelesen? Sicherlich. Wissen Sie eigentlich, wer diese Artikel schreibt? Bei Wikipedia kann jeder, der will, Artikel verfassen, jeder, Sie auch, und was noch weniger Leute wissen: Man kann über die Artikel sogar diskutieren. Nicht gewusst? Überprüfen Sie es! Oben links finden Sie zu jedem Artikel auch einen Diskussionsbereich. Das ist eigentlich das perfekte Beispiel für Social Media. Menschen, die einander nicht kennen, aber ein ganz bestimmtes gleiches Interesse verfolgen, »treffen« sich dort, entweder als »Schreiber« und »Verfasser« oder als »Leser« (was die meisten tun) oder (kommt allerdings selten vor) als »Diskussionsteilnehmer«.

Schauen Sie sich die Hotelbewertungen im Internet an, bevor Sie ein Hotel buchen? Oder lesen Sie vor dem Bestellen eines Druckers oder Buches oder einer Waschmaschine die entsprechenden Bewertungen? Was passiert da? Dort formulieren Personen, die Sie nicht kennen, genau die Informationen über Hotels oder Produkte, die Sie (oder andere) suchen, dies sind Erfahrungsberichte und Meinungen. Wichtig ist: Erfahrungsberichte und Meinungen sind immer subjektiv. Und Sie selber bewerten sicherlich auch schon mal ein Hotel oder eine DVD, wenn Sie online gebucht oder gekauft haben. Vielleicht haben Sie sogar vor dem Kauf dieses Buches im Internet nach Bewertungen gesucht und diese gelesen – und danach entschieden, ob Sie es kaufen wollen oder nicht. Das ist Social Media und Sie nutzen es bereits selbstverständlich seit Jahren. Obwohl es fast unmöglich ist, die Leute zu finden, die diese sehr speziellen Erfahrungen haben, zum Beispiel die Personen mit Erfahrungen zu einer ganz bestimmten Waschmaschine, ist es Ihnen möglich, genau diese Personen im Internet zu finden. Sie können diese Personen sogar anschreiben, manchmal sogar anrufen oder treffen.

Damit nicht genug! Sie können natürlich auch nach medizinischen Themen oder nach Zahnarztpraxen suchen.

Und nun stellen Sie sich bitte vor, dass jemand keine Waschmaschine, sondern einen Zahnarzt in seiner Umgebung sucht, vielleicht einen Zahnarzt mit einer ganz besonderen Spezialisierung. Keine

Frage, Google bietet da enorme Möglichkeiten, zum Beispiel direkt die Internetseite des Arztes zu finden. Nun nutzt diese Person, also dieser potentielle Patient, aber zusätzlich die sozialen Medien und kann somit erfahren, wie andere Patienten genau diesen Zahnarzt »bewerten« oder welchen Zahnarzt andere Personen empfehlen und wie sich dieser Zahnarzt überhaupt darstellt. Patienten können sich im Social Web direkt oder indirekt über eine Praxis oder einen Zahnarzt austauschen.

Genau jetzt wird es spannend, denn Sie als Zahnarzt haben die Möglichkeit, sich im Bereich Social Media gut und kompetent und sympathisch darzustellen – Sie sind der Meinungsbildung nicht passiv ausgeliefert. Und genau darum geht es in diesem Buch: zu zeigen, wie einfach es ist, sich mit positivem Image darzustellen, ganz gleich, ob bei Facebook oder Google+ oder sonstwo im Social Web. Image ist also eine Aufgabe der PR-Arbeit!

1.2 Was ist PR?

Die meisten Begriffe aus dem Marketing (Marketing selbst ist »natürlich« auch ein Begriff aus dem Angelsächsischen) sind englischen Ursprungs, genauso wie beispielsweise Social Media, Monitoring, Tweeten, Posten, Promotion, TV-Spot, Corporate Design, Image oder eben Public Relations (gängig mit PR abgekürzt). Lassen Sie sich nicht irritieren von diesen vielen Anglizismen; die machen zwar erst einmal Eindruck, aber nach diesem Buch können Sie gut mitreden – und bei anderen Eindruck hinterlassen.

Für Public Relations existiert auch ein deutsches Wort: Öffentlichkeitsarbeit. In diesem Buch verwenden wir weiterhin den griffigen und kurzen Begriff PR. Leider verhält es sich mit dem Begriff PR genauso wie mit dem Begriff Social Media. Zwar ist wohl jedem Leser dieser Begriff schon begegnet, aber eine klare, allgemeingültige und somit leicht verständliche Definition ist nicht so einfach.

»PR ist doch Werbung« Dieser Satz ist bei vielen PR-Beratern die beste Garantie für einen mittelstarken Tinnitus oder einen Ad-hoc-Bluthochdruck. Im Grunde stimmt der Satz sogar, denn letztlich geht es um eine positive Darstellung des Unternehmens oder eines Produktes oder einer Dienstleistung oder eben einer Zahnarztpraxis, die zu einer Umsatzsteigerung führen soll. PR-Berater jedoch distanzieren sich deutlich von diesem Vergleich, denn in der PR-Arbeit geht es vielmehr um sachliche Aufklärung sowie Steigerung von Bekanntheit und Image. In der Werbung sieht das mit der sachlich-informativen Aufklärung etwas anders aus.

1.3 Was ist eigentlich Image?

Image ist einfach erklärt: Zwei Personen reden über Ihre Praxis oder über Sie als Zahnarzt. Die eine Person sagt: »Du meinst den Dr. XY? Das ist doch der Zahnarzt, der …« – und das, was nun zu hören ist, sind Eigenschaften, die klar Ihnen zugeordnet werden. Und diese Eigenschaften bestimmen Ihren Ruf oder besser: Ihr Image. Ist es positiv (zum Beispiel »… der immer so freundlich ist« oder »… der so viele moderne Geräte in seiner Praxis hat«), dann haben Sie tatsächlich eine gute PR-Arbeit geleistet, denn Ihr Image ist erst einmal gut. Ist hingegen zu hören, dass Sie sich zu wenig Zeit bei der Behandlung nehmen, dann sollten Sie schnell etwas ändern, denn diese Personen empfehlen Sie sicher nicht weiter.

Sie sagen nun, dass Sie ja gar nicht wissen, was diese Leute über Sie denken? Dann schauen Sie mal in den Arztbewertungsportalen im Internet nach! Arztbewertungsportalen ist übrigens in diesem Buch ein eigenes Kapitel gewidmet (▶ Kap. 4).

Was kann eine Praxis tun, um das Image zu verbessern? Stets freundlich sein und gute Arbeit leisten? Auch. Aber um mit einem Märchen gleich aufzuräumen: Nur mit guter Arbeit allein werden Sie kein gutes Image haben – und reich werden Sie so auch nicht. Sie kennen doch sicherlich die wohl beste Definition der PR: »Tu Gutes und sprich darüber!« PR nutzt zum Beispiel Pressearbeit, Patientenveranstaltungen oder Social Media. Dazu kommen noch Ihre Internetseite, Ihr Corporate Design und überhaupt Ihr Zuweisermarketing.

PR ist also all das an legalen Marketingmöglichkeiten, was geeignet ist, Ihr Image und Ihre Bekanntheit und Ihre Glaubwürdigkeit möglichst kontrolliert zu steigern.

1.4 Die relevanten PR-Möglichkeiten für Zahnarztpraxen

1.4.1 Corporate Design

Das einheitliche Erscheinungsbild beeinflusst erheblich die Wahrnehmung dessen, wie professionell ein Unternehmen, also eine Zahnarztpraxis, ist. Überprüfen Sie es selbst! Kennen Sie erfolgreiche große Unternehmen oder Kliniken, die kein Logo haben? Wohl kaum. Das Corporate Design beschreibt, wie beispielsweise Briefbögen, Visitenkarten, Mails, Flyer, die Internetseite und natürlich auch Facebook einheitlich aussehen und verwendet werden. Um es einfach auszudrücken: Im Corporate Design (im Marketing auch kurz CD genannt) ist festgeschrieben, wo auf Werbebroschüren grundsätzlich das Logo zu sein hat, und natürlich auch, wie dieses Logo exakt auszusehen hat. Dort sind Farbe, Schriftart und Schriftgröße ebenso festgelegt wie die Art und Weise, in der Briefe formatiert sind und was für Fotos verwendet werden. Diese Vorgaben sind stets verbindlich, damit klar sichergestellt ist: Es ist immer sofort erkennbar, dass dieser Brief oder dieser Flyer oder dieser Facebookauftritt zu Ihrer Praxis gehört.

Die Erarbeitung eines Corporate Designs gehört in Profihände, insbesondere bei einer Praxisgründung. Denn unbewusst werden leider viele Fehler begangen. Einfache Beispiele gefällig? Auch wenn Rot Ihre Lieblingsfarbe ist, so ist die Farbe weniger geeignet, wenn Sie Chirurg sind; denn Rot ist eine Warnfarbe für den Menschen, sie steht für Verletzung und Blut, und genau daran möchte niemand denken, wenn er zum Chirurgen geht. Und als Zahnarzt ist die Farbe Gelb tabu, denn Zähne müssen weiß sein, und nicht Gelb. Internisten verwenden zwar täglich und selbstverständlich eine Nadel oder Spritze, aber trotz evidenten Bezugs sollten andere Motive als Logo verwendet werden.

1.4.2 Pressearbeit

PR wird oft synonym verwendet zur Pressearbeit, dabei stellt die Pressearbeit im gesamten PR-Portfolio tatsächlich nur eine untergeordnete Rolle dar. Dennoch ist Pressearbeit sehr effektiv. Bei der klassischen Pressearbeit erhalten Redakteure sachliche, seriöse Informationen von der Pressestelle oder der PR-Agentur oder direkt von Ihnen als Zahnarzt. Es sind Informationen über Dinge, die Leser oder Zuschauer oder Hörer interessieren können. Der Redakteur kann im Rahmen seiner verfassungsrechtlich garantierten Berichterstattungsfreiheit frei entscheiden, ob er berichtet und wenn ja, wie. Sie merken: Pressearbeit unterscheidet sich erheblich von einer Anzeige, denn dort wissen Sie nicht nur, wann und wo etwas erscheint, sondern haben zudem einen sehr großen Einfluss auf das Aussehen der Anzeige. Außerdem liegt wegen des Trennungsgebots, also der erforderlichen Trennung von Werbung und redaktionellem Teil, die Glaubwürdigkeit einer Werbeanzeige deutlich niedriger als bei einem journalistischen Artikel. Da Pressearbeit somit große Vorteile besitzt, wünschen sich viele Praxen und Kliniken natürlich regelmäßige Veröffentlichungen in den Zeitschriften, lokalen Zeitungen und Radiosendern und bundesweiten TV-Sendungen, zum Beispiel als Interviewpartner. Zum Leid der Redaktionen sind die meisten Pressemitteilungen schlichtweg unbrauchbar, schon alleine deshalb, weil die Verfasser hingebungsvoll einen begeisternd-blumigen Werbetext verfassen. Und der landet bei Redakteuren nach zwei Sekunden Lesen sofort im Papierkorb – oder fünf Sekunden später in der Anzeigenabteilung.

Gelingt es Ihnen aber, dass eine Redaktion über Sie berichtet, und dies natürlich positiv, dann bieten Sie als Zahnarzt der Öffentlichkeit natürlich Gesprächsstoff bzw. Informationen, die Ihr Image positiv beeinflussen und Ihre Bekanntheit steigern. Zu alledem verändert ein Zeitungsbeitrag durchaus Ihr Googleranking und bietet hervorragende Themen für den Newsbereich auf Ihrer Internetseite oder Ihren Facebookauftritt!

1.4.3 Zuweisermarketing

Erst einmal muss ein Zuweiser überhaupt wissen, dass es Sie gibt. Das mag irgendwo im provinziellen Kleindorfhausen wohl so sein, aber in einer Großstadt ist das eben nicht mehr so – und hier lauert ein Wettbewerbsvorteil, der oft vernachlässigt wird. Weiß der Zuweiser von Ihnen, ist das schon mal gut, aber das alleine reicht natürlich nicht, denn schließlich muss er auch einen Grund, also eine Motivation haben, dem Patienten ausgerechnet Sie zu empfehlen. Dazu muss er entweder über Kenntnisse bezüglich bestimmter Spezialisierungen Ihrer Praxis verfügen oder er muss »Gutes von Ihnen gehört haben«, womit wir wieder bei dem Image sind. Im Laufe des Buches wird noch dargestellt, wie Sie Ihr Zuweisermarketing hervorragend mit Social Media unterstützen können.

1.4.4 Internetseite

Eine Arztpraxis ohne Internetseite gibt es nicht mehr? Doch! Sage und schreibe fast jede zweite Arztpraxis (47,5%) hat keine Internetseite (Hillienhoff 2013).

63% der befragten Personen gaben bei einer Umfrage an, ihren Arzt über das Internet zu suchen (Gerlof 2013). Wer als Arzt keine Internetseite hat, ist für etwa zwei von drei potentiellen Patienten nicht auffindbar.

Wie geschieht heute Arztsuche? Eine Empfehlung ist nicht zu toppen, wenn sie von einer Person stammt, der man vertraut. Aber oft sucht ein Patient über das Internet einen Arzt und wirft, schon wegen der Telefonnummer oder wegen der Öffnungszeiten, einen Blick auf den entsprechenden Internetauftritt. Und ist die Empfehlung noch so gut, es nützt nichts, wenn die Internetseite die Erwartungen nicht erfüllt. Ein »Top-Arzt« hat »natürlich« auch eine »Top-Internetseite«. Eine Top-Automarke hat schließlich auch eine Top-Internetseite, das ist selbstverständlich – und das gilt auch für Arztpraxen. Oder kennen Sie Autofirmen, bei denen auf der Internetseite selbst erstellte, unscharfe Fotos oder Texte mit Rechtschreibfehlern zu sehen sind? Schafft das Vertrauen?

Ganz einfache Regel: Profis arbeiten mit Profis, im Sport, in der Medizin und im Marketing natürlich auch. Und da die Patienten das sehen und es für wichtig erachten, dass die Internetseite professionell ist, schreiben die Patienten ihren Eindruck der Internetseite sogar ins Social Web – und jeder weitere Patient liest es. An dieser Stelle merken Sie schon, wie sehr Social Media mit Ihrer Website korrespondieren muss. Später dazu mehr.

1.4.5 Suchmaschinenoptimierung

Google Adwords, Landingpages, Meta-Tags, SEO oder Keywords und viele andere Komponenten sind sicherlich wichtige Module, um eine Internetseite, und damit den Arzt an sich, im Internet leicht finden zu können. Da Google das eigene Google+ besonders pusht, können Sie sich ja denken, wo Sie mit Ihrer Praxis-Google+-Präsenz bei einer Googlesuche wohl zu finden sind! Natürlich auf der ersten Seite! Und das wird bei Ihrer Facebookpräsenz übrigens nicht anders sein, denn Interaktion bewertet Google – wie jede Suchmaschine – besonders stark.

Machen Sie den Test! Geben Sie den Namen einer Klinik oder Praxis bei Google ein: Ist diese Klinik oder Praxis bei Facebook oder Twitter oder Google+, dann wird genau das auf der ersten Seite bei Google als Treffer gezeigt. Und nun raten Sie mal, was ein arztsuchender Patient, der Social Media nutzt, wohl bevorzugt anklickt! Und das, was er dort sieht oder liest, beeinflusst seine Meinung und die Entscheidung, ob er zu Ihnen in die Praxis kommt oder eben nicht.

1.4.6 Bewertungsportale

Es ist ja so ungerecht: Da »bewerten« irgendwelche anonymen Patienten einen Arzt, womöglich noch Sie mit Ihrer Praxis, geben sich nicht einmal mit echtem Namen zu erkennen und schreiben unfair oder beleidigend über Sie, und als Arzt ist man dem so völlig ausgesetzt. Ganz so ist es natürlich nicht.

Um es aber bereits hier einmal klar auf den Punkt zu bringen: Ganz gleich, wie Sie diese Arztbewertungsportale nun einschätzen, ob als Chance oder Gefahr – es gibt sie, und sie werden genutzt, und Sie müssen damit leben. Punkt. Etwa jeder zweite Patient (52%), der sich einen Arzt über Arztbewertungsportale sucht, entscheidet sich aufgrund einer schlechten Arztbewertung dort gegen den Arzt (Gerlof 2013).

Ob Sie sich den Nachteilen und Risiken ignorant ausliefern oder ob Sie die Chancen und Möglichkeiten nutzen, das liegt natürlich bei Ihnen. Fakt ist, dass die Ärzte, die sich dort positiv darstellen und auch auffallend positiv bewertet werden, wirtschaftliche Vorteile haben. In diesem Buch finden Sie zu diesem Thema noch ausgiebig Informationen und Tipps, denn Bewertungsportale korrelieren sehr stark mit Ihren Social-Media-Aktivitäten!

1.4.7 Werbung

Eine schöne Werbeanzeige kann viel bewirken, ganz gleich, ob im lokalen Anzeigenblatt, bei der großen regionalen Tageszeitung, bei Facebook oder als Google-Adwords. Im Zweifelsfall gilt: Ausprobieren! Auch hier ist zu beachten: Professionell muss sie sein, also im Corporate Design gehalten und kundenorientiert gestaltet. Und bitte verwenden Sie keine medizinischen Fachbegriffe, denn Ihre Leser sind keine Mediziner. Dass Sie das Berufs- und Werberecht beachten, versteht sich von allein. Lieber einen Werbetext vorab einmal juristisch von Ihrem Anwalt checken lassen, als dass sonst unangenehme (und meist teure) Post von einem anderen Anwalt (im Auftrag eines ärztlichen »Kollegen«) ins Haus kommt.

1.4.8 Veranstaltungen

Was tun, wenn ein potentieller Patient zwar Interesse an einem medizinischen Thema oder konkret an einer Behandlung hat, aber Hemmungen besitzt, dafür gleich einen Termin beim Zahnarzt wahrzunehmen? Als Grund muss dies nicht Scham sein, sondern vielleicht »nur« das erste Interesse. In dem Fall ist eine Patientenveranstaltung genau richtig. Als Arzt können Sie sich kompetent darstellen, die Patienten können anonym kommen und besitzen die Möglichkeit, wieder ohne Termin oder Registrierung dem Arzt eine Frage stellen zu können. Das baut Vertrauen auf und ermöglicht eine glaubwürdige Information – was natürlich dann doch zu einem Patiententermin führen kann. Beliebtes Thema ist zum Beispiel Parodontitis oder Zahnersatz: Was können Betroffene dagegen tun und welche neuen Behandlungsmethoden gibt es? Oder Sie bieten ästhetische Eingriffe an und arbeiten mit einem neuen Verfahren; dann erklären Sie es auf einer Veranstaltung – natürlich sachlich und mit der Erläuterung des Patientennutzens im Vordergrund.

1.4.9 Patientenzeitung/Newsletter

Eine eigene Patientenzeitung oder, besser formuliert, eine Praxiszeitung für die Patienten ist ein sehr gutes Marketinginstrument – vorausgesetzt, es ist gut realisiert. Klingt nach großem Aufwand, ist es aber nicht, zumal diese auch quartalsweise erscheinen kann. Eine solche Praxiszeitung vereint gleich mehrere positive Eigenschaften, denn sie vermittelt Professionalität, transportiert Informationen aus der Praxis oder über die Praxis, und jetzt kommt es: Sie kann mitgenommen werden! Und nun erreicht Ihre Praxiszeitung Personen, die Sie so nie erreichen könnten. Und diese Personen erfahren interessante Dinge über Ihre Praxis, von weiteren medizinischen Qualifikationen über neue Geräte bis hin zu angekündigten Patientenveranstaltungen oder guten Zahngesundheitstipps. So baut man Vertrauen auf! Aber nun fangen Sie bitte nicht an und basteln mit Ihrem Schreibprogramm ein paar Textseiten zusammen – ausdrucken, tackern und fertig ist die Praxiszeitung. Eine Praxiszeitung ist eine »normale« Zeitung, sie hat also einen Namen, es gibt Fotos, kurze und mehrere Artikel, bunt gemixt, mal Tipps, mal Unterhaltung, mal medizinische Informationen und selbstverständlich ein Impressum. Die Texte können Sie ruhig selbst schreiben, patientenfreundlich, aber das Layout sollte ein Grafiker übernehmen, und der Druck sollte nicht auf normalem Druckerpapier stattfinden, sondern auf festem Papier, in Farbe – denn schließlich ist eine »normale« Zeitung ja auch farbig, oder bevorzugen Sie lieber Schwarz-Weiß-Bilder? Sie haben keine Zeit, aber viele Ideen? Dann fragen Sie bei PR- und Werbeagenturen nach, die realisieren das für Sie professionell. Im Idealfall lassen Sie sich eine feste Vorlage entwickeln, bei der Sie die Texte und Fotos problemlos austauschen können und das gesamte Dokument dann selber an die Druckerei mailen können.

1.4.10 Mythen, Märchen und wahre Wunder

Es gibt sie, die angeblichen »Fakten« rund um Social Media, die jeder kennt, und doch sind sie nicht wahr. Ebenso existieren wahre Geschichten, die kaum einer kennt.

»Bei Facebook sind ja nur junge Leute!« Denken Sie das auch? Das Durchschnittsalter der Facebookuser in Deutschland liegt bei etwa 40 Jahren! Und bei Twitter sogar bei über 40! Bei Xing beträgt das Durchschnittsalter 36 Jahre (Lutz u. Rumohr 2008), und beim Videoportal Youtube liegt das Durchschnittsalter in Deutschland bei 27 Jahren (Quelle: mashable.com). Gemessen daran, dass tatsächlich proportional mehr jüngere Menschen die sozialen Medien nutzen, müssen zwangsläufig die zahlenmäßig unterlegenen, etwas »älteren« User auch deutlich älter sein. Bei der Generation 50+, die Internet nutzen, sind 63% in mindestens einem sozialen Netzwerk aktiv! Und nicht nur das. Laut aktueller Studie in den USA verlor Facebook bei den 13 bis 17 Jahre jungen Facebookusern etwa 25% in den letzten Jahren und 7,5% bei den Nutzern zwischen 18 und 24. Im Gegenzug aber stieg im gleichen Zeitraum der Anteil der User über 55 Jahre rapide an, und zwar um über 80%. Facebook wird alt, sozusagen (Schmidt 2014).

»WOW! Jetzt kannst du sehen, wer dein Facebookprofil ansieht!« Diese Meldung geistert regelmäßig durch das Internet. So wie bei Xing soll man sehen können, welche Personen sich das eigene Facebookprofil angesehen haben. Es ist ja auch interessant zu wissen, ob der Chef oder der Nachbar oder die Ex-Liebe sich dafür interessiert, was man so privat macht, also bei Facebook schreibt. Um es kurz zu machen: Es geht nicht. Auch wenn angebliche Programme dies ermöglichen sollen, bleibt es real ein Mythos. Man kann nicht sehen, wer auf dem eigenen Facebookprofil oder auf der Facebookseite gewesen ist (Sternkopf 2014).

Facebook selbst hat gar nicht die meisten Facebookfans (»Gefällt-mir«-Angaben oder Likes) Falsch! Facebook ist die Nummer 1 bei der Anzahl der Fans, stolze 163 Millionen! Die Facebookseite von Coca Cola® verzeichnet danach die meisten Fans (also Likes) mit 90 Millionen, gefolgt von Youtube® mit 80 Millionen, dann folgt Red Bull® mit 43 Millionen. Unter den Promis steht auf Platz 1 mit den meisten Fans die US-Sängerin Rihanna mit 81 Millionen (Stand: Februar 2015).

Kann man auch zu alt sein für Facebook? Ja, denn die US-Amerikanerin Marguerite Joseph wollte mit ihren 104 Jahren zu Facebook, und weil das System nur ab 1910 geborenen Nutzern die Anmeldung erlaubt, musste sie sich doch glatt deutlich jünger machen, als sie ist (Sutthoff JD 2014).

Facebook wird in etwa gleich stark von Männer und Frauen genutzt, was für die Marketingaktivitäten als Arztpraxis gut ist In Deutschland lag der Frauenanteil 2011 bei 48%. Doch der Anteil variiert zwischen den Ländern. Die höchste Frauenquote bei den Facebookusern besitzt der Staat Tonga mit genau 58%. Die höchste Männerquote liegt bei sage und schreibe 100% – und zwar im Vatikan.

Wer bei Twitter Nachrichten versendet, hat natürlich auch Personen (Follower), die diese Nachrichten »abonniert« haben Doch wer hat als Person die meisten Follower? Der Papst? Barack Obama, Madonna oder der verstorbene Nelson Mandela? Alles falsch! Es ist Katy Perry mit 71 Millionen auf Platz 1, Justin Bieber liegt auf Platz 2 mit 65 Millionen, Barack Obama liegt »nur« auf Platz 3, mit 60 Millionen.

Schulaufgaben vergeben oder kontrollieren über Facebook Möglich ist es, aber im US-Staat Missouri ist es unter Strafandrohung verboten, dass Lehrer und Schüler jeglichen Kontakt über Social-Media-Kanäle haben.

Bei Youtube stellten die Frankfurter Abiturientinnen Lynne und Tessa selbstgemachte Videos ein Und das mit Lippensynchronisationen von bekannten Hits. Es war ein Gag, mehr nicht. Und aus dem Gag wurde mehr, denn viele Leute sahen es, empfahlen es weiter, klickten die Videos tatsächlich über 16 Millionen mal an, und die beiden bekamen TV-Auftritte und dann sogar eine eigene TV-Show!

Was wäre Justin Bieber ohne seine Mutter und ohne Youtube? Denn seine Mutter nahm kleine Auftritte auf Video auf und stellte sie bei Youtube online, damit Verwandte dies auch sehen können. Ein Musikmanager sah es zufällig und kurz danach erhielt der 13-Jährige seinen ersten Plattenvertrag. Dass seine Videos bei Youtube über 100 Mio. mal angeklickt werden, ist nicht ungewöhnlich.

Der typische Facebook-Hasser Eine Studie (BVDW 2013) beschrieb den »typischen Facebook-Hasser«. Dieser sei demnach männlich mit gehobenem Bildungs- und Einkommensniveau, zwischen 35 und 55 Jahre alt, nutze Blogs, Wikis und Twitter weitgehend normal, mache aber mit hoher Wahrscheinlichkeit einen Bogen um Facebook.

1.4.11 Social Media und Ärzte – zwei Welten treffen aufeinander!

Nach einer Health Care & Share Studie 2013 der Stuttgarter Hochschule der Medien arbeiten gerade einmal 0,41% der Arztpraxen in Deutschland mit einer Facebookpräsenz. Erstaunlich ist hierbei übrigens, dass Chirurgen, gemessen an den anderen medizinischen Fachrichtungen, weitaus aktiver bei Facebook sind als die medizinischen Kollegen anderer Fachrichtungen.

Warum ist das so? Der Alltag in der Praxis ist hektisch und lässt wenig Zeit, aber das trifft wohl auf die meisten Selbstständigen zu. Man darf nicht vergessen, dass die strenge Auslegung des Berufsrechts und des Heilmittelwerbegesetzes (HWG) über viele Jahrzehnte das moralische Denken beeinflusst hat, dass Ärzte eben nicht werben »dürfen«, das »gehöre sich nicht als anständiger Arzt«. Vor allem ältere Ärzte stehen der Werbung sehr skeptisch und ablehnend gegenüber. Marketing, überhaupt Betriebswirtschaft, gehört nicht zur medizinischen Ausbildung; was erstaunlich ist, denn schließlich müssen sich selbstständige Ärzte mit ihren Praxen am Markt wirtschaftlich behaupten. Und da freiwillige Zusatzleistungen »verkauft« werden müssen und zu anderen Arztpraxen somit eine Konkurrenzsituation entsteht, muss um den zahlenden Patienten geworben werden. Auch ein überdurchschnittlich gutes Image und eine überdurchschnittlich hohe Bekanntheit haben enorme Werbewirkung – ganz gleich, ob die tatsächliche ärztliche Leistung ebenso überdurchschnittlich ist.

Das ist ein Konflikt: Einerseits werden die Ärzte durch das Berufsrecht, das HWG und durch die Tradition angehalten, nicht oder eingeschränkt zu werben – andererseits müssen sie es tun, um sich erfolgreich am Markt zu behaupten. Der ideale Weg liegt »in der Mitte«.

1.4.12 Arztpraxis ist nicht gleich Arztpraxis

Ein Orthopäde oder Internist muss im Marketing anders agieren als zum Beispiel ein Allgemeinarzt, Zahnarzt oder Radiologe. Welcher Patient sucht tatsächlich einen Radiologen gezielt für eine IGeL-Leistung (»Individuelle Gesundheitsleistung«) aus? Obwohl ein auf Onkologie spezialisierter Internist viele IGeL-Leistungen anbietet, werden sich Patienten hier doch etwas schwertun, diesen Arzt bei Facebook sichtbar zu »liken«; denn damit ist der gedankliche Schluss nicht weit, dass dieser Patient an Krebs leidet. Bei Facebook kommt es also sehr auf die Themen an. Bei einem Zahnarzt auf der Facebookseite einen Post zum Thema »schöne Zähne« zu liken, ist unverfänglich, und darüber einen Tweet über Twitter zu erhalten, ist eher angenehm. Wer sein Krebsleiden erfolgreich überwunden hat, möchte hingegen nicht täglich neue onkologische News per Twitter bekommen. Bei einem Kinderarzt fällt das »Liken« schon deutlich unproblematischer aus, denn Kinder bewirken positive Assoziationen. Die Internetseite eines »Schönheitschirurgen« und auch die eines Zahnarztes muss ästhetisch sein, denn genau das wird absolut erwartet: ein Verständnis für Ästhetik. Die Internetseite eines Radiologen muss das nicht erfüllen, da hier eher die technische Praxisausstattung Vertrauen aufbaut. Und dennoch können diese Arztpraxen alle erfolgreich die Social-Media-Möglichkeiten nutzen – weniger die Fachrichtung, sondern eher die Themen sind von entscheidender Bedeutung! Also vergleichen Sie besser nicht akribisch im Ärztehaus die Facebook- oder Internetseiten und Tweets der unterschiedlichen Facharztrichtungen. So unterschiedlich die medizinischen Fachrichtungen sind, so unterschiedlich sind die Themen für beispielsweise Facebook, Twitter oder Youtube.

Losgelöst von der medizinischen Fachrichtung spielt auch die Konkurrenzsituation eine erhebliche Rolle in der Darstellung im Social Web. Ein Arzt mit Praxis und deutlichem Anteil an IGeL muss sich im Villenviertel von München oder in der Innenstadt in Hamburg sicherlich ganz anders darstellen als ein Kollege mit gleicher Fachrichtung und gleichem Angebot an IGeL in einem kleinen, beschaulichen Ort im tiefsten Bayerischen Wald.

1.4.13 Mitarbeiterbindung durch Social Media?

- **Employers Branding**

Ihre Mitarbeiter sind zu den Patienten in der Praxis freundlich und professionell und pflegen zu Ihnen als Arzt und Chef ein höfliches und von Sympathie getragenes Verhältnis. Super! Und wie sprechen diese Mitarbeiter zu Hause mit der Familie und mit Freunden und Bekannten – also mit potentiellen Patienten – über Sie? Empfehlen Ihre Mitarbeiter Sie als Arzt bei der Familie oder bei Freunden? Die höchste Glaubwürdigkeit bei Empfehlungen genießt das soziale Umfeld, also Familie und Freunde. Wer einen »Tipp« braucht, welches Auto oder welches Handy oder welcher Arzt gut ist, fragt sein »soziales Umfeld« und schenkt dem großes Vertrauen. Und nun tauschen Sie mal den Begriff »soziales Umfeld« gegen »soziale Medien«!

Ein einfaches, tägliches Beispiel: Ein Zahnarzt führt seine Praxis, beschäftigt mehrere Mitarbeiter; die verhalten sich absolut professionell und höflich bei der Ausübung ihrer Arbeit. Und dieser Zahnarzt betreibt eine Facebookseite für seine Praxis, auf der regelmäßig gute, adäquate Posts zu lesen sind, also spannende und unterhaltsame News, gute Fotos und viele Beiträge über die Mitarbeiter und aus dem (positiven) Praxisleben. Aber kein einziger Mitarbeiter »liked« diese Beiträge mit dem persönlichen Facebookprofil. Da stellt sich die Frage: Warum nicht? Stimmt das etwa nicht, was der Arzt bzw. die Praxis postet? Wollen sich die Mitarbeiter von dem Arzt somit distanzieren? Stehen die Mitarbeiter nicht hinter Ihrem Arbeitgeber? Und nun die entscheidende Frage: Würden Sie davon ausgehen, dass diese Mitarbeiter »ihre« Praxis im sozialen Umfeld weiterempfehlen, wenn die nicht einmal bei Facebook ihren Arbeitgeber »liken«? Wohl nicht.

Und nun ändern Sie Ihre Betrachtungsweise: Ist es möglich, die Mitarbeiter mit Social Media näher an die Praxis zu binden, und zwar nicht juristisch, sondern emotional? Ganz sicher! Und in diesem Buch steht, wie es geht.

1.5 Die Expertentipps

Dieses Buch bietet dem Leser zahlreiche Expertentipps, entweder vom PR-Berater oder vom Rechtsanwalt. Jedes Mal, wenn der Anwalt für Sie einen Expertentipp hat, ist dies im laufenden Text gekennzeichnet.

1.6 Speed oder Perfekt?

Sie haben wenig Zeit? Eigentlich sind Sie schon froh, wenn Sie schnell und problemlos einen Post bei Facebook oder einen Tweet bei Twitter zwischendurch hinkriegen? Und überhaupt darf die ganze Erstellung von Facebook oder Twitter bloß nicht lange dauern? Und Ihr Profil bei den zahlreichen Arztonlineportalen haben Sie auch noch nicht ordentlich erstellt, weil dafür schon gar keine Zeit mehr übrig bleibt? Am liebsten wollen Sie schon vorher wissen, wie lange dieses oder jenes nun dauert, weil jede Minute gut geplant sein muss? Genau deswegen haben wir zwei Wege für Sie: Speed und Perfekt. Und wir geben durchgängig die Zeit an, die man für die Wege benötigt.

Speed Keine Zeit? Für Sie haben wir die Speed-Lösung. Immer dann, wenn es mehrere Wege zum Ziel gibt, zeigen wir einen sehr schnellen sowie einen sehr ausführlichen Weg auf. Dann beschreibt »Speed« den schnellsten Weg. Das spart Zeit und Nerven, und das Ergebnis ist dennoch professionell.

Perfekt Aber eine Präsenzerstellung oder ein Tweet oder Post oder Ähnliches geht sicher auch schöner, bunter, aufwändiger, also besser, eben perfekt. Wenn Sie also den perfekten Social-Media-Auftritt inklusive Pflege anstreben, dann wählen Sie die Perfekt-Lösung. Hier gehen wir ins Detail – keine Sorge, auch das ist einfach beschrieben, es ist aber doch zeitlich aufwändiger. Und natürlich gibt es auch hier die zu erwartende Zeit dazu, denn egal, ob Einsteiger oder Geübter – die Zeit ist knapp im Praxisalltag und muss gut eingesetzt werden.

Es liegt also bei Ihnen. Speed oder Perfekt?

> **Tipp des PR-Beraters**
>
> Sie können mit Speed anfangen und jederzeit später, auch punktuell, auf Perfekt wechseln.

1.7 Für wen ist dieses Buch?

Sie sind Zahnarzt/Zahnärztin mit eigener Praxis oder als Manager(in) verantwortlich für das Marketing der Praxis? Ihr Wissen liegt irgendwo zwischen »Blutiger Einsteiger« und »Ich kenne mich aus«? Dann ist es genau für Sie geschrieben!

Für die Einsteiger gehen wir Schritt für Schritt alles durch, ohne Fremdwörter, ohne technisches Vorwissen. Mithilfe der Checklisten und Anleitungen und Bilder erstellen und pflegen Sie Ihren eigenen Auftritt flott und problemlos! Und wenn Sie diese verantwortungsvolle Aufgabe delegieren wollen, dann finden Sie im Buch die wichtigen Regeln, worauf Sie beim Delegieren achten sollten und müssen.

Sie sind schon länger dabei, kennen sich aus, haben Erfahrung und sollen oder werden die Social-Media-Aktivitäten umsetzen? Mit diesem Buch sind Sie in der Lage, den individuellen und professionellen Auftritt zu erstellen und zu pflegen. Sie können sicher sein, ganz vorn dabei zu sein.

Sie sind erfahrener Programmierer oder wollen die Welt mit Facebook & Co verändern? Dann ist dieses Buch nicht das richtige für Sie. Es ist ein Buch für den Alltag in der Praxis. Es ist nicht vollkommen, weil es Bereiche gibt, die Sie als Zahnarzt sicher nicht benötigen werden. Wie man beispielsweise Spiele konzipiert oder gar programmiert, muss ein Arzt nicht wissen – wohl aber, dass es Spiele gibt, wo es diese gibt und wie Sie solche einbinden können.

1.8 Der Themenkuchen

Sie müssen schon was bieten, sonst will niemand wissen, was Sie bei Facebook, Twitter und in den Foren mitzuteilen haben. Oder lesen Sie etwa gerne langweilige Newsletter oder veraltete Zeitungsbeiträge? Also kommt zwangsläufig die Frage auf: Was wollen die Leute bei Ihnen und von Ihnen lesen oder sehen? Vergleichen Sie es mit einer Zeitung: Was schaut sich »jeder« am liebsten an? Bilder, aktuelle Informationen, Menschen, Unterhaltung! Sicherlich werden Ihnen sehr schnell, vielleicht schon in diesem Moment, zahlreiche Ideen durch den Kopf schießen, was Sie alles dort zeigen, schreiben, veröffentlichen, posten oder tweeten können. Leider ist das nicht so einfach in der Realität.

Stellen Sie sich einen runden Kuchen vor, und der Kuchen steht für alle Möglichkeiten, die Sie an Themen oder Bildern oder Videos und Links verwenden können. Nun kommt zuerst der PR-Berater oder die Praxismanagerin, die einige Stücke vom möglichen »Themenkuchen« mit der Begründung entfernen, dass diese Kuchenstücke das Image eher belasten würden oder einfach keinen Patienten interessieren. Es bleiben aber noch immer viele Kuchenstücke, also Themen, übrig, die aus PR-Sicht gut sind. Und nun kommt der Anwalt oder der belesene oder vorsichtige Arzt, der von den übrigen Kuchenstücken auch noch einige entfernt, mal ganze Stücke, mal Teile davon, weil Gesetze verletzt werden könnten.

Das, was dann übrig bleibt, ist das Maximum, was Sie an Themen verwenden können. Um bei dem Beispiel zu bleiben: Das, was nun noch an thematischen Kuchenstücken übrig geblieben ist, darf auch im Bereich Social Media verwendet werden. Und nun kommt es darauf an, diese beschriebenen Themen mit geringem Aufwand möglichst effektiv zu nutzen. Welche Themen das sind oder sein können, finden Sie in den zahlreichen Checklisten im Buch.

1.9 Medizinische Themen interessieren doch keinen Menschen

Sie gehören auch zu denen, die meinen, die Themen Sport, Erotik, Promis und Mode sind medial omnipräsent, aber (Ihre) Medizinthemen interessierten keinen Menschen, weil sie negativ oder out sind? Machen Sie den Test! Gehen Sie in einen Zeitungskiosk, nehmen Sie je eine beliebige Zeitschrift aus den Branchen »Männermagazin«, »Frauenmagazin«, »TV-Programmzeitschriften«, »Modemagazin«, ein Lifestylemagazin, gerne auch noch eine Familienzeitschrift, und schauen Sie auch in irgendeine Tageszeitung hinein: Medizin ist »in«, aktuell, angesagt und – wie Sie dann sehen – präsent!

Das Interesse an medizinischen Themen steigt mit dem Alter und verändert sich auch thematisch mit dem Alter. Die Allensbacher Markt- und Werbeträgeranalyse AWA 2013 belegt für Deutschland, wie das Interesse an medizinischen Themen mit dem Alter korreliert:

- 14–29 Jahre: 12%
- 30–39 Jahre: 20%
- 40–49 Jahre: 22%
- 50–59 Jahre: 28%
- ab 60 Jahre: 36%

So interessiert sich etwa jeder Fünfte in Deutschland zwischen 30 und 50 Jahren für medizinische Themen. Auffällig ist das Verhalten der chronisch kranken Patienten, denn die informieren sich besonders aktiv online, also nutzen Foren, Blogs und soziale Netzwerke zunehmend. Über die Hälfte der deutschen Online-Nutzer informieren sich vor einem Arztbesuch durch eine Onlinerecherche über den Arzt (Redaktion summaryseven.de 2013).

Natürlich spielt es eine entscheidende Rolle, wie Sie die medizinischen Themen präsentieren. Denken Sie an die Vorlesungen in Ihrem Studium zurück: Spannende Themen kann man sehr langweilig darstellen, und manche eher flachen Themen können unterhaltsam und faszinierend sein.

1.10 Wer ist eigentlich Herr Dr. Stefan Beispiel?

Wir möchten Ihnen in diesem Buch stets zur anschaulichen Erklärung ein Beispiel nennen, das sich konsequent durch das Buch zieht. In unserem Fall ist dies der Zahnarzt Dr. Stefan Beispiel, in Bremen geboren. Er betreibt eine Zahnarztpraxis in Berlin; diesen Zahnarzt gibt es natürlich nicht, auch nicht diese Praxis.

1.11 Memo

Kennen Sie das? Sie erinnern sich nicht mehr so genau an das Passwort oder die hinterlegte Mail-Adresse oder daran, wer eigentlich noch Zugangsdaten besitzt? Im Buch befindet sich das »Memo«. Das ist eine Auflistung aller hier von Ihnen persönlich und individuell verwendeten Passwörter, Mail-Adressen und Ähnlichem. Gelegentlich sehen Sie den Begriff »Memo« im Buch, und zwar immer dann, wenn Sie wieder ein Passwort oder eine andere individuelle Codierung online eingeben müssen. Damit Sie diese nicht mehr vergessen oder stets wissen, wo Sie diese nachschlagen können, tragen Sie diese einfach ein in die Memoliste (► Anhang).

> **Der Anwalt rät**
> Vorsicht! Häufig sind Passwörter und andere Zugangsdaten personenbezogen und dürfen nicht an Dritte übergeben werden. Etwas anderes mag für Gruppen-Accounts gelten; diese sind dann aber meist auch so gekennzeichnet. Achten Sie in jedem Fall strikt darauf, dass die Informationen über Zugangsdaten vertraulich abgelegt und allenfalls einem kleinen, Ihnen bekannten und zur Vertraulichkeit verpflichteten Personenkreis zugänglich sind. Wer im Besitz Ihrer Zugangsdaten ist, hat die Möglichkeit, unerkannt in Ihrem Namen Ihre Social Media-Aktivitäten zu beeinflussen. Im schlimmsten Fall haften Sie dann sogar gegenüber Dritten für diese fremden Einträge in Ihrem Namen und haben praktisch große Schwierigkeiten, wieder Zugriff auf Ihren eigenen Account zu erhalten, um zum Beispiel unangemessene Kommentare und Tweets zu entfernen sowie Profiländerungen durchzuführen.
> Bei der Einbindung von Dritten in die Erstellung und Pflege Ihres Facebookauftritts (also etwa Agenturen und/oder Ihre Praxismitarbeiter) klären Sie vorab deren Befugnisse und behalten Sie sich jederzeit ein verbindliches Weisungs- und Vetorecht vor.

> **Juristischer Tipp**
>
> Ganz wichtig: Regeln Sie, dass Dritte nach Ihrer Aufforderung unwiderruflich zur Herausgabe von Zugangsdaten verpflichtet sind – ohne jedes Zurückbehaltungsrecht.

Literatur

BVDW (2013) W3B-Report »Nutzerverhalten« der Fittkau & Maaß Consulting

Gerlof H (2013) Internet wird immer bedeutender für Arztwahl. ▶ http://www.aerztezeitung.de/praxis_wirtschaft/internet_co/article/845872/bewertungsportale-internet-immer-bedeutender-arztwahl.html. Zugegriffen: 01. September 2014

Hillienhoff A (2013) Viele Ärzte verzichten wegen Rechtsrisiken auf eigene Website. ▶ http://www.aerzteblatt.de/nachrichten/53106. Zugegriffen: 01. September 2014

Lutz A, Rumohr J (2008) Xing optimal nutzen: Geschäftskontakte – Aufträge – Jobs. Wien: Linde

Redaktion DUDEN Online (2014) Rechtschreibung und Bedeutung Social Media. ▶ http://www.duden.de/rechtschreibung/Social_Media. Zugegriffen: 01. September 2014

Redaktion summaryseven.de (2013) Social Media – Gesundheitsbranche mit Nachholbedarf. ▶ https://summaryseven.de/2013/04/social-media-nutzung-gesundheitsbranche-mit-nachholbedarf. Zugegriffen: 02. September 2014

Schmidt M (2014) Facebook: Teenager wandern aus dem Netzwerk ab. ▶ http://www.chip.de/news/Facebook-Teenager-wandern-aus-dem-Netzwerk-ab_66608176.html. Zugegriffen: 01. September 2014

Sternkopf M (2011) Die 5 gefährlichsten Facebook-Mythen. ▶ http://de.nachrichten.yahoo.com/blogs/total-digital/die-5-gef%C3%A4hrlichsten-facebook-mythen-073931170.html. Zugegriffen: 01. September 2014

Sutthoff JD (2014) 104-jährige Amerikanerin zu alt für Facebook. ▶ http://www.welt.de/vermischtes/kurioses/article113833354/104-jaehrige-Amerikanerin-zu-alt-fuer-Facebook.html. Axel Springer SE 2014. Zugegriffen: 01. September 2014

Facebook

Marc Däumler, Marcus M. Hotze

2.1	**Profil und Seite – 16**	
2.1.1	Ich nutze als Zahnarztpraxis ein Facebookprofil. Na und? – 16	
2.1.2	Woran kann ich sehen, ob es sich um ein Profil oder eine Seite handelt? – 16	
2.1.3	Fans, Freunde und »Gefällt-mir«-Angaben – 17	
2.2	**Anmeldung – 17**	
2.2.1	Sie sind absolut neu bei Facebook, haben kein Profil und keine Seite? – 17	
2.2.2	Sie haben zwar ein Facebookprofil, aber noch keine Seite? – 18	
2.2.3	Sie haben bereits eine Facebookseite? – 18	
2.2.4	Anmeldung: Jetzt geht es los! – 18	
2.2.5	Tipps bei der E-Mail-Adresse – 18	
2.3	**Ausloggen und einloggen – 23**	
2.4	**Facebookseite erstellen – 24**	
2.4.1	Schritt 1: Info – 26	
2.4.2	Schritt 2: Profilbild – 26	
2.4.3	Schritt 3: Bevorzugte Seitenzielgruppe – 28	
2.4.4	Facebookseite nicht veröffentlichen – 28	
2.4.5	Seiteninfo aktualisieren – 30	
2.4.6	Einstellungen bearbeiten – 40	
2.5	**Titelbild – 45**	
2.5.1	Wie sollte ein Titelbild aussehen? – 46	
2.5.2	Anforderungen an ein gutes Titelbild – 46	
2.5.3	Titelbild hochladen – 48	
2.6	**Facebookseite freischalten! – 49**	
2.7	**Posten – 50**	
2.7.1	Die Statusmeldung – 50	
2.7.2	Tagging – 52	

M. Däumler, M. M. Hotze, *Social Media für die erfolgreiche Zahnarztpraxis*, Erfolgskonzepte Zahnarztpraxis & Management, DOI 10.1007/978-3-642-45035-8_2, © Springer-Verlag Berlin Heidelberg 2016

2.7.3	Fotos posten – 54	
2.7.4	Angebot posten – 59	
2.7.5	Veranstaltungen posten – 60	
2.7.6	»Meilensteine« der Praxisgeschichte – 62	

2.8 Gefällt mir – 63

2.9 Kommentieren – 63

2.10 Teilen – 64

2.11 Was ist die Chronik? – 64

2.12 Was sind gute Themen zum Posten? – 65

2.13 Was darf und soll eine Zahnarztpraxis »teilen«? – 65

2.14 Was darf und soll eine Zahnarztpraxis kommentieren? – 67
2.14.1 Wie kommentieren? – 67
2.14.2 Wie reagiere ich auf einen schlechten Kommentar? – 67

2.15 Wann poste ich? – 69

2.16 Wie erreiche ich hohe Interaktion auf meine Posts? – 69
2.16.1 Edge-rank – 70
2.16.2 Call to action – 70

2.17 Was schadet dem Image der Praxis? – 70

2.18 Was verstößt gegen das Gesetz? – 72

2.19 Shitstorm – 72

2.20 Wie erhöhe ich meine »Gefällt-mir«-Angaben (Fanzahl)? – 73
2.20.1 Ablauf der Facebookwerbung – 74
2.20.2 Targeting – 76
2.20.3 Wie pflege ich meine Facebookseite? – 76

2.21 Statistik – 76
2.21.1 »Gefällt-mir«-Angaben – 77
2.21.2 Reichweite – 77
2.21.3 Besuche – 78
2.21.4 Beiträge – 78
2.21.5 Personen – 78

2.22	**Redaktionsplan** – 79	
2.23	**Delegieren** – 79	
2.24	**Besuche** – 80	
2.25	**Facebookbewertung – Blaue Sterne** – 80	
2.25.1	Wie wird eine Praxis bewertet auf Facebook? – 81	
2.25.2	Rezensionen/Sterne deaktivieren – 81	
2.26	**Was kommt als Nächstes?** – 82	
	Literatur – 82	

Jeder kennt den Begriff »Facebook«, aber tatsächlich existiert viel Halbwissen unter den Online-Nutzern, oft verbreitet durch angebliche, selbst ernannte »Spezialisten«, die genau Bescheid wissen. Lassen Sie sich davon nicht einschüchtern! Stellen Sie doch einmal einem dieser »Facebookspezialisten« die einfachste Frage überhaupt, nämlich, was Facebook eigentlich heißt, also woher dieser Name kommt.

Facebooks sind Jahrbücher, die in den USA oft am Ende des Studiums an den Colleges und Universitäten an die Studenten verteilt werden und in dem die Absolventen mit Foto (des Gesichtes) zu sehen sind, eben ein »Facebook«. Und das kann man auch, dachte sich unter anderen Mark Zuckerberg, digital umsetzen, vielleicht noch mit einer Interaktion, um zu wissen, was aus den Abgängern eigentlich so geworden ist. (Wer weiß, hätte es ein Deutscher entwickelt, würde es vielleicht »Poesiebook« heißen?) Das war 2004. Nur sieben Jahre später war Facebook bereits eine Plattform mit 800 Millionen Nutzern weltweit, und 2012 war das Unternehmen Facebook an der Börse.

Rund 1 Milliarde Facebookseiten gibt es derzeit weltweit, auf denen die Facebooker/Facebookuser interaktiv sein können. Und im Gegensatz zu Internetseiten, auf denen nach der Erstellung meist nicht viel agiert wird, ist bei Facebook »richtig was los«, denn die Facebookuser sind sehr aktiv. Täglich (!) werden durchschnittlich mehr als 350 Millionen Bilder hochgeladen, also gepostet; das sind 100 Millionen mehr als 2013 – und das täglich. Facebook ist in mehr als 70 Sprachen verfügbar, und um diese sprachliche Hürde zu meistern, waren über 300.000 Menschen weltweit an der Übersetzung für die jeweilige Landesausgabe beteiligt. Facebook zählt in Deutschland etwa 28 Millionen Nutzer: Sie können also etwa jeden dritten Bürger (mathematisch gesehen) in Deutschland über Facebook auch erreichen.

2.1 Profil und Seite

Es ist eine elementare Unterscheidung, die Trennung zwischen einer Facebookseite und einem Facebookprofil. Noch nie gehört? Machen Sie sich nichts draus, denn es ist abenteuerlich, wie viele dies nicht wissen und schon hier einen großen Fehler begehen. Es gibt zwar nur »ein« Facebook, dennoch unterteilt Facebook zwischen privaten Personen (Profil) und Unternehmen und öffentlichen Personen (Seite). Auf den ersten Blick unterscheiden sich diese nicht. Ganz schnell erklärt:

- Sie sind eine Privatperson, und Sie möchten Facebook für sich privat nutzen, dann benötigen Sie ein Profil.
- Sie sind Arzt und wollen Facebook für Ihre Praxis nutzen? Dann benötigen Sie eine Facebookseite. Ganz einfach.

2.1.1 Ich nutze als Zahnarztpraxis ein Facebookprofil. Na und?

Facebook verbietet es, dass Unternehmen, also auch Arztpraxen, sich gewerblich mit einem Profil darstellen. Wer es dennoch macht, riskiert die Sperrung oder gar Löschung des Profils. Zudem bietet eine Facebookseite für eine Praxis tatsächlich große Vorteile gegenüber einem Facebookprofil, wie beispielsweise Statistiken. Es gibt auch Nachteile, wie das Einladen von Fans zu Veranstaltungen, was auf direktem Wege bei einer Facebookseite nicht geht. Wie auch immer: Als Arztpraxis müssen Sie eine Facebookseite nutzen. Natürlich dürfen Sie als Arzt ergänzend hierzu Facebook auch privat mit einem Facebookprofil nutzen.

2.1.2 Woran kann ich sehen, ob es sich um ein Profil oder eine Seite handelt?

Jetzt sind Sie vielleicht schon bei Facebook und schauen sich dort um, zum Beispiel um zu sehen, ob der Arzt und Kollege »von nebenan« mit einem Facebookprofil oder mit einer Facebookseite »unterwegs« ist?

Auch wenn Sie sicherlich hier und da feststellen werden, dass einer Ihrer Kollegen für seine Praxis statt einer Facebookseite ein Facebookprofil verwendet: Ärgern Sie sich nicht, sondern freuen Sie sich, dass man es dort anscheinend nicht besser weiß und auf einer kleinen Zeitbombe sitzt und sich in den Augen der großen Facebookgemeinde regelrecht disqualifiziert.

> **Der Anwalt rät**
> Die Nutzungsbedingungen von Facebook unterscheiden strikt zwischen Facebookseiten und Facebookprofilen. Auf Facebookprofilen darf Unternehmenswerbung grundsätzlich nicht organisiert werden. Facebook behält sich bei Verstößen die Sperrung oder gar die vollständige Löschung eines Accounts vor. Das wäre insbesondere dann ärgerlich, wenn Sie Ihr (vielleicht aufwändig erstelltes) Profil plötzlich nicht mehr nutzen können oder (im Falle der Löschung) eventuell sogar alle bei Facebook von Ihnen eingestellten Daten verschwunden sind. Achten Sie auch deshalb darauf, gerade bei umfangreichen oder kostspieligen Inhalten immer eine separate Sicherungskopie dieser Daten anzufertigen, um das Risiko eines Totalverlustes zu vermeiden.

Grundsätzlich könnte ein Verstoß gegen die Nutzungsbedingungen übrigens auch Wettbewerber auf den Plan rufen – zum Beispiel, wenn irreführend über ein vermeintlich privates Profil Schleichwerbung für eine Praxis betrieben wird.

Sehen Sie oben, etwas rechts in dem großen Bild, »Freunde« stehen? Freunde gibt es nur bei einem Profil, also ist es ein Facebookprofil.

Stehen dort stattdessen »Gefällt-mir« oder »Gefällt-mir«-Angaben? Dann sind Sie auf einer Facebookseite. Ganz einfach.

2.1.3 Fans, Freunde und »Gefällt-mir«-Angaben

Zugegeben, am Anfang ist es etwas irritierend mit diesen Begriffen, denn offiziell gibt es gar keine Fans mehr bei Facebook, denn die heißen nun statt Fans schlicht und eher nichtssagend »Gefällt-mir«-Angaben. Dennoch werden Sie den Begriff »Fan« in Bezug auf Facebook noch häufiger sehen, er hat sich einfach etabliert – und klingt gefälliger als »Gefällt-mir«-Angabe.

Wie im realen Leben haben private Personen auch Freunde. Private Personen sind bei Facebook mit einem Profil vertreten und haben dort »Freunde« und keine Fans.

Unternehmen haben, genau genommen, keine Freunde, aber schon eher Fans. Nun taten sich Personen etwas schwer damit, sich gleich als Fan zu outen, wenn man ein Unternehmen bei Facebook lediglich gut fand. Und so schwächte Facebook das »Fan sein« ab in »Das gefällt mir«, um eine Hemmschwelle zu senken. »Gefällt-mir«-Angaben und Fans sind also das Gleiche.

Sie können ja nun darauf achten, wie angebliche Facebook-Hobbyexperten in Gesprächen diese Begriffe »Fan« und »Freunde« und »Gefällt-mir«-Angaben regelrecht durcheinanderwerfen, und dann wissen Sie nun schon eines sicher: Dies ist dann kein Experte!

Jetzt geht es los:

2.2 Anmeldung

- **Checkliste: Die perfekte Vorbereitung zur Anmeldung**

Folgende Dinge in der Checkliste sollten Sie schon vorher organisieren, damit es absolut problemlos und schnell voran geht. Am besten legen Sie dafür einen neuen Ordner an mit dem Namen »Facebook«:
– Eine E-Mail-Adresse von der Praxis
– Ein Foto (digital) von Ihrem Logo
– Ein Foto (digital) von Ihrer Praxis
– PC mit Internetanschluss
– Professionelle Fotos von Ihnen
– Kurze Beschreibung der Praxis
– Infos über Sie und über das Praxisteam (Ausbildung, Werdegang, Persönliches)
– Das Impressum Ihrer Praxis (finden Sie auf Ihrer Website)

2.2.1 Sie sind absolut neu bei Facebook, haben kein Profil und keine Seite?

Dann beginnt hier für Sie der Einstieg in eine neue Welt! Um Ihre Facebookseite für Ihre Praxis professionell zu realisieren, benötigen Sie zuerst ein Profil. Seien Sie nicht erstaunt, falls Sie nun denken, Sie wollen ja gar nicht privat mit Facebook

Abb. 2.1 Anmeldung

agieren, sondern »nur« mit der Facebookseite der Praxis. Erstens benötigen Sie bei Facebook nun mal ein Profil, wenn Sie eine Facebookseite für Ihre Praxis erstellen wollen, und zweitens bietet ein Facebookprofil für Ihre Praxis-Facebookseite noch viele Chance und Vorteile (wie Sie später noch sehen werden). Und zu Ihrer Beruhigung: Sie können die Privatsphäre-Einstellungen Ihres Profils so bearbeiten, dass man nur den Profilnamen (kann auch ein Synonym sein), das Titelbild und das Profilbild (kann auch ein beliebiges Bild sein) sieht.

2.2.2 Sie haben zwar ein Facebookprofil, aber noch keine Seite?

In dem Fall sind Sie schon sehr gut auf Ihre Facebookaktivitäten für Ihre Praxis-Facebookseite vorbereitet, denn Sie kennen die meisten Möglichkeiten schon, die Facebook bietet. Achten Sie also von nun an sehr genau auf die Trennung Ihres privaten Facebookprofils und der nun zu erstellenden Facebookseite.

2.2.3 Sie haben bereits eine Facebookseite?

Respekt! Entweder möchten Sie Ihre Facebookseite nun »aufpeppen« oder anders als bisher pflegen.

Vielleicht haben Sie auch schon eine Facebookseite und möchten eine weitere erstellen, was ja durchaus geht und gelegentlich auch Sinn macht. Dann können Sie die Anmeldung überspringen.

2.2.4 Anmeldung: Jetzt geht es los!

Bitte gehen Sie auf die Internetseite ▶ www.facebook.com. Wie Sie in das Internet kommen und wie Sie eine Internetadresse eingeben, wissen Sie sicherlich.

Füllen Sie auf der Startseite nun alle Felder mit Ihren Angaben aus: »Vorname«, »Nachname«, E-Mail-Adresse und einem gewählten Passwort und dann geben Sie Ihr Geburtstagsdatum sowie Ihr Geschlecht an.

2.2.5 Tipps bei der E-Mail-Adresse

Machen Sie es nicht so kompliziert, sondern geben Sie hier die E-Mail-Adresse Ihrer Praxis ein. Keine Sorge, wir erstellen nun erst einmal ein Facebookprofil, mit dessen Hilfe Sie und Ihr Praxisteam die spätere Facebookseite verwalten können (◘ Abb. 2.1).

Wir arbeiten im Buch durchgängig als anschauliches Beispiel mit dem Zahnarzt Dr. Stefan Beispiel.

Wann ist ein Passwort sicher?

Sie denken, es kann ja eh keiner wissen, wie mein Passwort ist? Stimmt, aber manche Passwörter liegen einfach gedanklich nahe oder sind technisch sehr leicht »zu knacken«. Es gibt Statistiken, die eindeutig belegen, dass bestimmte Passwörter auffallend oft verwendet werden. So haben Hacker im Jahre 2012 festgestellt, dass durch die Nutzer bei LinkedIn mit Abstand am häufigsten »password« als Passwort gewählt wurde, was nicht gerade kreativ ist. Auf Platz 2 steht »123456«, auf Platz 3 »12345678«, auf Platz 4 »1234«, was nun auch nicht gerade als sicher gelten kann, weil dies wahrscheinlich die ersten Begriffe sind, die ein »Fremder« wohl ausprobiert. Der Name der lieben Ehefrau oder des einzigen Kindes oder des treuen (oft schon verstorbenen) Dackels wird genauso gerne genommen wie der Name der Lieblingsband – und alles ist meistens im Umfeld bekannt (oder steht später wahrscheinlich bei Facebook oder Xing).

Wählen Sie grundsätzlich ein Passwort, dass Sie sich wirklich gut merken können und was Sie nicht irgendwo aufschreiben müssen, weil es so wahnsinnig kreativ und ungewöhnlich ist, dass Sie es sich selbst nicht merken können. Gut sind Begriffe, die durch Zahlen oder Zeichen ergänzt werden, also so nicht im Duden zu finden. Zusätzlich ist eine unterschiedliche Groß- und Kleinschreibung anzuraten, wie »biRne49&«.

Wer es ganz bequem haben will, kann auch hier nachschauen: ▶ www.bsi-fuer-buerger.de

Der Anwalt rät
Achten Sie darauf, gemäß vorstehender Ausführungen ein möglichst »sicheres« Passwort zu wählen. Behandeln Sie ein solches Passwort streng vertraulich und legen Sie es Dritten gegenüber nicht offen. Ist ein Passwort allzu banal und ohne großen Aufwand zu entschlüsseln, kann dies als Pflichtverletzung gewertet werden. In der Folge könnte Ihnen in einer potentiellen Auseinandersetzung mit Dritten eine Haftung drohen. Im Hinblick auf Fälle, bei denen etwa der Zugang zu kabellosem Internet mit einem einfach »zu knackenden« Passwort versehen war und Dritte auf diese Weise Schäden verursacht haben, hat dies die Rechtsprechung schon mehrfach festgestellt. Gleiches wird auch für Accounts sozialer Medien gelten, die leicht geknackt werden können und dann missbraucht werden. Bei jeder Pflichtverletzung anlässlich der Verwahrung von Zugangsdaten droht also das Risiko, als sogenannter Störer auch für eine fremde Rechtsverletzung zu haften. Als Störer wird kurz gesprochen jeder angesehen, der einen wie auch immer gearteten Beitrag zur Verletzung eines geschützten Rechtsguts geleistet und dabei ihm zumutbare Prüfungspflichten verletzt hat. Wird also etwa von Ihnen ein Account für soziale Medien betrieben und nicht ausreichend vor Missbrauch geschützt, könnten Ihnen unter Umständen diesbezüglich begangene rechtswidrige Handlungen Dritter zugerechnet werden.

Alles ausgefüllt? Dann bitte unten auf »Registrieren« klicken.

Der Anwalt rät
Achtung! Mit der Registrierung erklären Sie sich automatisch mit den Nutzungsbedingungen von Facebook einverstanden und bestätigen unter anderem, die Datenverwendungsrichtlinien einschließlich der Bestimmung zur Verwendung von Cookies gelesen zu haben. Diese Nutzungsbedingungen, die Sie über den angegebenen Link einsehen können, stellen Ihre (übrigens ausländischem Recht unterfallende) Geschäftsgrundlage mit Facebook dar und sollten daher von Ihnen durchgelesen werden. Denn nur wer die Spielregeln einer Plattform kennt, kann im Einzelfall für sich entscheiden, ob er mit diesen einverstanden ist oder sein konkret beabsichtigter Auftritt daran scheitert.

Keine Sorge, im Regelfall spricht nichts Grundsätzliches gegen die Erstellung einer Facebookseite für Zahnarztpraxen und die entsprechende Nutzung

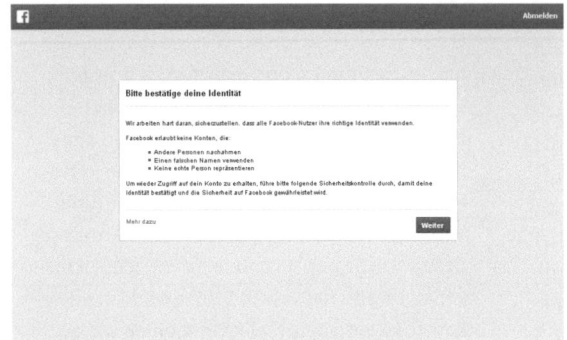
Abb. 2.2 Identität bestätigen

als Marketing-Tool. Trotzdem setzen neben den allgemeinen Gesetzen, der Berufsordnung und dem Werberecht eben auch die Nutzungsbedingungen von Facebook bestimmte Regeln, die von Ihnen einzuhalten sind. Bei Verstößen gegen die eigenen Spielregeln kann Facebook – unbeschadet sonstiger Ansprüche – berechtigt sein, Ihr Facebookprofil oder Ihre Facebookseite zu sperren oder sogar endgültig zu löschen.

Kleiner Hinweis: Die Nutzungsbedingungen von Facebook sind umfangreich, wenig strukturiert und ändern sich zu allem Überfluss auch relativ häufig. Dies kann es grundsätzlich erforderlich machen, anlassbezogen (etwa bei Ideen für neue Inhalte für Ihre Facebookseite) die Nutzungsbedingungen daraufhin durchzusehen, ob sich relevante Änderungen ergeben haben. Insbesondere im Hinblick auf die konkrete Ausgestaltung von Gewinnspielen, Promotions sowie zulässigen oder unzulässigen Werbemaßnahmen und Bildniswiedergaben gibt es dort teilweise besondere Restriktionen, die man im Blick haben sollte.

Im nächsten Schritt fordert Sie Facebook nun auf, Ihre Identität zu bestätigen (◘ Abb. 2.2).

Um den Registrierungsvorgang abzuschließen, müssen Sie bestätigen, dass Sie Ihre eigene E-Mail-Adresse oder Telefonnummer zum Einrichten des Kontos verwendet haben.

Sie können Ihre E-Mail-Adresse oder Telefonnummer auf verschiedene Arten bestätigen:

— Bestätigen Sie Ihre Telefonnummer, indem Sie den Code, den Sie per SMS erhalten haben, in das bei der Anmeldung angezeigte Feld »Bestätigen« eingeben.
— Bestätigen Sie Ihre E-Mail-Adresse, indem Sie den Link in der E-Mail öffnen (»Bestätige dein Konto«), die Facebook Ihnen bei der Registrierung geschickt hat. Tragen Sie nun den Code ein, den Facebook Ihnen per E-Mail geschickt hat.

Jetzt ist Ihre Anmeldung abgeschlossen.

Die Schritte erscheinen etwas kompliziert, dienen aber letztendlich Ihrer Sicherheit und der Ihres Facebookprofils.

Wenn Sie dies mit Ihrer Handynummer bestätigt haben, empfehlen wir, dass Sie diese Nummer niemandem auf Facebook mitteilen, denn Ihre Handynummer ist wahrscheinlich Ihre persönliche Nummer, welche Sie nicht jedem mitteilen möchten. Geben Sie daher im folgenden Schritt »Nur ich« an, wenn Facebook Sie fragt, wem Sie Ihre Telefonnummer mitteilen möchten.

Dann speichern Sie Ihre Einstellungen.

Glückwunsch, Sie haben soeben Ihr Facebookprofil erstellt! Wenn Sie links im Menü auf Ihren Namen klicken, sehen Sie, wie Ihr Facebookprofil nun öffentlich aussieht (◘ Abb. 2.3).

Von diesem Profil aus werden Sie später die Facebookseite Ihrer Zahnarztpraxis erstellen.

Unternehmenskonto oder Facebookseite

Eine Facebookseite konnte bis zum Jahr 2015 auch ohne ein Profil erstellt werden, nämlich über ein sogenanntes »Unternehmenskonto«, auch bekannt als »Facebook Business Account« oder »Gray Account«. Das ist heute nicht mehr möglich.

2.2 · Anmeldung

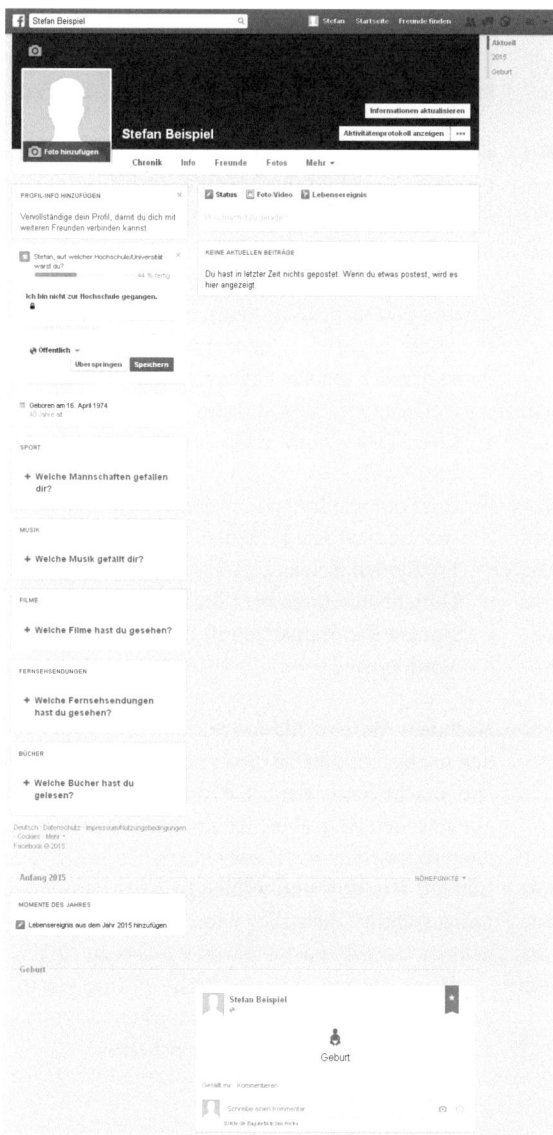

Abb. 2.3 Profil

Ein Unternehmenskonto enthält kein Profil, sondern dient einzig und allein dem direkten Erstellen einer oder mehrerer Seiten. Diese unterliegen jedoch einigen Funktionseinschränkungen.

- **Nachteile eines Unternehmenskontos**
1. Das Unternehmenskonto wird nicht in der Facebooksuche gelistet, was schon alleine als Nachteil reicht, denn schließlich wollen Sie ja gefunden werden.
2. Das imagefördernde Erstellen einer Vanity-URL (also Ihrer individuellen Facebooknamensadresse) ist nicht möglich.
3. Diese Seite mit anderen Facebookseiten zu vernetzen, ist nicht möglich.
4. Freunde einladen (mangels Profil) ist nicht möglich, was gerade am Anfang einen enor-

men Nachteil darstellt, um auf die Seite aufmerksam zu machen.
5. Das Hinzufügen von Apps über die facebookeigenen Apps hinaus ist nicht möglich (das mag jetzt noch nicht relevant sein, kann aber in der Zukunft durchaus relevant werden).

Seit 2015 gibt es diese Möglichkeit nicht mehr und Facebookseiten müssen über ein persönliches Facebookprofil angelegt und verwaltet werden.

- **Facebook Business Manager**

Seit 2015 bietet Facebook den Business Manager an. Dieser ist speziell für Agenturen sowie Kliniken entwickelt worden, die mehrere Facebookseiten betreuen oder verwalten. Hier loggt sich der Betreuer/Verantwortliche mit seinem Profil ein und kann dort sämtliche Anzeigen der Facebookseiten managen. Das hat den Vorteil, dass zum Beispiel eine Klinik auf einen Blick sämtliche Werbebudgets bei Facebook einsehen und verwalten kann. Mehrere ausgewählte Mitarbeiter können mit unterschiedlichen Zugriffsrechten auf den Business Manager zugreifen.

- **Wechsel vom Unternehmenskonto zur Facebookseite**

Sie haben ein Unternehmenskonto und wollen nun stattdessen eine Unternehmensseite bei Facebook mit allen Funktionen? Der einfachste Schritt ist, Sie fügen Ihr eigenes Profil als Admin hinzu. Dann können Sie darüber die Facebookseite pflegen und verfügen so über alle Funktionen von Facebook.

Ihr Facebookprofil

Widmen wir uns nun wieder Ihrem Facebookprofil. Grundsätzlich sollten Sie nun entscheiden, ob Sie
1. dieses Profil auch privat nutzen möchten oder ob
2. dieses Profil nur der Erstellung und Pflege Ihrer zukünftigen Facebookseite dienen soll.

Da Sie eventuell schon ein persönliches Facebookprofil haben und es in diesem Buch vorrangig um Ihre Facebookseite der Zahnarztpraxis gehen soll, empfehlen wir die zweite Variante.

Nichts desto trotz ist es erforderlich, dass Sie Ihr Facebookprofil nun mit einigen Angaben befüllen müssen. Das hat den Grund, dass Facebook ausschließlich reale Personen als Mitglieder möchte. Profilen, die den Anschein haben, dass sich dahinter keine reale Person befindet, droht eine Löschung.

- **1. Profilbild**

Um ein Profilbild hochzuladen, klicken Sie in Ihrem Profil links neben Ihrem Namen auf »Foto hinzufügen« in Ihrem Avatar (kleines Bild). Nun können Sie ein Foto von Ihrer Festplatte oder einem Speichermedium (zum Beispiel einen Speicherstick) hochladen. Sie können das ausgewählte Foto natürlich jederzeit auswechseln.

- **Checkliste: Wann ist ein Foto geeignet für das Profil?**
  - Ein Foto von Ihnen in privater Kleidung, ohne weitere sichtbare Personen
  - Freundlich lächelnd
  - Gesicht gut erkennbar (also bitte kein Mount-Everest-Panoramafoto mit Ihnen irgendwo im Vordergrund)

Nachdem Sie ein Bild ausgewählt und hochgeladen haben, können Sie dieses noch »zuschneiden«. Das macht Sinn, wenn Sie auf einem Foto zwar gut getroffen sind, aber »leider« neben Ihnen noch jemand zusehen ist. Dazu klicken Sie unter dem Bild auf – oder + und wählen so einen passenden Bildausschnitt. Zusätzlich haben Sie auch die Möglichkeit, das Bild nach links oder rechts zu rücken.

Wenn Sie mit Ihrer Bildwahl und dessen Bearbeitung zufrieden sind, dann klicken Sie einfach unten auf »Zuschneiden und speichern«.

- **2. Titelbild**

Ihr »Titelbild« ist die große, dunkelgraue Fläche, welche Sie ganz oben sehen. Auch hier können Sie ein Foto hochladen.

Klicken Sie mit der Maus in dieser Fläche auf »Titelbild hinzufügen«; es öffnet sich ein Fenster mit der Überschrift »Wähle dein Titelbild«. Dort klicken Sie auf »OK« und wählen Sie »Foto hochladen«.

»Aus Fotos auswählen« ist noch unwichtig, weil es noch keine Fotos in Ihren Facebook-Fotoalben gibt. Wie im vorherigen Schritt, bei der Wahl Ihres Profilbildes, wählen Sie nun ein geeignetes Bild von Ihrer Festplatte oder einem Speichermedium. Sie können das Foto nun in der Höhe (links / rechts geht hier nicht) korrekt positionieren, indem Sie mit der Maus auf das Titelbild fahren, geklickt halten und es nach oben oder unten ziehen. Fertig? Ideal? Dann auf »Änderungen speichern« klicken.

> **Der Anwalt rät**
> Die Nutzungsbedingungen von Facebook hatten Sie ja bereits bei Ihrer Registrierung anerkannt. Diese legen sowohl für Profile als auch für Seiten fest, welche Bildnisnutzungen zulässig und welche verboten sind. Als Faustregel können Sie sich merken, dass Facebook im Grunde all das verbietet, was ohnehin mit den allgemeinen Gesetzen nicht in Einklang steht, also etwa Verstöße gegen das Urheberrecht, das Strafrecht und das Persönlichkeitsrecht. Hinzu kommen, und das ist den angloamerikanischen Moralvorstellungen geschuldet, einige Einschränkungen, etwa in Bezug auf »Erwachsenenprodukte« oder »explizite Inhalte« sowie die Darstellung von Nacktheit. Da Sie sich auf einer von US-Amerikanern betriebenen Plattform bewegen, gelten bei der Auslegung durch Facebook insoweit deren Vorstellungen. In der Praxis wird sich hieraus aber wenig Nachteiliges für Sie ergeben, da Sie Ihr hochzuladendes Foto ja als Titelbild auf dem Facebookprofil verwenden wollen und ohnehin kein Interesse daran haben, dass dieses Foto zum Beispiel einen jugendschutzrechtlich bedenklichen Inhalt zeigt oder Dritte schockiert. Verzichten Sie auch darauf, dass in dem Profilbild als zentrales Motiv Werbung enthalten ist. Bedenken Sie dabei, dass das Foto noch nicht das Titelbild Ihrer Facebookseite ist.

- **Checkliste: Das richtige Titelbild für das Profil**
- Verwenden Sie Ihr Profil nicht aktiv privat, sondern lediglich zur Erstellung und Pflege der Facebookseite, sollte kein Foto mit persönlichem Charakter oder aus Ihrem persönlichen Umfeld (Haus, Garten) gewählt werden.
- Empfehlenswert ist ein Foto Ihrer Stadt (Wahrzeichen oder Marktplatz) oder ein

Abb. 2.4 Handy-Nr. löschen

Urlaubsfoto (aber nicht »protzig«, zum Beispiel ein toller Blick aufs Meer).
- Es ist nicht so günstig, hier Ihre Praxis zu zeigen, da wir Profil und Seite deutlich trennen wollen und müssen.

Nachdem Sie Ihr Profil- und Titelbild hinzugefügt haben, haben Sie automatisch die ersten beiden Beiträge in Ihrer Chronik erzeugt. Diese können Sie verbergen, also für Besucher unsichtbar stellen, in dem Sie jeweils rechts über den Bildern auf das kleine graue Dreieck klicken und »In der Chronik verbergen« auswählen; Sie können es aber auch ruhig so stehen lassen.

- **3. Info**

Im Infobereich haben Sie nun die Option, Angaben wie »Arbeit«, »Ausbildung« und »Wohnort« hinzuzufügen. Da wir Ihnen empfehlen, dieses Profil nicht privat, sondern nur zur Erstellung und Pflege Ihrer Facebookseite zu nutzen, ist es nicht nötig, dass Sie diese Angaben ausfüllen.

Was wir Ihnen empfehlen möchten, ist die Löschung Ihrer angegebenen Handy-Nummer.

Dazu klicken Sie links im Menü auf »Kontaktinformationen und allgemeine Infos«. Wenn Sie mit der Maus über Ihre angegebene Handy-Nummer fahren, erscheint rechts daneben »Bearbeiten« (Abb. 2.4).

Darauf klicken Sie nun und wählen im nächsten und im übernächsten Schritt jeweils »Entfernen«. Nachdem Sie zur Bestätigung Ihr Passwort angegeben haben, wird Ihre Handynummer entfernt.

2.3 Ausloggen und einloggen

Das notwendige Facebookprofil haben Sie nun, aber wie loggen Sie sich aus und wie wieder ein? Ganz einfach:

Abb. 2.5 Abmelden

Abb. 2.6 Seite erstellen

- **Ausloggen**

Klicken Sie zum Ausloggen mit der Maus ganz oben rechts auf das kleine Dreieck und wählen Sie »Abmelden« (Abb. 2.5).

Es erscheint die Startseite und Sie sind ausgeloggt.

- **Einloggen**

Öffnen Sie die Facebookseite, oben rechts sehen Sie zwei Fenster: »E-Mail oder Telefon« sowie »Passwort«, dort tragen Sie nun Ihre E-Mail-Adresse ein und natürlich Ihr Passwort, dann auf »Anmelden« klicken, und schon sind Sie wieder angemeldet.

Darunter sehen Sie »Angemeldet bleiben«. Wenn Sie hier das Häkchen setzen, dann bleiben Sie stets angemeldet und müssen nicht mehr jedes Mal Ihre E-Mailadresse und das Passwort angeben.

Vorteil: Sie sparen Zeit und sind immer sofort bei Facebook online.

Nachteil: Jede Person, die an diesem PC sitzt, hat damit freien Zugang zu Ihrem Facebookaccount.

> **Der Anwalt rät**
>
> Setzen Sie dieses Häkchen nur, wenn das von Ihnen verwendete Endgerät keinem anderen Ihnen unbekannten Nutzer zugänglich ist. Handelt es sich um einen PC, der von mehreren Personen genutzt werden kann, könnten andere auf Ihren Facebookaccount zugreifen und quasi in Ihrem Namen Änderungen oder Einträge vornehmen. Diese könnten Ihnen im schlimmsten Fall zugerechnet werden. Es liegt auf der Hand, dass Sie das vermeiden sollten. Gegen eine Verwendung dieser Funktion auf dem eigenen Endgerät oder einem Endgerät,

das nur Ihren arbeitsrechtlich entsprechend verpflichteten Mitarbeitern zugänglich ist, bestehen jedoch grundsätzlich keine Bedenken. Sensibilisieren Sie aber unabhängig hiervon Ihre Mitarbeiter etwa in sog. »Social Media Guidelines« oder einer Art »Netiquette« immer dafür, in welcher Form und mit welchen Inhalten eine Kommunikation auf Facebook von Ihnen gewünscht oder erlaubt ist.

2.4 Facebookseite erstellen

Sie haben Ihr Facebookprofil, nun erstellen Sie die eigene Facebookseite für Ihre Zahnarztpraxis.

Dazu loggen Sie sich bitte bei Facebook ein. Jetzt gehen Sie mit der Maus oben rechts auf das Dreieck und klicken dort auf »Seite erstellen« (Abb. 2.6).

Anmerkung: Wundern Sie sich nicht, denn bei Facebook gibt es erstaunlich viele Wege zum gleichen Ziel. So können Sie zum Beispiel statt des eben beschriebenen Weges genausogut in der Menüleiste auf »Seite erstellen« klicken und erhalten das gleiche Ergebnis.

Nun sehen Sie die Seite mit der Überschrift »Seite erstellen« mit sechs quadratischen Feldern, hinter denen verschiedene Kategorien stehen. Es folgt ein wichtiger Teil für Sie. Die Auswahl der Kategorie hat keine tatsächlichen Auswirkungen für Sie, aber Auswirkungen auf das wöchentlich aktualisierte Facebookranking.

Das Facebookranking ist noch immer als Insidertipp zu sehen. Mit dem Facebookranking können Sie Ihre Facebookseite mit anderen konkurrierenden Facebookseiten vergleichen. Wenn Sie eine Arztpraxis haben, können Sie Ihren Praxis-Face-

2.4 · Facebookseite erstellen

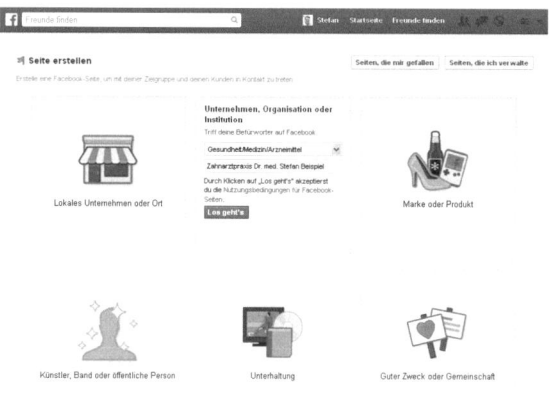

◘ Abb. 2.7 Kategorienwahl

bookauftritt mit dem Facebookauftritt einer konkurrierenden Praxis tatsächlich vergleichen. Sie können dann genau erfahren, welche Themen wann zu welchen Interaktionen führten – und damit und daran Ihre Strategie genauer planen. Das Ranking zu erfahren, ist kostenlos, zum Beispiel bei ▶ www.fanpagekarma.com oder ▶ www.socialranks.de. Es gibt hier zahlreiche Anbieter. Theoretisch können Sie damit einiges zur Optimierung über Ihre Facebookseite erfahren (professionelle Agenturen arbeiten damit für ihre Kunden). Aus praktischer Sicht ist dies für die kleine Zahnarztpraxis, die alles selbst umsetzt, am Anfang aber vielleicht ein bisschen über das Ziel hinausgeschossen.

> **Der Anwalt rät**
> Wählen Sie hier nicht das erste Feld mit dem Namen »Lokales Unternehmen oder Ort«, auch wenn Sie hauptsächlich lokal arbeiten – oder sogar ausschließlich lokal arbeiten –, selbst dann nicht, wenn dort eine Kategorie genau auf Sie passt. Der Grund hierfür: Später haben Sie nicht mehr die Möglichkeit, ein rechtskonformes Impressum in die Info-Box einzufügen. Hierzu sind Sie als Anbieter Ihrer Facebookseite aber verpflichtet. Mehr dazu später.

Für Zahnarztpraxen besteht nun die Wahlmöglichkeit zwischen den beiden Kategorien »Lokales Unternehmen oder Ort« und »Unternehmen, Organisation oder Institutionen«. Dazu klicken Sie bitte auf das zweite Feld mit dem Namen »Unternehmen, Organisation oder Institution«. Und nun klicken Sie auf »Wähle eine Kategorie aus«. Nun erscheint eine lange Liste von Vorschlägen. Für Sie als Zahnarztpraxis eignet sich die Kategorie »Gesundheit/Medizin/Arzneimittel«. Später können Sie dies noch spezifizieren und konkret »Zahnarzt« auswählen (◘ Abb. 2.7).

Nun geben Sie darunter den exakten Namen, die Adresse und Telefonnummer Ihrer Praxis an – in unserem Fall ist das »Zahnarztpraxis Dr. med. Stefan Beispiel« – und setzen Ihr Häkchen auf »Ich stimme den Richtlinien für Facebookseiten zu«.

> **Der Anwalt rät**
> Die Richtlinien für Facebookseiten sind ein Teil der von Facebook verwendeten Nutzungsbedingungen, die Sie bereits mit Ihrer Registrierung akzeptiert hatten. Facebook weist Sie nun noch einmal auf die speziellen Vorgaben für kommerzielle Auftritte hin. Lesen Sie sich auch diese Richtlinien einmal durch; sie sind erfreulich kurz und recht gut verständlich. Sie enthalten wiederum einige Spielregeln von Facebook für den Betrieb Ihrer gewerblichen Facebookseite. Seien Sie vorsichtig, wenn Sie ein Geschäftsmodell oder eine Maßnahme planen, die diesen Richtlinien entgegensteht.

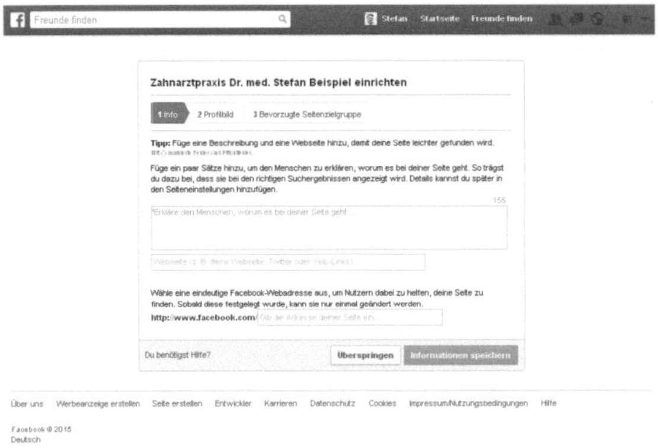

Abb. 2.8 Seite einrichten

Im Regelfall stellen die Richtlinien für einen gewerblichen Auftritt einer Zahnarztpraxis jedoch kein echtes Hindernis dar. Natürlich haben Sie als verantwortlicher Seitenbetreiber sicherzustellen, dass Sie rechtliche Vorgaben, etwa aus dem Berufsrecht und dem (zahnärztlichen) Werberecht, einhalten und Rechte Dritter im Übrigen auch nicht verletzen. Dies geschieht aber schon aus eigenem Interesse und nicht, weil Facebook Sie aus Haftungsgründen daran erinnert.

Zusätzlich bedeutsam können im Einzelfall Werbeverbote für »Erwachsenenprodukte« oder »verschreibungspflichtige Medikamente« werden oder das Verbot der Darstellung vermeintlicher »Schock- oder Nacktbilder«. Als beispielsweise Schönheitschirurg oder Gynäkologe ist also auch vor diesem Hintergrund zu prüfen, ob die bildliche Darstellung intimer Körperpartien nicht bereits gegen die Spielregeln von Facebook verstößt. Für den Auftritt einer Zahnarztpraxis wird das aber kaum relevant werden.

In der Praxis hat es sich übrigens als hilfreich erwiesen, in streitigen Fällen direkt mit Facebook Kontakt aufzunehmen, um unklare Sachverhalte aufzuklären. Dies dauert manchmal zwar etwas länger, verschafft Ihnen aber die erforderliche Ruhe in Ihrem Verhältnis mit Facebook. Sollten Sie im Einzelfall trotzdem aus rechtlichen Gründen Bauchschmerzen verspüren, ziehen Sie einen spezialisierten Rechtsanwalt zu Rate.

Jetzt klicken Sie auf den blauen Button »Los geht's«.

Wenn alles geklappt hat, sehen Sie nun das folgende Bild und können damit beginnen, Ihre Facebookseite einzurichten (◘ Abb. 2.8).

2.4.1 Schritt 1: Info

Jetzt gibt es jeweils zwei Wege, Speed und Perfekt:

Speed Klicken Sie hier einfach auf »Überspringen«. Sie werden später die Möglichkeit haben, alle Angaben auszufüllen. (3 Sekunden)

Perfekt Tragen Sie hier die wichtigsten Informationen zu Ihrer Praxis ein. Sie beschreiben also Ihre Praxis.

Was gehört zur Beschreibung der Praxis? Hier sollten Begriffe vorkommen, die für Sie wichtig sind, also nach denen potentielle Patienten im Internet suchen würden, zum Beispiel: Implantate, Zahnarztangst, professionelle Zahnreinigung.

Im Fach darunter wird nach Ihrer Internetadresse gefragt: Geben Sie diese bitte ein. In unserem Fall für die Zahnarztpraxis Dr. Stefan Beispiel lautet dies: ▶ www.zahnarztpraxis-beispiel.de (5 Minuten)

Nun klicken Sie unten auf »Informationen speichern«.

2.4.2 Schritt 2: Profilbild

Jetzt sind Sie bei Schritt 2: Profilbild.

Speed Wählen Sie erneut »Überspringen«. Sie werden später noch die Gelegenheit haben, ein Profilbild hochzuladen. (3 Sekunden)

Perfekt Wie Sie bei Facebook ein Foto hochladen, haben Sie schon in dem Kapitel über Ihr Profil erfahren (Zeit: 4 Minuten). Klicken Sie auf »Vom Computer hochladen«, und nun haben Sie Zugriff auf Ihre PC-Festplatten. Wählen Sie ein Foto aus. Hierbei handelt es sich um das kleine Profilbild Ihrer Facebookseite, wir empfehlen an dieser Stelle das Logo Ihrer Praxis.

Alternativ können Sie auch Ihr Logo von Ihrer Website importieren, indem Sie auf »Von Website importieren« klicken. Im nächsten Schritt geben Sie die URL Ihrer Website ein. Jetzt klicken Sie auf Importieren. Nach ca. 30 Sekunden erhalten Sie Vorschläge. Wählen Sie eines aus und klicken Sie auf »Foto speichern«. Fertig!

- **Checkliste: Das ideale Profilbild**

Botschaften kommen über Bilder, nicht über Texte! Also müssen Ihre Fotos auch qualitativ gut sein:
— Ideal ist ein quadratisches Foto mit den Maßen 180 × 180 Pixel (maximal 4 MB).
— Im Idealfall ist dies das Logo Ihrer Praxis.

- **Was tun, wenn Sie kein Logo haben?**

Lösung 1 Lassen Sie eines erstellen! Das ist nicht ganz günstig und kostet für eine Praxis etwa 800,– €, aber es ist der professionellste Weg. Der Vorteil ist, dass Sie dieses Logo überall verwenden können, nicht nur bei Facebook, sondern auf der Visitenkarte, der Internetseite, der Praxisbroschüre. So werden Sie deutlich professioneller Ihren Wiedererkennungswert steigern.

Lösung 2 Nehmen Sie ein Foto von sich, ein professionelles Porträtfoto. Es sollte maximal fünf Jahre alt sein. Seien Sie darauf freundlich und sympathisch, denn »Sie« sind die Marke!

> **Der Anwalt rät**
> Die Liberalisierung des Berufsrechts und des ärztlichen Werberechts hat dazu geführt, dass Sie einen größeren Spielraum bei der Auswahl Ihres Fotos haben. So ist eine Abbildung des Arztes und seines Praxisteams in Berufskleidung nunmehr grundsätzlich erlaubt, wenn eine sonstige Irreführung nach dem HWG ausgeschlossen ist. Auch dürfen Sie Fotos Ihrer Praxis oder von der Behandlung Ihrer Patienten zeigen – vorausgesetzt natürlich, die abgebildeten Personen haben in eine solche Bildnisverwendung ausdrücklich eingewilligt. Bedenken Sie hier, dass neben dem Werberecht insbesondere auch die ärztliche Schweigepflicht und der Patientendatenschutz eine Rolle spielen.

Lösung 3 Sie haben kein gutes Foto von sich, weil Sie (Ihrer Meinung nach) unfotogen sind oder es einfach kein aktuelles Foto gibt? Dann machen Sie jetzt ein Foto! Und nicht enttäuscht sein, wenn das erste Bild nicht gleich überzeugt, denn die Foto-Grundregel lautet: 1:50. Von 50 Fotos ist eins dann wirklich spitze. Also lassen Sie sich 50-mal fotografieren, zum Beispiel mit Ihrem Smartphone, eines wird schon gut sein.

- **Foto bearbeiten**

Ihr Foto ist eigentlich super, aber Sie müssen es noch »bearbeiten«, weil im Hintergrund etwas zu sehen ist, was nicht zu sehen sein soll? Oder das Foto ist zu hell oder Sie wollen grundsätzlich schon vorher wissen, ob ein Foto überhaupt geeignet ist bezüglich Größe und Auflösung? Kein Problem, seien Sie sicher, das ist einfach:

Dazu suchen Sie bitte das betreffende Bild über den PC-Arbeitsplatz – sprich, Sie suchen das Bild so, als würden Sie sonst auch ein Foto am PC suchen und öffnen (etwa über den Windows Explorer) –, denn wir öffnen das Foto jetzt nicht über Facebook. Gefunden? Dann fahren Sie mit der Maus auf dieses Foto und klicken einmal (!) mit der rechten (!) Maustaste auf das betreffende Wunschbild: Nun wandern Sie mit der Maus auf »Öffnen mit« und gehen dann mit der Maus auf »Microsoft Office Picture Manager«; es könnte auch »Windows Live Fotogalerie« heißen, aber eines der beiden Programme können Sie sicher entdecken. Das sind

Fotobearbeitungsprogramme. Oben in der Leiste klicken Sie nun auf »Bilder bearbeiten«. Jetzt sehen Sie rechts »Bildgröße ändern« und darunter »Größe ändern« – genau das klicken Sie bitte an. Jetzt klicken Sie auf »Benutzerdefinierte Breite × Höhe«, und es kann sein, das dies schon automatisch aktiviert ist. Und nun stellen Sie bitte folgende Werte ein: 180×180. Nun sehen Sie das Bild, wie es bei Facebook erscheinen würde. Zu unscharf? Dann ist es nicht geeignet! Wählen Sie ein anderes Foto aus und achten Sie darauf, dass Sie mit Ihrem Kopf/Gesicht möglichst groß darauf zu sehen sind.

Ist das Foto okay? Dann auf »Weiter« unten rechts klicken. Jetzt sind Sie bei Schritt 3.

2.4.3 Schritt 3: Bevorzugte Seitenzielgruppe

Facebook gibt Ihnen hier die Möglichkeit, eine Zielgruppe anzugeben, denen Ihre Seite bevorzugt gezeigt wird.

Speed Auch diesen Schritt können Sie zunächst überspringen. (3 Sekunden)

Perfekt Wir empfehlen, Ihre Zielgruppe hier nicht zu stark einzugrenzen, denn schließlich wollen Sie so viele Facebookuser wie möglich erreichen. Da sich unsere »Beispiel«-Praxis in Berlin befindet, geben wir dies als Standort an. Je nachdem, was Sie in Ihrer Praxis anbieten, geben Sie nun eine dafür passende Altersspanne an.

Altersspanne: Sie werden zukünftig mit nur dieser einen Facebookseite arbeiten? Dann empfehlen wir keine Alterseinschränkung, da es eine Facebookseite für alle Patienten ist: Bitte wählen Sie 18 bis 65+.

Sie erstellen gerade eine Facebookseite, die nur eine bestimmte Leistung, zum Beispiel Bleaching, zur Patientenansprache thematisiert, dann sollten Sie in dem Fall die Alterspanne verändern auf den typischen Bleachingpatienten. Hinsichtlich des Geschlechts empfehlen wir die Angabe »Alle«. Dann können Sie noch Angaben bei den »Interessen« vornehmen. Diese sind jedoch meist nur bei sehr aktiven Facebookusern angegeben, und da wahrscheinlich nur wenige Facebookuser in ihren Interessen »Zahnpflege« oder ähnliches angeben, können Sie diesen Punkt vernachlässigen, also dieses Feld frei lassen. (5 Minuten)

Nachdem Sie nun auf »Speichern« geklickt haben, öffnet sich Ihre Facebookseite (◘ Abb. 2.9)!

Dies ist Ihre aktuelle Facebookseite, jetzt sind Sie dabei! Aber keine Sorge, die Seite bleibt nicht so, denn die füllen wir noch mit Leben. Aber erst einmal Glückwunsch, Sie sind nun bei Facebook mit einem Profil und mit einer Facebookseite.

> **Der Anwalt rät**
> Achtung, Sie sind nun online! Machen Sie die Veröffentlichung der Facebookseite schnell wieder rückgängig, da sie noch kein rechtskonformes Impressum hat. Ein solches ist aber erforderlich, wenn Sie Ihr werbliches Angebot an die Öffentlichkeit richten wollen. Außerdem ist Ihre Facebookseite ja ohnehin noch nicht fertig und kaum geeignet, Patienten anzusprechen oder zu gewinnen. Also bitte: Veröffentlichen Sie Ihre Seite zum jetzigen Zeitpunkt noch nicht.

2.4.4 Facebookseite nicht veröffentlichen

Klicken Sie oben rechts auf »Einstellungen« (◘ Abb. 2.10).

Als erste Angaben sehen Sie dort »Sichtbarkeit der Seite«. Aktuell ist Ihre Facebookseite veröffentlicht, also online und damit für alle sichtbar. Um dies zu ändern, klicken Sie rechts auf »Bearbeiten« und setzen ein Häkchen bei »Veröffentlichung der Seite rückgängig machen«. Danach klicken Sie auf »Änderungen speichern«, fertig. Sie können Ihre Facebookseite nun in Ruhe bearbeiten und entscheiden selbst, wann diese wieder öffentlich sein soll (◘ Abb. 2.11).

Ab jetzt arbeiten wir im Namen der Facebookseite, nicht mehr im Namen Ihres Facebookprofils. Wenn Sie Facebook bereits als Seite verwenden, dann ist das richtig – Sie überprüfen das leicht, indem oben rechts der Name Ihres Profils oder der Name der Praxis zu sehen ist. Da steht Ihr Praxis-

2.4 · Facebookseite erstellen

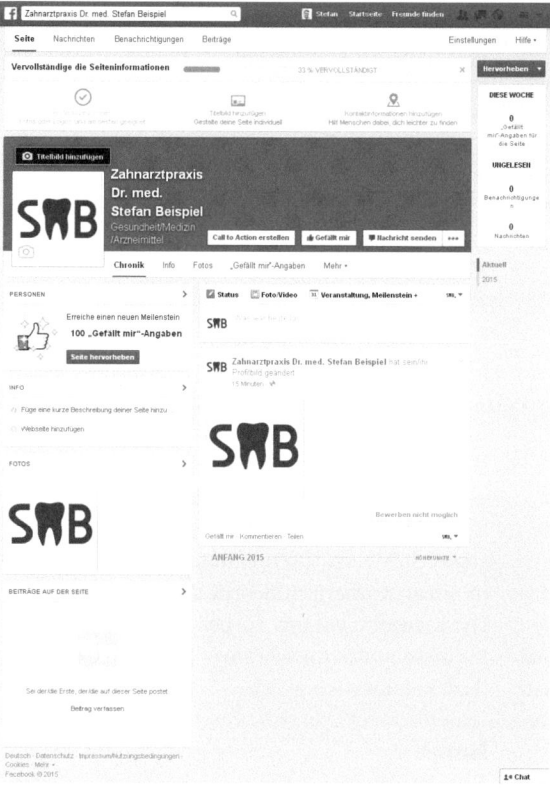

■ **Abb. 2.9** Seite

■ **Abb. 2.10** Einstellungen

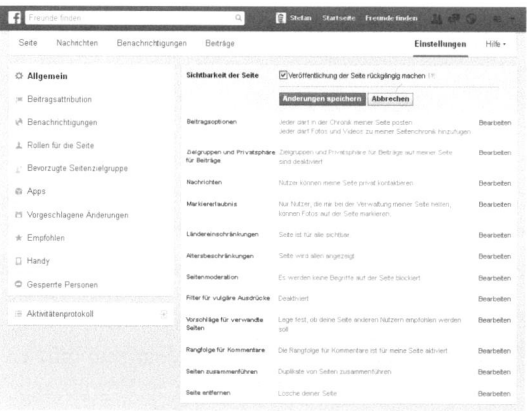

■ **Abb. 2.11** Veröffentlichen

name? Super! Oder steht da Ihr Profilname? Nicht super, dann bitte ändern! Dazu klicken Sie mit der Maus auf das Dreieck oben rechts, und dann sehen Sie »Verwende Facebook als«. Darunter sehen Sie den Namen Ihrer Facebookseite aufgelistet. Diese bitte anklicken, und nun handeln Sie bei Facebook automatisch als Seite und nicht mehr als Profil. Auf dem gleichen Wege können Sie wieder zurückwechseln.

> Wenn Sie sich bei Facebook einloggen, tun Sie das stets als Profil, anders ist es nicht möglich. Wollen Sie dann Ihre Facebookseite verwalten, also mit dieser arbeiten, dann wechseln Sie bitte immer sofort die Verwendung, also wechseln auf die Facebookseite, genauso, wie wir es oben beschrieben haben.

- Wo bin ich? Auf meinem Profil oder auf meiner Seite?

Zugegeben, da kann man am Anfang schon einmal durcheinanderkommen, wo man ist, ob auf Ihrem Profil oder auf Ihrer Seite. Es gibt zwei ganz einfache, schnelle Tricks zur Orientierung:
1. Sehen Sie oben die Angaben »Nachrichten«, »Benachrichtigungen«, »Beiträge«? Dann sind Sie auf Ihrer Facebookseite, denn nur Facebookseiten haben diesen Administrationsbereich.
2. Steht dort unter dem Titelbild »Gefällt-mir«-Angaben oder »Freunde«? Freunde – dann sind Sie auf einem/Ihrem Profil, denn Freunde gibt es nur auf dem Profil und nicht bei einer Facebookseite. Stehen dort »Gefällt-mir«-Angaben? Dann sind Sie auf einer Facebookseite. Ganz einfach. Mit der Zeit bekommen Sie einen ganz schnellen Blick dafür!

Wir arbeiten nun weiter im Administrationsbereich. Diesen Bereich sieht übrigens immer nur die Person, die auch Administrationsrechte besitzt, im Moment sind das nur Sie, aber das können im Laufe der Zeit auch noch andere Personen werden. Wichtig für Sie: Der normale Facebookbesucher sieht absolut nichts vom Administrationsbereich.

Nun geht es ans Eingemachte, und wir füllen Ihre Seite professionell und imageaufbauend mit den richtigen Informationen. Klicken Sie bitte links im Menü auf den »Info-Bereich«. Dieser befindet sich links etwas unterhalb von Ihrem Profilbild. Wenn Sie diesen Bereich anklicken, öffnet sich folgendes Fenster (◘ Abb. 2.12).

2.4.5 Seiteninfo aktualisieren

Kategorie
Als erstes sehen Sie die Kategorie Ihrer Seite, die Sie ausgewählt haben. Hier haben Sie die Möglichkeit, diese zu ändern.

Anhand der Kategorie sehen Facebookuser sofort, wie Absender und Inhalt der Seite zuzuordnen sind, und Sie machen schnell verständlich, worum es bei der Seite geht. In unserem Beispiel steht hier: »Unternehmen & Organisation« sowie »Gesundheit/Medizin/Arzneimittel«. Dies haben wir in einem vorherigen Schritt schon so angegeben. Die Kategorie können Sie beliebig oft ändern. Wie Sie diese in der Ansicht Ihrer Seite konkretisieren, dazu kommen wir gleich.

Name
Dies ist der Name Ihrer Facebookseite. In unserem Fall lautet er »Zahnarztpraxis Dr. med. Stefan Beispiel«. Ist er so korrekt oder hat er sich zwischenzeitlich geändert? Wollen Sie diesen ändern? Dann klicken Sie auf »Bearbeiten«. Jetzt können Sie den Namen ändern. Wir empfehlen allerdings, dass Sie sich hier, wie bei dem wirklichen Namen Ihrer Praxis, festlegen und den Namen ebenso beibehalten. Schließlich irritiert es die Patienten, wenn die Praxis ständig neue, wenn auch ähnliche Namen hat.

Unterkategorie
Hier können Sie nun bis zu drei Unterkategorien auswählen, die auf Ihrer Facebookseite unter dem Seitennamen angezeigt werden. Dies eignet sich, wenn Ihnen die Auswahl der Kategorie – in unserem Fall »Gesundheit/Medizin/Arzneimittel« zu ungenau ist und Sie zum Beispiel »Zahnarzt« angeben möchten. Zu beachten ist hier, dass die gewählten Begriffe bei Facebook auffindbar sein müssen. Sie können also keine willkürlichen Begriffe angeben, sondern nur aus dem wählen, was Facebook Ihnen als mögliche Unterkategorie anbietet.

2.4 · Facebookseite erstellen

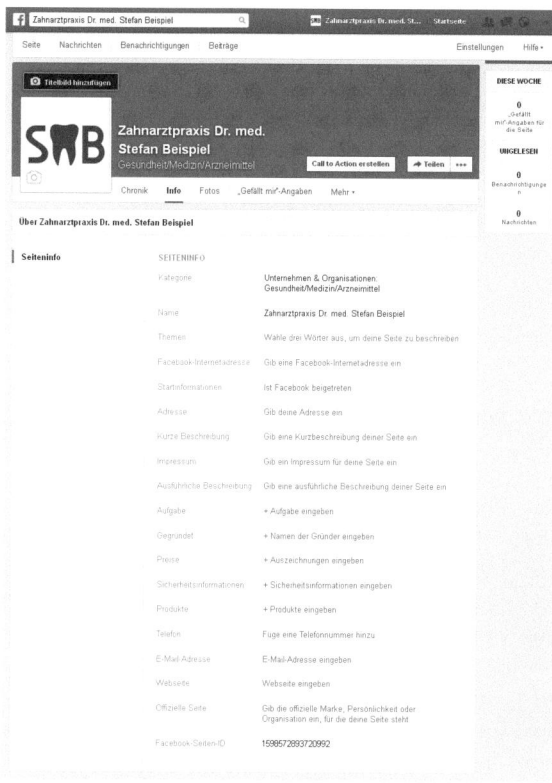

Abb. 2.12 Seiteninfo

Facebook-Internetadresse

Wie schon eingangs erwähnt, existieren bei Facebook manchmal mehrere Namen für die gleiche Sache, hier ist es auch so. Mal heißt es »Facebook-Internetadresse«, mal heißt es »Vanity URL«, und mal heißt es »Nutzername«. Es ist stets dasselbe! Aber was ist das? Sie haben einen Internetauftritt? Dann haben Sie auch eine Domain, also eine Internetadresse, die Sie auf Flyern oder Visitenkarten drucken oder zeigen. Ihre Internetadresse gibt es nur einmal. Das hat Facebook auch; Ihre Facebookseite hat auch eine eindeutige, einmalige Internetadresse, die Sie wählen können.

> **Der Anwalt rät**
> Ob in der virtuellen oder der tatsächlichen Welt – bei der Kennzeichnung Ihrer Praxis haben Sie stets zu prüfen, ob ggf. ältere oder bessere Rechte Dritter bestehen. Verwenden Sie Ihren eingeführten Namen zur Kennzeichnung Ihrer Praxis, ist das Risiko einer Rechtsverletzung eher gering. Sie verwenden Ihren Namen jedenfalls »befugt«, und nur bei einer Verwirrung der Verkehrskreise durch Gleichnamigkeit kann etwa die Hinzufügung von unterscheidungskräftigen Zusätzen (»Internist Dr. No, Darmstadt«) erforderlich werden. In der Praxis bereitet das eher selten Probleme.

Schwieriger wird es schon bei der Verwendung von sogenannten Sachfirmen (wie zum Beispiel »DermaTeam« und/oder »Vitalis«), bei denen ein älterer oder besserer kennzeichenrechtlicher Schutz Dritter bestehen kann. Sind andere Unternehmen bereits mit identischen oder ähnlichen Kennzeichen in identischen oder ähnlichen Bereichen tätig, kann Ihr Praxis- und Accountname zu einer rechtswid-

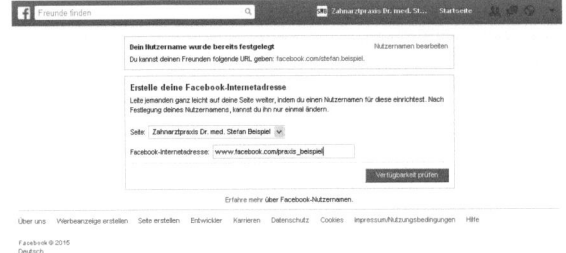

Abb. 2.13 URL

rigen Verwechslungsgefahr führen. Sollten Sie also »Phantasienamen« verwenden wollen, ist es immer sinnvoll, diese Begriffe vorher zumindest über eine Suchmaschine zu suchen und zu prüfen, ob Sie damit (noch) unbekannten Dritten potentiell auf die Füße treten. Hilfreich sind hierbei auch die kostenlos abrufbaren Register der Markenämter. Im Zweifelsfall sollten Sie hierzu aber immer einen auf das Kennzeichenrecht spezialisierten Rechtsanwalt befragen, um Abmahnungen und Unterlassungsaufforderungen zu vermeiden. Denn (auch unbewusste) Rechtsverletzungen können teuer werden, etwa wenn Sie bereits mit hohem Aufwand produzierte Werbemittel einstampfen müssen.

Und Vorsicht: Ihr Accountname darf nach dem (ärztlichen) Werberecht natürlich auch nicht irreführend oder anpreisend sein. Eine unsachliche Selbstanpreisung unter einem Account – wie etwa »Spitzenzahnarzt« oder »Bester Zahnarzt in Hamburg« – bleibt auch online unzulässig.

■ **Welcher Nutzername ist gut?**

In unserem Fall der Zahnarztpraxis Dr. med. Stefan Beispiel lautet die Facebook-Internetadresse idealerweise ▶ www.facebook.com/zahnarztpraxis. beispiel. Der Name muss sehr dicht an Ihrem tatsächlichen Praxisnamen – im Idealfall identisch mit diesem – und dabei möglichst nicht zu lang sein. Hat Ihre Praxis einen Eigennamen, zum Beispiel statt »Zahnarztpraxis Dr. med. Stefan Beispiel« nun … ZAPRABEI« (ZAhnarztPRraxisBEI), dann wählen Sie bitte den.

Dazu klicken Sie auf den Schriftzug »Möchtest Du eine Internetadresse für diese Seite einrichten?«. Nun sehen Sie ein Fenster mit folgendem Inhalt: »Du verwendest Facebook unter dem Namen … (Zahnarztpraxis Dr. med. Stefan Beispiel). Um auf diese Seite zugreifen zu können, musst du Facebook unter deinem eigenem Namen verwenden.«

Sie müssen hier wieder wechseln und Facebook im Namen Ihres Profils nutzen. Also bitte klicken Sie auf »Unter dem Namen … (Stefan Beispiel) fortfahren«.

Im folgenden Fenster sehen Sie, dass Facebook für Sie zunächst einen Nutzernamen/eine URL für Ihr Profil zur Verfügung stellt. Darunter können Sie nun Ihre Facebook-Internetadresse auswählen und die Verfügbarkeit prüfen. Dieser Schritt ist wichtig, denn es darf jede Facebook-Internetadresse nur ein einziges Mal geben (◘ Abb. 2.13).

In unserem Beispiel ist der Nutzername noch verfügbar. Sollte das bei Ihnen nicht der Fall sein, also Ihr Wunschname ist schon vergeben, müssen Sie sich leider für einen anderen Namen entscheiden. Es kann also sein, dass Sie die »Zahnarztpraxis Schmidt« sind, aber da es in Deutschland sehr wahrscheinlich noch andere Zahnärzte gibt, die Schmidt heißen, ist die Wahrscheinlichkeit hoch, dass jemand vor Ihnen hier schneller mit dem Sichern des Facebooknamens war.

Kleiner Tipp: Der Name ist schon vergeben? Dann variieren Sie! Nehmen Sie Ihren Vornamen hinzu oder lassen Sie ihn weg; »Zahnarztpraxis« vor Ihren Namen oder dahinter stellen.

Achtung: Bedenken Sie, dass Sie diesen Namen nur einmal ändern können, nachdem Sie ihn festgelegt haben!

Wenn Sie Ihren Nutzernamen erfolgreich angepasst haben, erscheint dieser nun oben in der Internet-Adresszeile (◘ Abb. 2.14).

2.4 · Facebookseite erstellen

◘ Abb. 2.14 Adresszeile

Schon jetzt, mit eigenem Facebooknamen, sind Sie deutlich professioneller als viele andere Praxen mit einer Facebookseite!

Adresse

Dies ist die Praxisanschrift, die in dem Info-Tab sichtbar ist. Bitte klicken Sie auf »Bearbeiten« und füllen Sie die Angaben aus. Danach: »Änderungen speichern«.

Was tun, wenn es zwei oder mehr Standorte gibt? Hier wählen Sie nur Ihre Hauptadresse – aber keine Sorge, Sie haben später noch die Chance, Ihre weiteren Standorte anzugeben.

Unter der Adresse blendet Facebook vollautomatisch eine Karte ein, auf dem der Standort Ihrer Praxis eingezeichnet ist. Nun kann jeder Patient Sie noch leichter finden. Diese Karte wird auch in Ihrer Chronik abgebildet. Bitte lassen Sie das Häkchen unter der Karte aktiviert. Damit erhalten Patienten zusätzlich die Möglichkeit, Sie bzw. Ihre Facebookseite zu bewerten.

Startinformation

Was ist das? Hier können Sie zum Beispiel angeben, wann Sie Ihre Praxis gegründet haben. Dies wird dann in der Chronik Ihrer Seite ganz unten angezeigt. Es kann statt Startinformation auch Startdatum hier stehen.

Speed Gehen Sie weiter auf den nächsten Bereich unter Startinformation, nämlich »Kurze Beschreibung«. (0 Sekunden)

Perfekt Klicken Sie hier auf »Bearbeiten« und wählen Sie bei »Startart auswählen« »Gegründet« aus. Und dann klicken Sie auf »Jahr hinzufügen« und wählen Sie hier das Jahr aus, fertig. Nun können Sie anschließend auch genau den Starttag auswählen. Nun auf »Änderungen speichern« klicken. Wenn Sie die Praxis übernommen/gekauft haben, dann wählen Sie hier entweder das »älteste Datum«, wenn die »alte« Praxen einen exzellenten Ruf hatte, oder tatsächlich »Ihren« Starttermin, wenn Sie sich von der vorherigen Praxis distanzieren wollen. (2 Minuten)

> **Der Anwalt rät**
> Bleiben Sie bei der Wahrheit. Unzutreffende Phantasiedaten und bereits kleine Schummeleien können irreführend und damit wettbewerbsrechtlich bedenklich sein. Auch das Berufsrecht und das HWG setzen Ihrer Kreativität gewisse Grenzen. Grundsätzlich sind Sie aber im Rahmen einer Praxisfortführung natürlich nicht daran gehindert, auf das ursprüngliche Gründungsdatum zu verweisen.

Beim Deutschen Roten Kreuz steht übrigens 26. Oktober 1863, und bei Coca Cola® steht es auch auf den Tag genau: 8. Mai 1886. Und schauen Sie sich doch einmal das Gründungsdatum von der Bayerische Staatsbrauerei Weihenstephan an!

- **Wo steht das Gründungsdatum?**

Diese Information steht neben Chronik unter »Info«.

Kurze Beschreibung

Wenn Sie sich im vorderen Teil des Buches bei der Einrichtung der Facebookseite bei Schritt 1 (Info) für die »Perfekt«-Lösung entschieden haben, steht hier bereits die kurze Beschreibung.

Es ist eine kurze Beschreibung Ihrer Praxis – und diese Beschreibung haben wir bereits am Anfang getätigt. Bei dieser kurzen Beschreibung verfassen Sie bitte nur einen Satz, mehr nicht, mit maximal 155 Zeichen.

Beispiel: »Die Zahnarztpraxis Dr. med. Stefan Beispiel im Herzen von Berlin!«

> **Der Anwalt rät**
> Für die Darstellung der Praxis und des Arztes gelten auch bei Facebook die allgemeinen Grundsätze des ärztlichen Berufsrechts sowie des HWG. Problemlos können (und müssen) alle Angaben übernommen werden, die auch auf dem Praxisschild erwartet werden. Bleiben Sie also bei der Wahrheit und beschränken Sie sich auf sachliche Informationen, etwa über Ihre Qualifikationen und Tätigkeitsschwerpunkte. Erwecken Sie nicht den Eindruck einer tatsächlich nicht bestehenden Facharztqualifikation (»Zahnarzt für …«) und vermeiden Sie jede reißerische oder nichtssagende Anpreisung ohne objektiv nachprüfbare Inhalte, wie etwa »… ist die Nummer 1 in der Kariesbehandlung« oder »… keiner bleacht in Berlin so viele Zähne wie wir«. Auch irreführende Angaben wie »Wir behandeln absolut schmerzfrei« sollten Sie unterlassen, weil Schmerz eben niemals ganz ausgeschlossen werden kann.

Und speichern nicht vergessen!

Das Impressum

Hier setzen Sie Ihr Impressum ein. Am besten ist es, Sie entnehmen Ihr Impressum Ihrer Website. Kopieren Sie einfach die Angaben hier rein. Wenn Sie es ganz perfekt machen wollen, können Sie zudem noch den Link zu Ihrem Impressum auf der Website einfügen.

> **Der Anwalt rät**
> Beachten Sie unbedingt die Pflicht zur Aufnahme eines Impressums auf Ihrer Facebookseite. In der Praxis werden entsprechende Versäumnisse oft und gern etwa von Wettbewerbern kostenpflichtig abgemahnt. Das ist ärgerlich und kostet Geld, das man anderweitig sicher besser verwenden könnte.
> Dass bei Facebookseiten wie auch bei Internetauftritten von Arztpraxen ein Impressum benötigt wird, ist unstreitig. Das TMG (Telemediengesetz) enthält Vorgaben für eine ordnungsgemäße Anbieterkennzeichnung, zum Teil formaler, zum Teil inhaltlicher Natur. Formal ist das Impressum immer
> - leicht erkennbar,
> - unmittelbar erreichbar und
> - ständig verfügbar
>
> zu halten. Achten Sie also darauf, dass der Verweis zum »Impressum« bereits auf der ersten Seite Ihres Facebookauftritts aufgenommen wird und immer sichtbar bleibt. Sorgen Sie zudem dafür, dass der Nutzer durch das Anklicken des Hinweises entweder direkt auf ein bei Facebook hinterlegtes Impressum gelangt oder aber eine direkte Verlinkung mittels sog. »sprechendem Link« auf das Impressum Ihrer Internetseite stattfindet. Auch das ist zulässig.

Achtung: Mit spätestens zwei Klicks muss der Nutzer bei allen inhaltlich geforderten Informationen angekommen sein.

Auch die inhaltlichen Pflichtangaben werden in § 5 TMG ausgeführt – es lohnt sich, diese Vorschrift einmal anzuschauen und zu prüfen, welche Angaben im Einzelfall erforderlich sind. Für Sie als Zahnarztpraxis ist in jedem Fall das im folgenden Kasten Angeführte aufzunehmen.

> **Pflichtangaben im Impressum für die Arztpraxis**
> - Vollständiger Name sowie postalische Anschrift (kein Postfach!), unter der Sie niedergelassen sind. Ist Ihre Praxis als juristische Person organisiert, müssen Sie zusätzlich die Rechtsform und den Vertretungsberechtigten angeben.
> - Angaben, die eine schnelle elektronische Kontaktaufnahme und unmittelbare Kommunikation mit Ihnen ermöglichen, einschließlich der Adresse der elektronischen Post. Nehmen Sie also sowohl Telefon- als auch Telefaxnummer und eine E-Mail-Adresse in das Impressum auf.
> - Angabe der gesetzlichen Berufsbezeichnung und des Staates, in dem diese Berufsbezeichnung verliehen worden ist.

- Angabe der zuständigen Zahnärztekammer sowie der zuständigen Kassenärztlichen Vereinigungen (nur Vertragsärzte) als Angaben zur zuständigen Aufsichtsbehörde. Es ist zudem ein Link auf deren jeweilige Website zu setzen.
- Vollständige Bezeichnung der berufsrechtlichen Regelungen (Berufsordnung, Heilberufsgesetz) nebst Information, wie diese zugänglich sind (Verlinkung auf die entsprechenden Regelungen, damit der Nutzer diese abrufen kann).

Ferner müssen Sie, sofern dies für Sie einschlägig ist, die folgenden Informationen ins Impressum aufnehmen.

Weitere notwendige Informationen im Impressum
- Angabe der Umsatzsteueridentifikationsnummer, wenn vorhanden.
- Bei der Organisation als juristische Person die Angabe des Handelsregisters, Vereinsregisters, Partnerschaftsregisters oder Genossenschaftsregister, in das das Unternehmen eingetragen ist, sowie die entsprechende Registernummer.
- Bei Aktiengesellschaften, Kommanditgesellschaften auf Aktien und Gesellschaften mit beschränkter Haftung, die sich in Abwicklung oder Liquidation befinden, die Angabe über diesen Umstand.
- Enthält Ihre Facebookseite neben werbenden Angaben und kurzen Posts, etwa garniert mit Verlinkungen, auch eigene journalistisch-redaktionelle Inhalte, gelten weitergehende Anforderungen nach dem Rundfunkstaatsvertrag (RStV). Dies kann der Fall sein, wenn etwa im redaktionellen Stil medizinische Sachverhalte mit eigenen Worten näher beschrieben oder regelmäßig selbstverfasste Nachrichten zu medizinischen Themen gepostet werden. Zusätzlich ist dann aus medienrechtlichen Gründen, so wie bei einer Print-Veröffentlichung auch, zu den sonstigen Impressumsangaben noch ein Verantwortlicher für die journalistisch-redaktionellen Inhalte im Sinne des § 55 Abs. 2 RStV mit Angabe seines Namens und seiner Anschrift zu benennen; hier kann natürlich auch auf die Praxisadresse verwiesen werden.

Speed Diese Variante haben wir oben beschrieben. Fügen Sie das Impressum einfach in das dafür vorgesehene Feld in der »Seiteninfo« ein. Fertig. (5 Minuten)

Perfekt Optisch schöner und absolut professionell ist es, einen Tab zu programmieren. Dazu benötigen Sie HTML- und CSS-Kenntnisse oder einen Webdesigner, der diesen Teil für Sie übernimmt. Bei dieser Methode ist es möglich, das Layout des Tabs individuell zu gestalten und Schrift und Farben zu ändern oder sogar eine Grafik zu hinterlegen.

Der Anwalt rät
Beachten Sie jedoch, dass das Impressum jederzeit erkennbar und spätestens nach zwei Klicks vollständig erreichbar sein muss. Dies ist bei Mobilgeräten häufig problematisch, da dort die Tab nicht sichtbar ist. Sorgen Sie technisch dafür, dass auch in der mobilen Version das Impressumsfeld (etwa mit einem »sprechenden Link«) sofort erkennbar ist, um diesbezügliche Abmahnungen zu vermeiden. Schauen Sie regelmäßig, welche Funktionalitäten Facebook hierzu anbietet – dort bemüht man sich um die Bereitstellung rechtskonformer Tools und passt diese häufig an.

- Sie haben keine eigene Internetseite?

Der Anwalt rät
Sie haben keine Internetseite und damit nicht die Möglichkeit, auf der Facebookseite einen Link zu setzen oder das vorhandene Impres-

sum einfach zu kopieren? Dann erstellen Sie es nach den oben beschriebenen Vorgaben selbst. Im Zweifelsfall lassen Sie sich von einem Rechtsanwalt helfen, der Ihre spezifischen Anforderungen kennt und Ihnen hilft, die Geltendmachung von Ansprüchen durch Dritte zu verhindern. Und vergessen Sie nicht: Ein rechtskonformes Impressum entspricht nicht nur den gesetzlichen Anforderungen, sondern zunehmend auch den Erwartungen der von Ihnen angesprochenen Verkehrskreise an Ihre geschäftliche Visitenkarte bei Facebook. Insoweit fördert ein rechtskonform ausgestaltetes Impressum aufgrund der damit verbundenen Transparenz auch das Vertrauen.

Und Vorsicht: Wegen der mobilen Version von Facebook muss der Hinweis auf das Impressum immer oberhalb des Infobereiches aufgenommen werden, damit dieses auch mobil erkennbar ist und auch auf diesen Endgeräten die Anbieterkennzeichnung ordnungsgemäß erfolgt.

Ausführliche Beschreibung

Hier steht die ausführliche Beschreibung Ihrer Praxis. Wer also mehr über Sie wissen will, der kann sich hier nun informieren.

Wir sprechen von dem USP, der hier stehen soll. Was ist ein USP? USP ist die Abkürzung von »Unique Selling Proposition«, was übersetzt so viel heißt wie das »Alleinstellungsmerkmal«. Dort steht quasi der »Grund« oder »Vorteil«, warum der Patient zu Ihnen kommt und nicht zur Konkurrenz geht.

- Checkliste: Was Sie bei der ausführlichen Beschreibung nennen sollten
– Ihre Behandlungsschwerpunkte
– Besondere Geräte oder Verfahren
– Besondere Qualifikationen
– Besondere Erfahrungen oder Spezialisierungen
– Hohe Mitarbeiterzahl
– Öffnungszeiten
– Weitere Standorte

Der Anwalt rät
Sie haben die Möglichkeit, hier viele für Ihre Patienten interessante und vertrauensfördernde Informationen über sich preiszugeben. Geben Sie stets – ungeachtet einer gefälligen Formulierung – möglichst sachliche und berufsbezogene Informationen, die Sie und Ihre Zahnarztpraxis zutreffend beschreiben. Beachten Sie hierbei insbesondere die Vorgaben der Berufsordnung (betreffend erlaubte Informationen und berufswidrige Werbung) und § 3 HWG (irreführende Werbung). Als Faustregel gilt: Jede Beschreibung muss grundsätzlich der Wahrheit entsprechen und darf als sachliche Information nicht anpreisend, nicht herabsetzend, nicht vergleichend und auch nicht irreführend sein.

Achten Sie insbesondere darauf, dass erworbene medizinische Qualifikationen etc. nur in der zulässigen Form wiedergegeben werden. Irreführende Phantasiebezeichnungen sind unzulässig. Die Angabe von Tätigkeitsschwerpunkten ist zulässig, wenn die Tätigkeit einen quantitativen Schwerpunkt Ihrer beruflichen Praxis bildet. Das wird angenommen, wenn Fälle aus diesem Bereich über einen längeren Zeitraum hinweg regelmäßig und gehäuft auftreten. Unproblematisch sind auch sachliche Ausführungen über das eigene Leistungsspektrum. Hingewiesen werden darf in diesem Zusammenhang etwa auf von Ihnen angewendete Untersuchungs- und Behandlungsmethoden, über von Ihnen angebotene privat zuzuzahlende Leistungen sowie auf Informationen zu allgemeinen medizinischen Themen. Vermeiden Sie jedenfalls anpreisende (»Wir gehören zu den Besten!«), irreführende (»100% Erfolgsgarantie«) oder vergleichende bzw. herabsetzende Aussagen (»Wir sind günstiger als Ihr Zahnarzt!«).

Aufgabe

Das Wort »Aufgabe« ist etwas irreführend für einen Arzt mit Praxis, denn natürlich geht es um das Wohl des Patienten. Dennoch kann eine Praxis eine besonders »sympathische« Philosophie besitzen bzw. formulieren.

Speed   Überspringen (0 Sekunden)

Perfekt   Hier bitte zwei Sätze dazu verfassen, wie Ihre Praxisphilosophie ist. (5 Minuten)

Ihre Philosophie könnte beispielsweise so lauten: »Unser tägliches Bestreben ist es, Sie stets individuell, auf dem aktuellstem Stand der Wissenschaft und Zahnmedizin zu behandeln und dabei Ihren Aufenthalt bei uns so angenehm wie möglich zu gestalten. Denn wir haben nur ein Ziel: Ihre gesunden Zähne und Ihr Wohlbefinden.«

> **Der Anwalt rät**
> Grundsätzlich sind Sie natürlich frei darin, die Philosophie Ihrer Praxis zu beschreiben. Auch Hinweise auf Ihren beruflichen Werdegang, Ihre Veröffentlichungen und sogar zu Ihren Hobbys sind zulässig. Achten Sie aber darauf, dass die sachliche, berufsbezogene Information im Vordergrund steht und anpreisende oder gar marktschreierische Ausführungen unterbleiben. Stellen Sie sicher, dass Ihre Ausführungen wahrheitsgemäß sind und keine Irreführung etwa im Hinblick auf angewendete Verfahren, erworbene Qualifikationen, verfügbares medizinisches Gerät oder den Inhalt und den Erfolg von Behandlungen bewirken, sofern diese tatsächlich nicht vorliegen. Auch Vergleiche mit anderen Ärzten oder Praxen sind grundsätzlich tabu, auch wenn natürlich der eigene Beratungs- und Behandlungsansatz dargestellt werden darf.
> Vermeiden Sie aber unter Beachtung des ärztlichen Werberechts insbesondere Werbung mit Selbstverständlichkeiten, die als irreführend gilt und verboten ist. Eine solche wäre dann anzunehmen, wenn bestimmte übliche oder generell zu erbringende Leistungen oder Verfahren als Sie auszeichnende Besonderheiten hervorgehoben werden. Auch darf mit Leistungen nicht geworben werden, die ohnehin gesetzlich vorgeschrieben sind (also etwa mit der werblichen Anpreisung einer Patientenaufklärung vor der Behandlung).

Gegründet
Hier steht der Name der Person, die die Praxis gegründet hat. Was tun, wenn gegenwärtig der echte Gründer gar nicht mehr aktiv oder schon verstorben ist? Egal, denn der Gründer bleibt der Gründer.

Facebook hat hier im Jahr 2015 noch keine Einheitlichkeit und dieser Punkt ist auch noch nicht eindeutig, denn bei manchen Facebookseiten steht »Geben Sie das Jahr ein der Gründung«, und bei anderen steht unter dem gleichen Punkt »Namen der Gründer eingeben«. Tun Sie einfach das, was da steht.

Preise
Hier können Preise für Ihre Dienstleistungen und Produkte angegeben werden. Diese Informationen stehen im Infobereich dann auf der rechten Seite.

Sie können eine bestimmte medizinische Behandlung anbieten, die zu den Privatleistungen zählen, und das zu einem guten Preis? Dann können Sie diese hier nennen.

Achten Sie darauf, dass das, was Sie hier nennen oder anbieten, auch auf der Internetseite der Praxis stehen muss, denn wahrscheinlich wird sich der interessierte Patient danach auf Ihrer Internetseite weiter informieren wollen und sich wundern, wenn es hier unterschiedliche Preise gibt.

> **Der Anwalt rät**
> Beachten Sie, dass Sie bei der Darstellung Ihrer Angebote neben den allgemeinen Vorschriften auch das ärztliche Berufs- und Werberecht zu beachten haben. Bei Verstößen können berufsrechtliche Konsequenzen, eventuell Unterlassungs- und Schadensersatzklagen und mitunter Bußgelder drohen. Auch hier gilt, dass die Darstellung der Leistungen nicht anpreisend, irreführend oder vergleichend sein darf. Gegen eine sachliche Information über die von Ihnen zusätzlich angebotenen Leistungen wie etwa die professionelle Zahnreinigung (PZR) bestehen insoweit aber keine grundsätzlichen Bedenken.
> Insbesondere im Hinblick auf privat zu entrichtende Zusatzleistungen sollten Sie sicherstellen, dass durch deren Beschreibung keine Irreführung bezüglich der Notwendigkeit und

des Erfolgs der jeweiligen Behandlung eintritt oder fälschlicherweise der Eindruck erweckt wird, ein bestimmtes Ergebnis könnte mit Sicherheit erwartet werden. Beschränken Sie sich auch hier weitgehend auf die sachliche Information. Generell sollte deutlich gemacht werden, dass kostenpflichtige, private Zusatzleistungen nicht zum Standard gehören und vom Patienten ggf. aus eigener Tasche zu bezahlen sind. Grundsätzlich ist es auch möglich, eine Darstellung der voraussichtlichen Preise für derartige Leistungen vorzunehmen. Vermeiden Sie jedoch in jedem Fall eine marktschreierische Preiswerbung oder gar eine Preiswerbung, die quasi ein »rabattiertes Sonderangebot« oder eine im Vergleich zum Wettbewerber günstigere Behandlung suggeriert. Dies wäre unzulässig. Insgesamt ist bei der Preiswerbung aufgrund der damit verbundenen Kommerzialisierung immer Vorsicht geboten – konsultieren Sie im Einzelfall also vorsorglich immer einen spezialisierten Rechtsanwalt.

Speed Überspringen (0 Sekunden)

Perfekt Verfassen Sie einen einleitenden netten Satz und präsentieren Sie dann Ihre besonderen Dienstleistungen – am besten in Form einer tabellenartigen Aufzählung. Beispiel: »Im Folgenden nennen wir Ihnen gerne eine Übersicht unserer kostenpflichtigen Zusatzleistungen, inkl. der Preise dazu.« (3 Minuten)

Sicherheitsinformationen

Diese »Sicherheitsinformationen« kommen nur dann, wenn Sie oben bei der Kategorie »Gesundheit/Medizin/Medikamente« ausgewählt haben. Es bezieht sich ausschließlich auf Anbieter von Arzneimittel. Für Sie als Arzt bedeutet das: Überspringen!

Produkte

Sie bieten als Praxis zum Beispiel eine (eigene) Linie zur Zahngesundheit an? Vielleicht eine Zahnpasta, die Sie mitentwickelt haben oder die Sie exklusiv anbieten? Oder Sie haben ein Verfahren entwickelt für besonders weiße Zähne? Vielleicht bieten Sie auch einfach eine hochwertige elektrische Zahnbürste für den Heimgebrauch an?

Speed Überspringen (0 Sekunden)

Perfekt Nennen und beschreiben Sie in zwei Sätzen das Produkt oder die Produktlinie, und führen Sie dann die Produkte untereinander auf. Anschließend sollten Sie auf »Änderungen speichern« klicken. (10 Minuten)

> **Der Anwalt rät**
> Vorsicht mit dieser Funktion! Prüfen Sie genau, ob Sie diesbezüglich tatsächlich Angaben machen dürfen. Nach dem Berufsrecht ist Ärzten neben der Ausübung ihres Berufes die Ausübung einer Tätigkeit untersagt, die mit den ethischen Grundsätzen des ärztlichen Berufs nicht vereinbar ist. Ärzten ist insbesondere verboten, im Zusammenhang mit der Ausübung ihrer ärztlichen Tätigkeit Waren und andere Gegenstände abzugeben oder gewerbliche Dienstleistungen zu erbringen, soweit nicht die Abgabe des Produkts oder die Dienstleistung wegen ihrer Besonderheit notwendiger Bestandteil der ärztlichen Therapie ist. Dies ist für jeden Einzelfall zu beachten und kann nicht pauschal beantwortet werden. Während der Arzt im Rahmen seiner Kompetenz zur umfassenden medizinischen Versorgung etwa Schulungs- und Einweisungsmaßnahmen vornehmen darf, wird die entgeltliche Abgabe von in großem Umfang benötigten Verbrauchsprodukten wie Bandagen, Kosmetika oder Nahrungsergänzungsmitteln im Regelfall eher ein (verbotenes) geschäftsmäßiges Verhalten darstellen. Dürfen Sie entsprechende Angebote machen, können Sie darauf auch auf Ihrer Facebookseite hinweisen. Bestehen jedoch Zweifel, legen Sie das Verbot der Verquickung ärztlicher Berufsausübung mit der gewerblichen Tätigkeit eher weit aus. Dessen ungeachtet gilt: Ärzten ist es nicht verwehrt, getrennt von ihrer ärztlichen Tätigkeit gewerbliche Unternehmen, auch im

Gesundheitsbereich, zu betreiben oder sich an solchen Gesellschaften zu beteiligen. Wird von derartigen Unternehmen eine Facebookseite angeboten, unterliegt der Arzt außerhalb seiner ärztlichen Tätigkeit entsprechenden berufsrechtlichen Verpflichtungen nicht. Wichtig ist aber, dass die beiden Tätigkeiten (und natürlich auch die werblichen Auftritte) in zeitlicher, organisatorischer, wirtschaftlicher und rechtlicher Hinsicht getrennt werden. Dazu gehört dann im Ergebnis eben auch der Betrieb zweier voneinander unabhängiger Facebookauftritte.

Telefon

Hier geben Sie die Telefonnummer der Praxis an! Die hier eingetragene Telefonnummer der Praxis befindet sich dann sichtbar unter dem Bereich »Info«, oben bei der Karte.

E-Mail-Adresse

Wie es der Name sagt, geben Sie hier die Mail-Adresse an, und zwar die ganz normale Praxis-Mail-Adresse. In unserem Beispielfall könnte die lauten: info@Dr-Stefan-Beispiel.de

Bitte verwenden Sie keine Mail-Adresse von Yahoo oder Web oder AOL oder ähnlichen Anbietern für Ihre Praxis, so vorbildlich auch der Service und das Preis-Leistungs-Verhältnis dieser Anbieter sein mögen, und auch unabhängig davon, wie lange Sie diese Mail-Adresse schon verwenden. Nehmen Sie die offizielle Praxis-Mail-Adresse, und nicht die direkte Mail-Adresse von Ihnen!

> **Der Anwalt rät**
> Kleiner Exkurs: Seien Sie besonders vorsichtig, wenn Facebook nach einem automatischen Datenabgleich mit Ihrem gespeicherten Adressbuch oder Ihrem E-Mail-Account auf dem Smartphone fragt. Zur Wahrung der ärztlichen Schweigepflicht und der datenschutzrechtlichen Bestimmungen müssen Ärzte dafür Sorge tragen, dass keine Patientendaten ohne deren Einwilligung an Facebook oder andere Betreiber von Social-Media-Plattformen übermittelt werden. Schalten Sie derartige Funktionen also immer aus, und verneinen Sie entsprechende Anfragen!

Website

Hier geben Sie Ihre Internetadresse an.

Bitte machen Sie nicht den Fehler, der oft zu sehen ist, nämlich: Das einfache Kopieren der Internetadresse, ohne Korrektur, und plötzlich steht dort nicht eine ansehnliche und übliche »▶ www.xxxxxx-xxx.de«-Adresse eingefügt, sondern ein umständliches ▶ https://www.praxis-beispiel.de/445364956464 oder etwas in der Art. Eine (hübsche und professionell dargestellte) Internetadresse beginnt mit »www« und endet (meistens) mit.de oder.com.

Speed und Perfekt Eingeben. Fertig. (1 Minute)

Offizielle Seite

Als Praxis haben Sie wahrscheinlich nur eine Internetseite. Es könnte aber sein, dass Sie zu Ihrer hauptsächlichen Internetpräsenz noch eine weitere Internetadresse betreiben; in unserem Fall ist das neben ▶ www.zahnarztpraxis-beispiel.de auch noch ▶ www.Zahnreinigung-Praxis-Beispiel.de.

Speed und Perfekt Nennen Sie hier Ihre Hauptseite, wenn es eine übergeordnete gibt. (1 Minute)

Facebookseiten-ID

Jede Facebookseite hat eine eigene Facebookseiten-ID, also eine Identifikationsnummer. Diese brauchen Sie eventuell später bei technischen Einbindungen, etwa von Blogs.

Tragen Sie diese Nummer am Ende dieses Buches in das MEMO ein, dann haben Sie diese auch immer griffbereit.

Überprüfen Sie nun, wie alles aussieht!

Dazu gehen Sie auf Ihre Startseite. Wie kommen Sie dorthin? Ganz einfach: Klicken Sie oben rechts nicht auf »Startseite«, sondern links daneben auf den Namen Ihrer Facebookseite. In unserem Fall klicken Sie oben rechts auf »Zahnarztpraxis Dr. med. Stefan Beispiel«. Nun sind Sie auf Ihrer Facebookstartseite. Jetzt klicken Sie links unterhalb

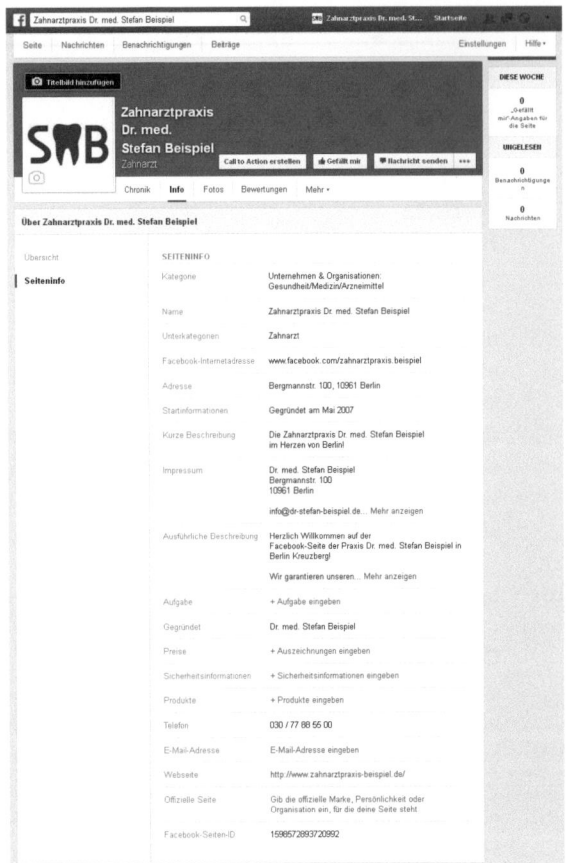

◘ Abb. 2.15 Infobereich (ausgefüllt)

des Profilfotos auf »Info«: So sieht es dann jeder Besucher Ihrer Facebookseite (◘ Abb. 2.15).

2.4.6 Einstellungen bearbeiten

Weiter geht es nun mit dem nächsten Block, nämlich dem Bearbeiten der »Einstellungen« Ihrer Facebookseite. Dazu klicken Sie wieder oben im Administrationsbereich rechts auf »Einstellungen«.

Jetzt sehen Sie das in ◘ Abb. 2.16 dargestellte Bild.

Wir beginnen mit dem ersten Punkt.

Sichtbarkeit der Seite
Hier entscheiden Sie, ob Ihre Facebookseite öffentlich zu sehen ist oder nicht. Da wir jetzt noch die Facebookseite erstellen, müsste und sollte dort stehen: »Seite nicht veröffentlicht«. Aber Sie können jetzt oder später genau hier die Facebookseite unter »Bearbeiten« öffentlich schalten.

Wenn Sie hier das Häkchen entfernen, kann wirklich jeder diese Facebookseite sehen. Also bitte schalten Sie trotz möglicher Euphorie diese Facebookseite nur dann öffentlich und sichtbar, wenn alles professionell und rechtlich korrekt und im wahrsten Sinne »schön« aussieht.

> **Der Anwalt rät**
> Achtung! Schalten Sie die Seite nur auf »Sichtbarkeit«, wenn Sie bereits über ein Impressum verfügen. Mit der Liveschaltung bieten Sie Ihre

2.4 · Facebookseite erstellen

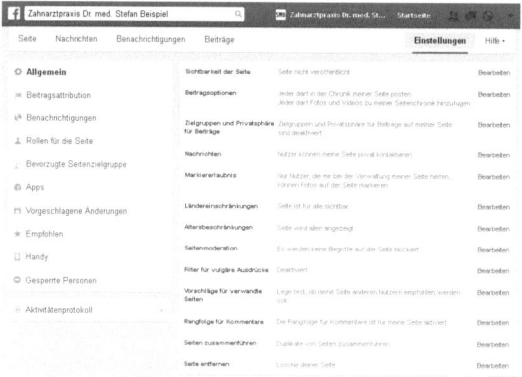

Abb. 2.16 Einstellungen

Facebookseite der Öffentlichkeit an und haben insoweit alle gesetzlichen Anforderungen zu erfüllen. Anderenfalls drohen kostenpflichtige Abmahnungen und Unterlassungsaufforderungen oder sogar Bußgelder. Auch könnte Sie natürlich Ihre zuständige Aufsichtsbehörde rügen, wenn Sie berufsrechtliche Pflichtangaben nicht erfüllt haben sollten (Stichwort »Praxisschild«).

Beitragsoptionen

Was ist das? Hier wird entschieden, was sämtliche Personen, die Ihre Facebookseite besuchen, überhaupt auf Ihrer Facebookseite veröffentlichen dürfen. Um es anders auszudrücken: Sie können entscheiden, ob fremde Personen etwas auf Ihrer Facebookseite schreiben dürfen, oder eben nicht.

- **Was ist eigentlich eine Chronik?**

Die Chronik hieß mal »Pinnwand«, deshalb finden Sie noch immer im Internet beide Begriffe parallel – es ist dasselbe. Der Name Chronik ist schon passend, denn dort finden Sie eine chronologische Auflistung (daher Chronik!) der Mitteilungen (Posts).

Aktivieren Sie die erste Option »Beiträge von anderen in der Chronik meiner Seite zulassen«. Und setzen Sie ein Häkchen bei »Beiträge mit Foto und Videos zulassen« (Abb. 2.17).

Aktivieren Sie in jedem Fall diese Optionen, denn wozu haben Sie diese Facebookseite? Doch

Abb. 2.17 Beitragsoptionen

dazu, potentielle und aktuelle Patienten anzusprechen und mit diesen in eine Interaktion zu kommen. Sie wollen doch, dass Ihre Facebookseite lebt, und sie lebt nur durch die Interaktion Ihrer Facebookbesucher. Klar, Sie haben nun Sorge, dass irgendwelche rücksichtslosen Facebookuser ihren Frust über Sie oder die Welt auf Ihrer Facebookseite geballt entladen und Sie diesem dann ausgeliefert sind? Falls es tatsächlich zu einem negativen Kommentar oder Post kommt, haben Sie noch einige Möglichkeiten. Dazu mehr unter »Shitstorm«.

> **Der Anwalt rät**
> Zunächst haften Sie auf Facebook vollständig für eigene Inhalte oder solche Inhalte, die Sie sich (etwa durch »Liken« oder »Teilen«) erkennbar zu Eigen gemacht haben. Positiv für Sie im Hinblick auf Einträge Dritter: Nach der Rechtsprechung des Bundesgerichtshofs haften Sie als Betreiber einer Plattform oder eines Forums für fremde Inhalte und damit verbundene Rechtsverletzungen Dritter regelmäßig erst dann, wenn Sie von der Rechtsverletzung tatsächlich Kenntnis erlangt haben. Das ist

auch sachgerecht, denn auf das Einstellen von Inhalten durch Dritte haben Sie ja zunächst keinen Einfluss. Die Rechtsprechung verlangt allerdings, dass Sie bei substantiierten Beanstandungen Dritter unverzüglich reagieren müssen – und sei es mit einer Prüfung der Vorwürfe. Am besten entfernen Sie nach Eingang eines solchen Hinweises angeblich rechtsverletzende Einträge sofort und verhindern Sie so gut wie möglich gleichartige Einträge, um nicht selbst als Störer oder sonstwie Verantwortlicher dafür in die Pflicht genommen zu werden. Damit Ihre Nutzer Löschungen nicht als »willkürliche Zensur« brandmarken, verwenden Sie am besten eine »Netiquette« (Folgt noch als separater Punkt später erklärt); das sind Ihre Nutzungsbedingungen, die auf Ihrer Facebookseite hinterlegt sind und in denen steht, welchen kommunikativen Umgang Sie erwarten und dass Sie sich etwa zur Vermeidung von Schäden Dritter das Löschen von Einträgen ausdrücklich vorbehalten. Dies schafft in der Praxis ein besseres Verständnis für eine redaktionelle Pflege Ihrer Chronik. Darüber hinaus empfiehlt es sich natürlich, Ihre Facebookseite auch ohne externen Anlass regelmäßig daraufhin anzuschauen, ob Dritte dort Einträge mit ggf. rechtswidrigen oder zumindest belastenden Inhalten vorgenommen haben. In diesen Fällen, insbesondere bei Verstößen gegen die Nutzungsbedingungen von Facebook, sollten Sie auch die Möglichkeit des Meldens solcher Inhalte nutzen und von Facebook eine Löschung verlangen (oder, wo dies möglich ist, selbst löschen). Denkbar ist bei zuordenbaren Rechtsverletzungen natürlich auch, den identifizierten Verursacher unmittelbar auf Unterlassung entsprechender Äußerungen in Anspruch zu nehmen.

Vorsicht: Achten Sie bei der Freischaltung der Chronik darauf, dass Sie dort nur solche Informationen veröffentlichen, die keine Verletzung Ihrer ärztlichen Schweigepflicht oder des Patientendatenschutzes darstellen. Dass Sie hier keine Informationen über Patienten posten, eine Ferndiagnose vornehmen oder die Behandlung ausschließlich über das elektronische Kommunikationsmedium durchzuführen berechtigt sind, liegt auf der Hand. Löschen Sie aber sicherheitshalber auch von Patienten veröffentlichte Angaben über deren Krankheiten – es sei denn, die ausdrückliche Einwilligung liegt Ihnen vor. Und widerstehen Sie dem Impuls, einen Ihre Behandlung negativ bewertenden Patienten öffentlich zu korrigieren und die von Ihnen vorgenommenen Maßnahmen zu erläutern – Details der Behandlung sind kein geeigneter Gegenstand einer öffentliche Auseinandersetzung. Verweisen Sie stattdessen auf die ärztliche Schweigepflicht und bieten Sie dem Bewertenden an, sich hierzu direkt mit Ihnen auszutauschen.

Zielgruppen für Beiträge und Privatsphäre

Alle Posts, die Sie schreiben, erscheinen sichtbar auf der Chronik, aber nun können Sie festlegen, wer diese Posts sehen kann. Sie können also bestimmen, wer was lesen kann, ausgewählt nach Alter, Geschlecht, Beziehungsstatus, Bildungsstand, Interessen und mehr. Der Standort bezieht sich auf den Ort, den Ihre Patienten (also Besucher Ihrer Facebookseite) als Wohnort angegeben haben oder an dem sie sich aktuell aufhalten.

Mit »Sprache« ist die Sprache gemeint, die Ihre Patienten auf Facebook benutzen. Das muss nicht zwangsläufig Deutsch sein. Schließlich gibt es in Deutschland auch ausländische Mitbürger, die vielleicht Russisch oder Französisch sprechen und Facebook in ihrer Muttersprache nutzen.

Sie fragen sich, wozu das dienen soll? Ein Beispiel: Stellen Sie sich vor, Sie wären ein anerkannter plastischer Chirurg mit der Spezialisierung Intimchirurgie. In der Tat kann das in manchen Ländern mit anderer Kultur und anderer Religion nicht positiv aufgenommen werden oder sogar verletzend und anmaßend ankommen. In der Industrie macht das zum Beispiel dann Sinn, wenn es um alkoholische Getränke geht, die wiederum auch in manchen Regionen dieser Erde auf moralische, religiöse oder juristische Ablehnung stoßen.

2.4 · Facebookseite erstellen

Setzen Sie hier kein Häkchen, denn, ganz im Ernst, so wichtig ist es nun auch nicht für den Rest der Welt, was Sie dort auf Facebook schreiben, und als Zahnarzt werden Sie kaum religiöse oder politische Themen posten. Selbst bei sensiblen medizinischen Themen wie beispielsweise »Intimchirurgie« sollten Ärzte hier keine Einschränkungen vornehmen.

Der Anwalt rät
Beachten Sie, dass die Nutzungsbedingungen von Facebook für Seitenanbieter bestimmte Einschränkungen bei Angeboten vorsehen, die sich an Zielgruppen richten, die unter 13 Jahre alt sind. Auch das ärztliche Werberecht kennt das Verbot von Werbemaßnahmen, die sich ausschließlich oder überwiegend an Kinder unter 14 Jahren richten. Zudem regelt der Jugendmedienschutzstaatsvertrag (JMStV), dass jugendgefährdende oder entwicklungsbeeinträchtigende Inhalte in Telemedien für bestimmte Personenkreise nicht oder nicht ohne Weiteres zugänglich sein dürfen. Grundsätzlich stehen diese Vorschriften einer Verbreitung Ihrer Facebookseite nicht entgegen. Das kann sich aber je nach zu verwendenden Inhalten und der Zielrichtung der Facebookseite auch anders darstellen: Es muss also geprüft werden, ob durch von Ihnen beabsichtigte Inhalte entsprechende Zielgruppen mit unangemessenem Material (etwa für Erwachsenenprodukte, mit Bildern von Intimchirurgie oder mit Darstellungen von Nacktheit bzw. schockierenden Verletzungen) unzulässig konfrontiert werden. In diesen Fällen ist Vorsicht geboten, und es empfiehlt sich ggf. doch die Einstellung eines Filters. Beachten Sie hierbei auch die Vorgaben des HWG.
Als Zahnarzt mit Niederlassung in Deutschland hat Ihr Facebookauftritt übrigens den rechtlichen Bestimmungen in Deutschland zu entsprechen; dies gilt unabhängig von den zusätzlich zu beachtenden Nutzungsbedingungen von Facebook. Dass Ihr Facebookauftritt auch in anderen Ländern abrufbar ist, ändert an der Maßgeblichkeit deutschen Rechts grundsätzlich nichts. Etwas vorsichtiger sollten Sie allerdings sein, wenn Ihre Facebookseite in Englisch gestaltet ist und sich erkennbar (auch) an eine ausländische Zielgruppe richtet, etwa in den arabischen Ländern oder den USA. Werden diese Zielgruppen ausdrücklich angesprochen, könnten unter Umständen auch ausländische gesetzliche Bestimmungen für Sie relevant werden. Dies ist aber nicht der Regelfall.

Nachrichten
Hier wird entschieden, ob Personen Ihnen über Facebook eine Nachricht/Mail senden dürfen. Und da Sie nur ein Ziel verfolgen, nämlich die Patienten über Facebook dazu zu bewegen, mit Ihnen Kontakt aufzunehmen, setzen Sie hier ein Häkchen!

Tipp des PR-Beraters
Es ist empfehlenswert, schnell zu erfahren, wenn Ihnen jemand eine Nachricht über Facebook sendet. Unter dem Punkt »Benachrichtigungen« können Sie im Folgenden dazu die Einstellungen tätigen.

Markiererlaubnis
Hier können Besucher auf Fotos, die Sie posten oder die andere posten, auch gleich die Personen darauf markieren. Klingt kompliziert? Ist ganz einfach! Sie haben ein Foto gepostet oder andere haben ein Foto gepostet, und auf dem Foto sind Personen zu sehen, vielleicht Sie, vielleicht Sie mit anderen Personen oder nur irgendwelche Personen ohne Sie. Es ist schon interessant für den Besucher und Leser zu wissen, wer da nun zu sehen ist auf dem Foto; es ist wie bei einem Fotoalbum, bei dem Sie auf das Foto auch gleich schreiben, wer da zu sehen ist, denn erst das macht ein Fotoalbum persönlich und interessant.
Setzen Sie hier dennoch kein Häkchen.
Natürlich ist es schön, wenn Fotos, wie bei einem Fotoalbum, markiert werden, also die Person darauf genannt wird. Aber behalten Sie die Hoheit über das, was man dort sieht auf den Fotos!

Was ist, wenn Personen falsch markiert werden? Oder es vielleicht anderen Personen, vielleicht Patienten, darauf gar nicht so recht ist, namentlich erwähnt/erkannt zu werden?

> **Der Anwalt rät**
> Nehmen Sie den Schutz Ihrer Patientendaten ernst! Ganz abgesehen von urheber- und bildnisrechtlichen Fragestellungen tragen Sie für Ihre Patienten und deren Persönlichkeitssphäre bekanntlich eine besondere Verantwortung. Ist eine Person, die an einer von Ihnen veranstalteten Patientenversammlung teilgenommen hat, so dargestellt, dass zumindest ihr engerer Bekannten- und Freundeskreis sie identifizieren kann, liegt eine Erkennbarkeit im Rechtssinne vor. Dies ist ohne ausdrückliche Einwilligung grundsätzlich problematisch. Dies gilt natürlich erst recht für den Fall, dass eine im Grunde nicht erkennbare Person durch die Markierung mit ihrem Namen eindeutig identifizierbar wird – und das vielleicht sogar ohne ihr Wissen und gegen ihren Willen. Schalten Sie diese Funktion aus, um entsprechende Rechtsverletzungen zu vermeiden.

> **Der Anwalt rät**
> Ganz grundsätzlich darf sich Werbung für Arzneimittel, Behandlungen und Gegenstände nicht ausschließlich oder überwiegend an Kinder unter 14 Jahren richten. Auch die Nutzungsbedingungen von Facebook sehen für bestimmte Inhalte vor, dass diese Jugendlichen unter 13 Jahren nicht zugänglich gemacht werden dürfen. Der Jugendmedienschutzstaatsvertrag sieht in Deutschland das Verbot von Inhalten für bestimmte Altersgruppen vor, die jugendgefährdend oder geeignet sind, Kinder in ihrer Entwicklung zu beeinträchtigen. Hierbei ist etwa an Darstellungen schockierender Verletzungen zu denken. Verstöße können von der zuständigen Aufsicht gerügt und mit Bußgeldern geahndet werden. Zudem können Wettbewerber eine Verletzung des HWG rügen. Und nicht zuletzt droht bei Verstößen gegen die Nutzungsbedingungen von Facebook die Sperrung der Facebookseite oder deren Löschung. Achten Sie also darauf, dass solche Inhalte bei Ihnen nicht vorhanden sind – dann brauchen Sie auch keine Altersvorgaben einzustellen.

Ländereinschränkungen

Hier können Sie Länder ausschließen, also Länder auswählen, die Ihre Facebookseite nicht sehen sollen, bzw. die Länder auswählen, die Ihre Seite sehen können. Hier bitte nichts tun und kein Land eingeben. Die Markierung steht also bei »Diese Seite vor Nutzern in diesen Ländern verbergen«, aber bitte nichts aktiv eintragen.

Altersbeschränkung

Hier können Sie bestimmen, ab welchem Alter die Facebookuser Ihre Facebookseite ansehen können, also wie alt diese Personen sein sollen. Geben Sie nichts an, also 13+ auswählen.

Es gibt Länder und damit Gesetze, die für bestimmte Inhalte sehr strikte Altersvorgaben geben. Sie als Zahnarzt mit Praxis in Deutschland werden aber sehr wahrscheinlich keine Informationen anbieten, die hier auf Probleme stoßen.

Seitenmoderation

Hier können Sie Begriffe wählen, die Sie blockieren wollen. Das heißt, niemand kann diese von Ihnen ausgewählten Begriffe dann in einem Beitrag oder Kommentar auf Ihrer Facebookseite verwenden. Es könnte also sein, dass Sie den Begriff »Ärztepfusch« einfach nicht bei sich auf der Seite dulden. Dann können Sie das hier einsetzen. Gleiches gilt für Begriffe wie »Quacksalber« oder Ähnliches. Tragen Sie bitte nichts ein, denn:

Wenn Personen Sie beleidigen wollen, dann finden diese Personen ganz sicher ein Wort, das nicht von Ihnen gesperrt ist; außerdem behebt das nicht die Ursache, sondern verstärkt sie eher noch. Und es kann ja auch lauten: »Dr. Beispiel ist alles andere als ein Quacksalber, sondern für mich der beste Zahnarzt der Welt.« Und nun stellen Sie sich vor, das wird nicht gepostet, weil Sie es verhindern, das wäre doch schade, oder?

Filter für vulgäre Ausdrücke

Es gibt wirklich viele und auch bekannte vulgäre Ausdrücke (deren Nennung wir Ihnen hier ersparen), und Facebook hat ebenso wenig wie Sie ein Interesse daran, dass diese irgendwo zu lesen sind. Also entscheidet Facebook anhand der von allen am häufigsten als anstößig gemeldeten Wörter und Phrasen automatisch, welche Inhalte ausgeblendet werden. Facebook entscheidet dabei selbst, welche Begriffe hier als »mittel« und welche als »stark« vulgär gelten. Bitte Filter auf »stark« einstellen.

Eine Sorge weniger, also nutzen Sie diesen Service!

Vorschläge für verwandte Seiten

Hier können Sie festlegen, ob Ihre Facebookseite anderen Nutzern vorgeschlagen werden soll, wenn diese eine ähnliche Seite mit »Gefällt mir« markieren. Wenn also jemand ein Facebookseite eines Zahnarztes oder anderen Arztes mit »Gefällt mir« markiert, werden ihm/ihr automatisch auf der Seitenchronik ähnliche Seiten vorgeschlagen, die ihm/ihr gefallen könnten; das kann dann natürlich auch Ihre Facebookseite sein, und das erhöht erheblich die Chance auf eine steigende »Fanzahl«!

Bitte Häkchen setzen.

Rangfolge für Kommentare

Hier können Sie festlegen, ob die Kommentare unter Ihren Beiträgen in einer Rangfolge der beliebtesten Kommentare (Likes, Antworten..) angezeigt werden oder weiter rein nach der Chronologie. Unsere Empfehlung: Kein Häkchen setzen.

Seiten zusammenführen

Stellen Sie sich vor, Sie hätten zwei Facebookseiten (etwa weil Sie zwei Standorte haben) und somit ähnliche Inhalte, und Sie wollten eine der beiden Seiten löschen, damit sich Ihre Patienten nur noch auf eine Facebookseite konzentrieren. Dann bietet sich diese Funktion an, denn hier gehen Ihnen dann keine »Gefällt mir«-Angaben verloren.

Facebook ist an dieser Stelle sehr streng. Die beiden Seiten müssen den gleichen Inhalt repräsentieren und einen ähnlichen Namen haben. Das heißt, dass Sie zwar die beiden Facebookseiten von 2 Zahnarztpraxen zusammenführen können, aber nicht die Facebookseiten von einer Zahnarztpraxis und einem Möbelhaus.

- **Zusammenführen von Facebookseiten**
1. Facebook muss in Ihrem Profil und nicht als Seite geöffnet sein.
2. Klicken Sie im Dreieck oben rechts auf »Seiten verwalten« und klicken Sie auf die Seite, die Sie behalten wollen, und dann dort auf »Einstellungen« oben rechts.
3. Nun wählen Sie »Seiten zusammenführen« aus und klicken auf »Duplikate von Seiten zusammenführen«.
4. Dann klicken Sie oben auf »Wähle eine Seite« (das ist die Seite, die bestehen bleiben soll).
5. Dann klicken Sie darunter auf »Wähle eine Seite«; das ist die Seite, die in die Hauptseite eingefügt werden soll.
6. Nun klicken Sie auf den blauen Button: »Seiten zusammenführen«.

Beim Zusammenführen von Facebookseiten werden alle »Gefällt-mir«-Angaben und Besuche kombiniert, was natürlich gut ist. Alle sonstigen Inhalte wie Beiträge, Fotos und der Nutzername werden dauerhaft von der zusammengeführten Seite gelöscht, also von der Seite, die Sie nun aufgeben. Inhalte der Facebookseite, die Sie behalten möchten, bleiben unverändert; abgesehen davon, dass »Gefällt-mir«- und »Ich-bin-hier«-Angaben von der anderen Seite natürlich hinzugefügt werden.

Achtung: Die Facebookseite, die Sie nicht behalten, wird von Facebook entfernt, und die Zusammenführung kann nicht rückgängig gemacht werden.

Seite entfernen

Hier können Sie Ihre Facebookseite dauerhaft löschen, aber das wollen Sie zu diesem Zeitpunkt sicher nicht. Hier tun wir also bitte nichts.

2.5 Titelbild

Nachdem Sie den administrativen Teil Ihrer Seite fertig eingerichtet haben, geht es nun daran, Ihre Seite optisch zu verschönern und individuell zu

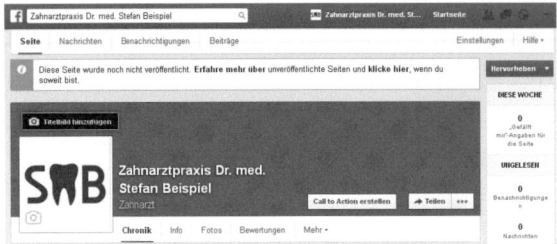

Abb. 2.18 Titelbild hinzufügen

gestalten. Dazu wählen Sie als erstes ein Titelbild für Ihre Facebookseite aus. Dazu klicken Sie oben links im Titelbild Ihrer Seite auf »Titelbild hinzufügen« (Abb. 2.18).

Es öffnet sich ein Fenster mit folgenden Optionen:

»Aus Fotos auswählen« Hier können Sie aus den Fotos, die Sie bereits bei Facebook verwendet, also gepostet haben, ein entsprechendes Foto auswählen. Theoretisch – denn praktisch haben Sie zum Zeitpunkt der Erstellung lediglich das Profilbild hochgeladen. Beachten Sie, dass Sie Titelbild und Profilbild unterscheiden.

»Foto hochladen« Hier können Sie ganz bequem ein Foto von Ihrer Festplatte auswählen und hochladen.

Wählen Sie die zweite Variante. Dazu klicken Sie auf »Foto hochladen« und kommen direkt auf Ihre eigene Festplatte. Nun suchen Sie bequem auf Ihrem PC das Foto aus, das Sie gerne hätten.

2.5.1 Wie sollte ein Titelbild aussehen?

Das Titelbild besitzt eine sehr große Bedeutung, denn Emotionen, also auch Vertrauen, wirken stärker, wenn sie über Bilder und weniger über Text vermittelt werden. Das Titelbild ist das Erste, was dem Betrachter auffällt, es muss also drei unterschiedlichen Anforderungen genügen:

- inhaltlichen Anforderungen (Werden die richtigen Emotionen und Erwartungen abgebildet?),
- technischen Anforderungen (Grundregel: Nur ein scharfes Foto ist ein gutes Foto),
- rechtlichen Anforderungen (zum Beispiel Urheber-, Bildnis- oder Werberecht).

2.5.2 Anforderungen an ein gutes Titelbild

Inhaltliche Anforderungen

Ein Arzt sieht »die Welt« doch gelegentlich anders als ein »normaler Bürger« – was bei Facebook zu katastrophalen Fehlern und Folgen führen kann. Eine Spritze zum Beispiel ist sicherlich für einen Zahnarzt eines der »normalsten Dinge« im Praxisbetrieb, was allerdings die meisten Patienten wohl ganz anders sehen, schließlich gibt es sogar eine regelrechte Spritzenangst, die Trypanophobie. Und nun stellen Sie sich vor, Sie hätten eine wunderbar scharf fotografierte Spritze auf Ihrem Titelbild, wohlmöglich das neueste Modell am Markt – gehen Sie davon aus, dass etwa jeder zweite Patient und Facebookbesucher sich angsterfüllt ganz schnell einen anderen Zahnarzt sucht, auch wenn Sie der »beste Zahnarzt« oder beste »Spritzengeber« der Welt sind. Sie glauben, solche Titelbilder gibt es nicht? Doch! Und eigentlich ist das gut für Sie, denn Sie stellen sich bei Facebook deutlich besser dar als dieser Konkurrent!

- **Tabufoto-Checkliste**

Versuchen Sie, sich in die Rolle eines Patienten zu versetzen: Was mag ein Patient bei Ihnen in Ihrer Praxis wohl am allerwenigsten (denn es muss ja nicht immer eine Spritze sein)? Ganz sicher wissen Sie durch Ihre tägliche Arbeit, was Ihre Patienten überhaupt nicht mögen oder wovor es regelrechte Angst gibt. Schreiben Sie es auf, und schon wissen Sie, was niemals auf einem Foto zu sehen sein sollte. Eine Vorlage zur individuellen Tabufoto-Checkliste finden Sie in diesem Buch; diese kann sich dynamisch erweitern oder verändern. Übrigens: Mit dieser Checkliste können auch andere Personen Ihre Facebookseite leichter und sicherer pflegen, wenn es um die Auswahl des Titelbildes geht.

Eine Spritze als Foto ist sicherlich nicht geeignet, aber als Thema (Post) durchaus, denn Sie wollen später Themen posten, die die Menschen interessieren. Und Ängste sind immer Themen, die Interesse wecken. Voraussetzung ist, dass die Themen so präsentiert werden, dass sie humorvoll oder für den Patienten beruhigend und in keiner Weise abschreckend sind.

Ein Beispiel: »Neue Studie über ‚Spritzenangst': Jeder dritte Patient hat nach Angaben einer aktuellen Studie Angst vor einer Spritze beim Zahnarzt. Sie auch? Dann sprechen Sie uns darauf an, denn bei uns muss niemand mehr Angst vor einer Spritze haben.« Und was für ein Foto wählen Sie dazu? Natürlich kein Foto einer Spritze und ein weinendes Kind sicherlich auch nicht, sondern ein Foto eines lachenden oder lächelnden Menschen! Gleiches geht auch beim Thema »Bohrer«, vor dem sicherlich auch die meisten Menschen regelrecht Angst haben beim Zahnarzt.

- **Checkliste: Medizinische Tabus beim Titelbild**
- Spritzen
- Pflaster
- Verbände
- Skalpell oder andere typischen Instrumente
- Tupfer
- Nahtmaterial
- Bohrer
- Medikamente
- OP-Handschuhe
- Röntgenbilder von Kiefern oder Zähnen
- Narkosegeräte
- Fotos von Verletzungen
- Offene Wunden
- Narben
- Blut
- Spatel (wegen Würgereflex)

Oft zu sehen sind Praxisfotos als Titelbild, auf denen absolut keine Person zu sehen ist, ganz frei nach dem Motto: »Ist niemand darauf zu sehen, sieht man mehr von der Praxis«. Das stimmt, aber was denkt wohl der Betrachter? Der denkt eher: »In der Praxis ist ja gar nichts los!« Und genauso oft wird der Fehler begangen, dass der Fotograf dort steht, wo die Arzthelferinnen oder der Arzt sich täglich befinden – aber diese Perspektive wird der Patient nie einnehmen, denn er steht sicherlich niemals hinter dem (oft unaufgeräumten) Empfangstresen, sondern natürlich davor.

Das Titelbild muss Vertrauen bilden und sympathisch sein, und das schaffen Sie am besten über Personen, und zwar die Personen, die in dieser Praxis auch arbeiten: mit dem gesamten Team! Beginnen Sie mit einem Praxisfoto Ihres gesamten Teams, inkl. Arzt. Aber übertreiben Sie es nicht, denn die Putzfrau, so wichtig sie ist, gehört nicht auf das Bild.

Achten Sie darauf, dass das Bild ausgewechselt wird, sobald ein neuer Mitarbeiter dabei ist, denn Sie grenzen diese neue Person sofort für alle Patienten sichtbar aus.

Sie haben kein passendes Foto des Teams? Dann können Sie auch ausweichen auf ein Foto des Praxishauses, wenn es ansehnlich aussieht, oder wählen als Motiv ein Wahrzeichen der Stadt, in der Sie arbeiten, also die Praxis haben. Es sollte aber immer ein Foto sein, das mit der Praxis zu tun hat. Fotos aus dem brasilianisch-tropischen Urwald, egal ob selbst fotografiert oder nicht, sind beeindruckend, haben mit Ihrer Praxis aber bestimmt nichts zu tun (es sei denn, Sie sind anerkannter Spezialist für dentale Tropenkrankheiten, dann wäre sogar das denkbar). Grundsätzlich haben Tiere, ausgenommen bei Tierärzten, absolut nichts auf dem Titelbild zu tun; das gilt übrigens für alle Bilder bei Facebook, wenn Sie Arzt sind.

Sie haben einfach kein geeignetes Titelbild? Es gibt Internetseiten, die extra für Facebook Titelbilder anbieten, und das kostenlos, zum Beispiel ► www.facebook-titelbild.de. Das ist zwar eine schnelle Lösung, aber bedenken Sie: Facebook soll Persönlichkeit und Individualität aufbauen, und individuelle Seiten haben auch individuelle, persönliche Fotos.

Der Anwalt rät
Ein Facebookauftritt ohne Fotos oder sogar Bewegtbilder ist langweilig und wird Ihre Patienten wenig beeindrucken. Wenn Sie selbst ein begnadeter Fotograf sind, spricht nichts gegen eine Verwendung Ihrer eigenen Fotos. Dies gilt natürlich auch im Hinblick auf Fotografien, mit deren Aufnahme Sie einen professionellen Fotografen beauftragt haben. Achten Sie aber immer darauf, dass der Fotograf Ihnen möglichst umfassend (ggf. sogar exklusiv) alle für die von Ihnen zu beschreibenden Verwendungszwecke erforderlichen Nutzungsrechte einräumt – bestenfalls zeitlich, inhaltlich und örtlich uneingeschränkt und zur freien Verwendung in allen Medien, mindestens jedoch für die Verwendung auf Ihrer Facebookseite und/oder auf anderen sozialen Medien. Stellen Sie auch sicher, dass auf den Fotos abgebildete Personen mit der Veröffentlichung einverstanden sind; dazu später aber mehr.
Wem die Beauftragung eines Fotografen zu teuer ist, der kann natürlich auch auf frei zugängliche und manchmal sogar kostenlose Bild-Datenbanken zurückgreifen. Aber Vorsicht! Da es sich bei Fotos ganz überwiegend um urheberrechtlich geschützte Inhalte handelt, bedarf es auch hier stets der Einräumung der erforderlichen Nutzungsrechte. Diese erfolgt meist über die Allgemeinen Geschäftsbedingungen entsprechender Anbieter. Lesen Sie diese also vorher durch, denn manchmal enthalten sie Einschränkungen im Hinblick auf eine werbliche Verwendung von Fotografien oder sie verbieten die Unterlizenzierung. Bei einer Verwendung auf Facebook passiert aber genau das, denn Sie räumen Facebook an den von Ihnen eingestellten Inhalten ein einfaches Nutzungsrecht ein. Prüfen Sie also die rechtlichen Konditionen, zu denen Sie die Rechte an den Fotos erhalten, und prüfen Sie, ob das für die beabsichtigte Verwendung ausreichend ist. Klären Sie insbesondere mit Fotografen, Rechteagenturen oder Bild-Datenbanken immer ausdrücklich, ob und wie der Fotograf namentlich zu benennen ist. Grundsätzlich hat der Fotograf hierauf immer Anspruch. In der Praxis wird hierüber sehr oft gestritten – und das kann teuer werden. Machen Sie sich also in jedem Fall mit den Nutzungsbedingungen Ihres Inhalte-Lieferanten vertraut und legen Sie Wert auf eine kurze und schriftliche Vereinbarung hierzu – das vermeidet später Ärger.

Technische Anforderungen
Ein Foto sagt mehr als 1.000 Worte und ein Titelbild mehr als 1 Million Worte! Das Foto kann als Motiv noch so geeignet sein, es ist dennoch ungeeignet, wenn es unscharf oder zu dunkel oder zu hell ist. Das ideale Titelbild besitzt folgende Eigenschaften: 851 × 315 Pixel.

Rechtliche Anforderungen
Bildnisrecht ist nicht gleich Bildnisrecht. Grundsätzlich sollten Sie über die urheberrechtlichen Bildrechte im erforderlichen Umfang verfügen können. Aber auch sonstige Rechte, wie Persönlichkeitsrechte, dürfen nicht verletzt werden. Was alles im Detail zu beachten ist, finden Sie im ▸ Anhang unter »Bildrechte«.

2.5.3 Titelbild hochladen

Sie klicken nun auf »Foto hochladen« und suchen das Foto aus. Gefunden? Doppelklick auf das Foto! Einen Moment warten, und da ist es zu sehen.

Das Foto ist super, also aus inhaltlicher, rechtlicher und technischer Sicht ist alles perfekt? Dann sofort auf »Änderungen speichern« klicken. Super, Sie haben Ihr Facebook-Titelbild (◯ Abb. 2.19)!

Das Foto ist unscharf? Dann klicken Sie dennoch auf »Änderungen speichern«, und nun klicken Sie auf »Titelbild ändern«, indem Sie mit der Maus einfach in das Bild fahren. Klicken! Und dann auf »Entfernen« klicken. In dem Fall erscheint ein neues Fenster mit dem Namen »Titelbild entfernen?«, und Sie klicken auf »OK«. Jetzt erscheint ein weiteres Fenster mit dem Namen »Titelbild wurde erfolgreich entfernt«, und hier klicken Sie auf »OK«. Nun suchen Sie wie gehabt ein weiteres, neues Foto!

☐ Abb. 2.19 Titelbild

Vorsicht! Sie denken, das Foto ist gelöscht und wirklich weg? Nein! Den Fehler begehen leider sehr viele. Dieses Foto wäre, wenn Sie Ihre Facebookseite freischalten, dennoch sichtbar, aber nicht als Titelbild, denn da haben Sie es ja gelöscht, sondern unter dem Titelbild im Tab »Fotos«. Gehen Sie mit der Maus in den Tab »Fotos«, dort sehen Sie das gelöschte Titelbild, und fahren Sie mit der Maus in das Bild, klicken Sie mit der rechten Maustaste auf das Foto, und es erscheint in dem Foto oben rechts ein kleines Kästchen mit einem Stiftsymbol. Klicken Sie darauf und klicken Sie dann auf »Dieses Foto löschen«, bestätigen Sie dies mit »Bestätigen«. Jetzt ist es wirklich gänzlich entfernt!

Das Foto für das Titelbild ist (nun) super, aber der Ausschnitt ist noch nicht perfekt? Dann gehen Sie mit der Maus in dieses Bild, klicken permanent die linke Maustaste und bewegen das Foto in der Höhe in die Position, die Sie für perfekt halten. Dann klicken auf »Änderungen speichern«. Perfekt!

- **Call-to-Action Button**

Im Titelbild haben Sie die Möglichkeit, einen »Call to Action« zu erstellen. Das bedeutet, dass Sie Ihre Seitenbesucher und Fans dazu auffordern können, Sie zum Beispiel zu kontaktieren oder Produkte zu erwerben.

Für Sie als Arzt empfiehlt sich die Variante »Kontaktiere uns«. Darunter fügen Sie nun einfach den Link ein, über den jeder Patient von Ihrer Internetseite aus auf das Kontaktformular gelangt oder auf eine Unterseite, auf der die Telefonnummer und E-Mail-Adresse der Praxis stehen. Fertig. Nun können Ihre Seitenbesucher mit nur einem Klick alle Informationen sehen, um zum Beispiel einen Termin bei Ihnen zu buchen.

2.6 Facebookseite freischalten!

Jetzt ist es soweit, sind Sie bereit? Dann schalten Sie nun Ihre Facebookseite frei und treten Sie dem Social Web aktiv bei! Gehen Sie oben im Administrationsbereich auf »Einstellungen«, wählen Sie dort »Einstellungen bearbeiten« aus und klicken Sie beim ersten Punkt »Sichtbarkeit der Seite« ganz rechts auf »Bearbeiten«. Nun entfernen Sie den Haken und klicken auf »Änderungen speichern«, und es ist vollbracht!

- **Ihr erster Post**

Jetzt ist der ideale Moment für Ihren ersten Post! Also die erste Mitteilung, denn es gibt ja wahrlich etwas mitzuteilen. Sie sehen etwa in der Mitte bei Status das Feld »Was war heute los«?

Da Sie nun auch ein Facebooker sind, sollten Sie einen Begrüßungspost schreiben, der wie folgt lauten könnte.

»Liebe Patientinnen und Patienten, liebe Freunde der Praxis, ab sofort posten wir auf unserer Facebookseite aktuelle, interessante und unterhaltsame Informationen aus unserer Zahnarztpraxis und aus der spannenden Welt der Medizin.«

Auch wenn Facebook Sie duzt, bitte duzen Sie nicht! Entweder »umgehen« Sie die persönliche Ansprache, so, wie in unserem Beispiel, oder Sie siezen. Denn wenn Sie hier duzen, auch wenn es bei Facebook »normal« ist, alle und jeden zu duzen, könnte ein Patient auf die Idee kommen, dass man

Abb. 2.20 Statusfeld

sich in Ihrer Praxis auch immer duzt, und das darf nicht in Ihrem Interesse sein – es sei denn, es ist Ihre Praxisphilosophie, die Patienten zu duzen.

Geschrieben? Dann klicken Sie auf »Posten« und fertig – das ist Ihr erster Post.

2.7 Posten

Das Wort Posten stammt, woher auch sonst, aus dem Angelsächsischen. Das Senden der Nachricht, also des Posts, ist bei Facebook das Posten oder als reines Substantiv: das Posting. Bei Facebook geht es also darum, den Fans, korrekt heißt es, den »Gefällt-mir«-Angaben, interessante Dinge aus der Praxis mitzuteilen, und diese Nachrichten heißen Posts. Diese Posts kann jeder mit einem »Gefällt mir« markieren, für den Fall, dass einem der Post eben gefällt, jeder kann diese Posts kommentieren, also subjektiv »seinen Senf dazu geben«, und jeder kann einen auf Ihrer Facebookseite gelesenen Post sogar auf dem eigenen Profil veröffentlichen, das nennt sich dann »Teilen«.

- **Ohne Post nix los**

Sie haben eine schöne Facebookseite, aber keine Zeit oder Muße, auch zu posten? Dann melden Sie besser Ihre Facebookseite gleich wieder ab. Vergleichen Sie es mit einer leeren Zeitschrift: tolles Cover, aber kein Inhalt.

Wie bei der Erstellung der Facebookseite gibt es auch beim Posten viele Möglichkeiten, wie oder was Sie posten können. Und so unterteilen wir auch hier in eine Speed-Variante und in die Perfekt-Lösung. Tatsächlich ist das Posten an sich in Sekunden getan, auch das Posten eines Fotos geht sehr schnell. Und neben dem »einfachen Post« haben Sie sehr viele und sehr nützliche Möglichkeiten, Ihre Information bei Facebook zu präsentieren. Es gibt

- die Statusmeldung,
- das Tagging,
- die Möglichkeit eines Videos oder Fotos,
- ein Angebot,
- die Veranstaltung.
- die Meilensteine.

2.7.1 Die Statusmeldung

Sie lesen »Was war heute los«. Jetzt gehen Sie bitte mit Ihrer Maus in dieses Feld und klicken Sie einmal.

Seien Sie nicht verunsichert, wenn Sie bei sich auf der Facebookseite »Was war heute los« lesen, und bei sich auf dem Profil »Was machst Du gerade«. Dies ist einer der Unterschiede zwischen einem Profil und einer Seite, allerdings hat es absolut keine Auswirkungen auf die Handhabung.

Nun erweitert sich das Fenster, und Sie sehen das Bild aus ◘ Abb. 2.20.

Speed In dieses Feld schreiben Sie Ihren Text. Dieser Text darf (theoretisch) 63.206 Zeichen haben, praktisch sollten es maximal 80 sein.

63.000 Zeichen entsprechen übrigens etwa dem Umfang von sieben DIN-A-4-Blättern, vollgeschrieben. Wer Romane postet, der hat Facebook nicht verstanden. Aber dazu später mehr bei den Tipps.

Eine Studie der amerikanischen Agentur Blitzlokal in Portland aus 2014 kam übrigens nach einer Auswertung von 120 Millionen Posts zu dem Ergebnis, dass die perfekte Postlänge für hohe Interaktion bei 100 bis 119 Zeichen liegt.

Schreiben Sie nun Ihren Text in das Feld, klicken Sie auf Posten, und das war's. Fertig!

Nichts ist peinlicher als ein Rechtschreibfehler, so menschlich das auch ist, aber es passt nicht zum Image eines Arztes. Schreiben Sie den Post einfach vorweg in Ihrem Schreibprogramm, zum Beispiel MS-Word, und aktivieren Sie die Rechtschreibfunktion, und nun zeigt Ihnen das Programm sofort einen Rechtschreibfehler an. Das gibt Sicherheit und kostet nicht viel Zeit.

Perfekt So ein Post ist wirklich schnell geschrieben, aber was gefällt Ihnen besser? Eine Zeitschrift mit viel Text und ohne hervorgehobene Schlagworte oder eine Zeitschrift mit großen Fotos und Illustrationen und hervorgehobenen Schlagworten, die Sie interessieren? Genauso ist es auch mit Ihren Posts!

Wenn Sie einen Post geschrieben und veröffentlicht haben, dann sehen Sie rechts oben im Post einen Pfeil, und beim Klicken darauf erscheinen mehrere interessante und nützliche Funktionen:

- **Oben fixieren**

Sie haben einen Post, zum Beispiel eine Ankündigung zu einem Patienteninfotag, und Sie möchten, dass dieser Post nicht mit jedem weiteren Post auch weiter nach unten rutscht, sondern immer oben bleibt? Dann fixieren Sie diesen Post einfach oben, quasi immer als ersten Post. Dazu gehen Sie bitte auf »Oben fixieren« und klicken hier. Der Beitrag bleibt 7 Tage lang oben in deiner Chronik fixiert. Danach wird er wieder an dem Datum angezeigt, an dem er in der Chronik gepostet wurde.

Beachten Sie, dass nur Beiträge fixiert werden können, die Sie selber dort gepostet haben. Beiträge, die andere Nutzer zur Chronik der Seite hinzugefügt haben, können nicht fixiert werden.

- **Beitrag bearbeiten**

Verschrieben? Falsche Daten eingesetzt? Wenn Sie hier klicken, können Sie den Post bearbeiten, ohne ihn zu löschen, zum Beispiel bei Schreibfehlern.

- **Datum ändern**

Dies ist eine sehr nützliche Funktion, wenn Sie vergessen haben, einen Post zu schreiben oder wenn der Post nicht in der Chronologie an der richtigen (gewünschten) Stelle steht. Sie können hier also die Posts in der Reihenfolge in der Chronologie verändern. Korrigieren Sie einfach das Datum und schon erscheint der Post dort, wo er chronologisch hingehört. Allerdings kann das jeder sehen, denn der Post ist dann mit einem Uhrsymbol markiert.

Stören Sie sich nicht an dem Uhrsymbol, sondern achten Sie lieber darauf, dass Sie eine stimmige Chronologie haben, bei der ein Post auch ruhig »nachgeliefert« werden kann.

- **Hervorheben**

Sie möchten Ihren Post auffälliger präsentieren? Dann bitte hier ein Klick, und es erscheint ein Sternsymbol, was dem Post eine höhere Auffälligkeit verleitet.

- **Beitrag einbetten**

Hier können Sie den Post auf Ihrer Internetseite integrieren. Das ist allerdings nicht so leicht, denn die Einbettung ist abhängig von Ihrem Content Management System (CMS) und sollte daher von Ihrem Administrator übernommen werden.

Klicken Sie bei dem Post, den Sie auf Ihrer Website einsetzen möchten, oben rechts auf den grauen Pfeil. Hier erscheint die Option »Beitrag einbetten«. Wenn Sie dies anklicken, erscheint ein neues Popup-Fenster. Jetzt sehen Sie (Vorschau), wie der Post auf Ihrer Seite aussehen würde. Ganz oben in der ersten Zeile finden Sie einen HTML-Code. Kopieren Sie einfach den Code.

Jetzt loggen Sie sich in das Back-End Ihrer Website ein und fügen den Code an geeigneter Stelle ein. Auf Grund der vielen unterschiedlichen Content Management Systeme für Webseiten gibt es leider nicht DEN Weg, um den Code auf Ihrer Website einzubinden.

> **Wichtig: Alle Posts, die Sie auf Ihrer Website einbetten möchten, müssen auf Facebook öffentlich zugänglich sein.**

- **In der Chronik verbergen**

Wenn Sie hier klicken, dann ist dieser Post in der Chronik nicht mehr sichtbar. Allerdings ist der Post durchaus noch sichtbar für die Personen, die diesen Post bereits geliked oder kommentiert haben, ebenso für die Person, die ihn als externe Person gepostet hat, falls das der Fall ist. Für alle anderen ist der Post verschwunden, als wäre er nie das gewesen. Sie hingegen sehen als Administrator noch ein kleines Feld mit einem Hinweis.

Aber warum »verbergen«, wenn löschen (folgender Punkt) doch so einfach ist? Stellen Sie sich vor, jemand Externes postet etwas bei Ihnen, und Ihnen gefällt der Post nicht, aber Sie wollen mit dem Löschen diese Person nicht verärgern. Dann klicken Sie auf »verbergen« und die Person, die es gepostet hat, geht noch immer davon aus, dass alles sichtbar ist, und Sie wissen, dass niemand weiteres diesen Post sehen kann.

- **Von der Seite entfernen**

Ein Klick, und der gesamte Post ist gelöscht.

2.7.2 Tagging

Beim Tagging sorgen Sie dafür, dass über die Facebook-Suchfunktion Ihre Posts von jedem Facebookuser gefunden werden, bzw. Sie sorgen dafür, dass Personen überhaupt auf Ihre Seite aufmerksam werden. Tagging ist also eine Möglichkeit, mehr Fans zu erhalten. Dabei gibt es drei Arten von Tagging:

Photo-Tagging Hier markieren Sie Personen auf Fotos, und diese Nachricht darüber ist in den Neuigkeiten zu sehen und sorgt somit für eine weitere Reichweite. Mehr Infos dazu unter »Personen markieren«.

Post-Tagging Hier markieren Sie in einem Post eine Person, Sie verlinken also das Profil dieser Person mit Ihrem Post, und jemand kann dann mit einem Klick in diese Markierung in Ihrem Post direkt auf das Profil der Person kommen. Dazu geben Sie einfach den Namen ein, und Facebook bietet Ihnen automatisch die möglichen Personen an. Fertig. Auch dies erscheint in den Neuigkeiten.

Hashtags Mit der Einführung des Hashtags wird es für Menschen einfacher, Themen und Meinungen innerhalb von Facebook zu entdecken und an öffentlichen Unterhaltungen teilzunehmen. Angenommen, jemand interessiert sich, wie im in unserem Fall die Zahnarztpraxis Dr. Stefan Beispiel, für »Bleaching« oder »Implantate«. Über die einfache Suche im Suchfenster werden bei diesen Suchbegriffen nur die Seiten und Profile angezeigt, die genau diesen Begriff im Namen tragen. In dem Fall würde man also die Zahnarztpraxis Dr. Beispiel nicht in den Suchergebnissen finden, denn der Begriff »Bleaching« kommt nicht in dem Namen »Praxis Dr. Stefan Beispiel« vor.

Ein »Hash« ist zu Deutsch ein Doppelkreuz, auch auf dem Telefon als Raute bekannt: #

Ein »tag« kommt von dem englischen Verb »to tag«, also markieren.

Mit der Hashtag-Funktion können auch Sie gezielt nach Inhalten in fremden Posts suchen.

Beispiel: Sie suchen ganz gezielt nach einem sehr speziellen Thema, welches bei Facebook diskutiert oder besprochen wird, und möchten daran als Experte oder aus anderem Interesse teilnehmen. Ohne Hashtags wäre es kaum möglich, diese Unterhaltungen bei Facebook zu finden, weil vielleicht der Facebookname den Suchbegriff nicht enthält. Sie sind auf die besonders schonende Entfernung von Weisheitszähnen spezialisiert und möchten Ihre Kompetenz auch auf dem Wege der Diskussion bei Facebook vermitteln, um bekannter zu werden? Jetzt geben Sie oben den Hashtag »#Weisheitszahnentfernung« ein oder besser nur »#Weisheitszahn« und dann finden Sie alle Einträge dazu, die so gekennzeichnet sind – und können an Diskussionen gezielt teilnehmen oder gezielt Posts oder Kommentare dort verfassen.

In dem Fall »#Weisheitszahn« wird es kaum Treffer geben. Was bedeutet das? Erstens ist dies anscheinend kein Begriff, der tatsächlich ein »großes« Thema ist bei Facebook. Zweitens ergibt sich daraus allerdings eine große Chance für Sie, falls dies ein Schwerpunkt sein sollte in Ihrer Praxis, denn wenn Sie diesen Begriff bei sich verschlagworten (also als Hashtag selbst bei sich markieren in Ihren Posts), dann wären Sie einer der wenigen Zahnärzte, vielleicht der Einzige, der dann gefunden wird, wenn jemand nach »Weisheitszahn« sucht, was natürlich sehr gut ist.

> **Der Anwalt rät**
>
> Hashtags werden oft genutzt, um auf eigene Leistungen hinzuweisen oder für Aufmerksamkeit zu sorgen. Achten Sie bei dem Einsatz von Hashtags darauf, dass diese nicht gegen fremde Marken- oder Namensrechte verstoßen. Vermeiden Sie also den Einsatz von fremden Marken oder Namen als Hashtag, wenn hierdurch der unzutreffende Eindruck entstehen könnte, es bestehe ein Kooperationsverhältnis oder Sie würden sich das herausragende Image einer bekannten Marke ohne jeden berechtigten Anlass zu eigen machen. Zulässig ist es natürlich, fremde Marken als Hashtag einzusetzen, wenn Sie die entsprechenden Waren oder Dienstleistungen selbst anbieten bzw. der Rechteinhaber seine Einwilligung erteilt hat. Beachten Sie wie immer das Berufs- und Heilmittelwerberecht (also kein »#BesterDen-

tistInBerlin«) und vermeiden Sie auch unter wettbewerbsrechtlichen Gesichtspunkten irreführende Hashtags (»#ÄltesteZahnarztpraxisAmPlatz«, zumindest, wenn das falsch ist).

◘ **Abb. 2.21** Datieren

Beispiel für einen Post mit einem Hashtag

In unserem Fall hält Herr Dr. Stefan Beispiel auf dem Kongress DENTISTRY in Berlin einen Vortrag zum Thema »Sanfte Paradontosebehandlung«, also kann er folgenden Post setzen:

»Dr. Stefan Beispiel ist am nächsten Mittwoch auf dem Kongress DENTISTRY in Berlin und hält einen Vortrag zum Thema #Parodontose.«

Ein Post enthält bitte nicht mehr als zwei Hashtags, denn sonst wirkt es penetrant. Und setzen Sie nicht einen Hashtag wie beispielsweise #Berlin, denn die Zahl der Treffer wäre garantiert zu hoch. Sie haben eine Krisensituation, und die Medien oder die Personen im Ort haben es auf Sie abgesehen? Oder Sie wissen von einem Patienten, der mit Ihnen sehr unzufrieden ist, und fürchten, dass dieser auch über Facebook schlecht über Sie redet oder schreibt? Dann geben Sie einfach Ihren Namen als Hashtag ein, und erfahren Sie, was bei Facebook (weltweit) über Sie getuschelt wird.

- **Checkliste: Welche Begriffe sind als Hashtag geeignet?**
– Trendthemen (Was steht gerade in allen Zeitungen? Das interessiert die Leute!)
– Schwerpunkte der Praxis
– Dienstleistungen, die Sie von anderen abheben

Einen Post zeitlich planen

Sie wollen einen Post morgens um 10 Uhr veröffentlichen, aber Sie wissen schon jetzt, Sie haben eine volle Sprechstunde und können dann nicht posten. Vielleicht sind Sie auch auf einer Fortbildung oder sogar im Urlaub. Vielleicht haben Sie gerade heute oder am Wochenende die Ruhe und Zeit zu posten, aber ganz sicher nicht innerhalb der Woche. Und Sie wissen sogar schon ziemlich genau, wann Sie diesen Post eigentlich schreiben wollen? Beispiel: Silvester. Sie möchten die besten Silvestergrüße um genau Punkt 0 Uhr senden, aber haben Silvester eigentlich um 0 Uhr keine Zeit oder Möglichkeiten, dies zu tun? Hier geht das! Sie schreiben einfach schon jetzt Ihre Posts und geben an, wann diese erscheinen sollen – und alles geht automatisch.

Klicken Sie dazu einfach nicht auf »Posten«, sondern auf das kleine Dreieck rechts daneben (◘ Abb. 2.21).

Wenn Sie hier auf »Planen« gehen, öffnet sich ein Fenster, in dem Sie das Datum und die Uhrzeit angeben können, wann Ihr Post online gehen soll. Danach gehen Sie erneut auf »Planen«.

Lassen Sie sich nicht stören von der Angabe UTC. Die UTC ist die koordinierte Weltzeit (Coordinated Universal Time). Es ist die Zeitzone, in der Sie sich befinden.

Einen Post vergessen zu schreiben? Zurückdatieren!

Bei Facebook schreiben Sie einen Post, und er erscheint auch in genau dem Moment. Und Sie können einen Post schreiben und ein Datum für die Veröffentlichung in der Zukunft eintragen, und dann erscheint der Post an dem Tag in der Zukunft.

Was von vielen nicht genutzt wird: Sie können sogar einen Post schreiben, der zeitlich eigentlich in die Vergangenheit gehört. Stellen Sie sich vor, Sie schreiben schon zahlreiche Posts und stellen irgendwann fest, dass Sie ein wichtiges Ereignis »vergessen« haben, zum Beispiel haben Sie vergessen, einer Mitarbeiterin über einen Post zum Geburtstag zu gratulieren, und Sie wollten unbedingt als Experte zum Tag der »Zahngesundheit« dazu etwas posten – und Sie haben es einfach vergessen. Dann tun Sie Folgendes: Sie klicken wieder auf das Dreieck neben »Posten« und dann auf »Zurückdatieren«. Hier wählen Sie nun wieder den entsprechenden Zeitraum aus. Aber Achtung: Sie können einen Post nur bis maximal zum Gründungsdatum

»zurückdatieren«, also bis zu dem Datum, das Sie unter »Info« und dann »Seiteninfo« als Startdatum angegeben haben.

Wenn Sie schon einen Post vergessen haben und diesen nachtragen, dann doch bitte so, dass nicht jeder sofort Ihren Fehler bemerkt. Jedes Mal, wenn Sie einen Post schreiben und natürlich veröffentlichen, sehen alle Personen, die Ihre Seite mit »Gefällt mir« angeklickt haben, automatisch diesen neuen Post in der Liste der Neuigkeiten. Das ist eigentlich auch gut, dass jeder sofort sieht, wenn es bei Ihnen eine Neuigkeit gibt. Aber es ist in diesem Fall nicht so sinnvoll, dass jeder sieht, dass Sie diesen Eintrag nachträglich in Ihrer Chronik gesetzt haben. Deswegen setzen Sie bitte hier bei »In den Neuigkeiten verbergen« einen Haken!

Wo bin ich? Pinnnadel zur Ortsangabe

Sie können bei einem Beitrag (also Post) auch gleichzeitig mitteilen, wo Sie sind, also von wo Sie diesen Beitrag schreiben; das ist das unten im Post aufgeführte umgedrehte »Tropfensymbol« mit der aufgeblendeten Beschreibung: »Füge einen Ort zu diesem Beitrag zu«. Stellen Sie sich vor, Sie sind auf einer Fortbildung, vielleicht ein zahnmedizinischer Fachkongress in Kiel, und berichten mit einem Post über eine interessante Neuigkeit, die Sie auf dem Kongress aufgenommen haben und worüber Sie einen Post schreiben wollen. Schließlich kann es sein, dass dort eine interessante Studie zum Thema »Karies bei Kindern« oder »Zähne und Kopfschmerz« vorgestellt wurde, und Sie möchten das als News gerne Ihren Patienten mitteilen, als Post bei Facebook. Dann können Sie nicht nur mitteilen, dass Sie auf irgendeinem Kongress irgendwo sind, sondern hier gleich exakt mitteilen, dass Sie in Kiel sind. Im Post geben Sie »Kiel« ein, und schon bietet Facebook Ihnen zahlreiche Anklickmöglichkeiten. Dort ist dann »Kiel« blau hinterlegt und mit einem Eintrag der Stadt »Kiel« verlinkt. Sie können wahrscheinlich sogar direkt den Kongress finden, auf dem Sie gerade sind, und diesen anklicken, oder Sie tippen einfach den Namen ein, den Sie angeben wollen, vielleicht »Kiel im hohen Norden« oder »Messecenter Kiel«, und dann erscheint es genau so – »Posten« nicht vergessen zu drücken. Tipp: Je präziser Sie den Ort angeben, desto glaubwürdiger und unterhaltsamer.

Es ist aufwändig, aber es erhöht schon die Glaubwürdigkeit, wenn Sie den Ort gleich mit angeben.

> **Der Anwalt rät**
> Die Ortsangaben bei Facebook erfreuen sich zunehmender Beliebtheit. Achten Sie aber darauf, dass Ihre Ortsangaben tatsächlich stimmen. Denn insbesondere frei zugängliche Facebookprofile und -seiten werden gern auch von der Finanzverwaltung oder von Rating-Agenturen angeschaut und von Personen ausgewertet, die nach Ihrem Eigentum trachten, frei nach dem Motto: Ist er in Kiel, kann er nicht zu Hause sein. Insofern sollten Ihre Angaben einerseits grundsätzlich der Wahrheit entsprechen und andererseits Dritte nicht in die Lage versetzen, dies nachteilig für Sie auszunutzen.

2.7.3 Fotos posten

Facebook lebt vor allem von den Fotos. Auch beim Posten von Fotos können Sie wählen zwischen den Varianten Speed und Perfekt.

Klicken Sie einfach im Statusfeld auf das Symbol der Kamera, um ein Foto oder eine Grafik für Ihren Post zu laden. Es öffnet sich dann automatsch ein Fenster mit Ihrer Festplatte. Nun einfach das Foto auf Ihrer Festplatte auswählen und mit einem »Doppelklick« hochladen. Fertig! Zu diesem Foto können Sie nun etwas schreiben (in »Sag etwas über dieses Foto…«).

Mehrere Fotos posten, die zusammengehören und in einen Post sollen?

Was tun, wenn Sie von einem Ereignis gleich mehrere Fotos haben und diese auch zusammenhängend posten wollen, denn Sie sind auf einem Kongress oder haben einige Bilder von Ihrer Patientenveranstaltung?

Speed In dem Fall sehen Sie im Fenster zum Posten »Mehr Fotos hinzufügen« und klicken auf die Fläche neben dem bereits eingefügten Foto. Foto auswählen, und dann klicken Sie auf »Posten«. Fertig.

Perfekt Übertreiben Sie es nicht mit der Anzahl der Fotos. Ein Foto ist sicherlich immer gut, drei können es sein. Mehr sollten es nicht sein, auch wenn es technisch geht, denn dann wird es unübersichtlich. Hier wäre ab drei Bilder ein Album besser geeignet.

Schreiben Sie immer einen kleinen Text dazu, falls Sie mehrere Fotos in einem Post posten, denn dann erscheint hinter dem Text eine Zahl in Klammern, nämlich die Anzahl der Fotos. So machen Sie neugierig auf die noch versteckten Fotos, die man ansonsten nicht vermutet. Aber denken Sie daran, dass die Fotos auch wirklich thematisch zusammengehören; ein Foto Ihrer Patientenveranstaltung neben dem Foto Ihrer Mitarbeiterin, die Praxisjubiläum hat, passt nicht und irritiert.

- **Das Foto ist quer – was nun?**

Facebook lädt das Foto genauso, wie es auf der Festplatte (oder einem Stick) gespeichert ist, und wenn es dort quer abgespeichert ist, dann übernimmt es Facebook auch quer. Sie müssen also auf der Festplatte das Foto drehen und neu abspeichern.

- **Checkliste: Die ideale Pixelgröße des Fotos**

Natürlich können Sie auch ein unscharfes Foto posten, aber wer sieht sich schon gerne unscharfe Fotos in einem Fotoalbum (oder bei Facebook) an, zumal es unprofessionell wirkt? Eine einfache Orientierung und Hilfe:
- Titelbild: 851 × 315 Pixel
- Profilbild: 180 × 180 Pixel
- App-Foto: 117 × 74 Pixel
- Beitragsfoto: 403 × 403 Pixel
- Beitragsfoto (Meilenstein): 843 × 403 Pixel

- **Der richtige Bildausschnitt**

Es kann sein, dass Sie zwar ein schönes Foto haben, aber am rechten Rand stört eine Person im Bild oder Sie möchten nur einen Ausschnitt zeigen. Das Problem können Sie beheben, indem Sie das Foto in einem Bildbearbeitungsprogramm zuschneiden. Bei Facebook gibt es hierfür keine Funktionen.

Foto/Video hochladen

Sie möchten ein Foto oder ein Video posten, dann sind Sie hier richtig. Sie wundern sich nun, dass Sie sowohl hier als auch unter »Status« und dem »Kamera«-Symbol ein Foto posten können? Das ist einer der »typischen« Eigenschaften bei Facebook: Viele Wege führen nach Rom bzw. zu einem Foto im Post.

Ein bis drei Fotos posten

Klicken Sie auf »Foto/Video«, und es erscheinen zwei Felder: »Foto/Video Hochladen« sowie »Fotoalbum erstellen«. Dann klicken Sie links auf »Foto/Video hochladen«, und es öffnet sich der Zugriff auf Ihre Festplatte und mit einem Doppelklick, wie gehabt, wählen Sie die Fotos oder Videos aus.

Video hochladen

Sie wählen wie bei einem Foto auf Ihrer Festplatte das Video aus, Doppelklick auf das Video, dann auf »Posten« klicken und fertig.

Es kann sein, dass Sie die Meldung »Video wird verarbeitet« sehen; klicken Sie hier auf »Schließen«. Sie erhalten auf Ihrem Profil eine Nachricht, wenn das Video geladen ist. Kleiner Tipp: Einfacher und schneller ist es, wenn Sie ein paar Sekunden warten und die Facebookseite neu laden, indem Sie auf Ihre Facebookseite oben rechts neben »Startseite« auf Ihren Praxisnamen klicken. Dabei darf das Video maximal 1.024 MB aufweisen und nicht länger als 20 Minuten dauern.

> **Der Anwalt rät**
>
> Auch bei Bewegtbildern, also Videos, gilt das für Fotografien Gesagte entsprechend. Bewegtbilder sind als Filmwerke oder Laufbilder eigentlich immer urheberrechtlich geschützt. Lediglich der Urheber oder die Person, die entsprechende Rechte übertragen bekommen hat, darf über die Videos verfügen. Haben Sie das Video selbst anfertigen lassen oder Dritte mit der Anfertigung beauftragt, ist in den schriftlichen Vereinbarungen mit Dritten wiederum dafür Sorge zu tragen, dass im Hinblick auf die von Ihnen beabsichtigten Nutzungen alle erforderlichen Rechte auch tatsächlich an

> Sie übertragen werden. Achten Sie hier vor allem auf etwaige örtliche, zeitliche oder sachliche Einschränkungen, etwa im Hinblick auf die konkrete Verwendungsform, die Sie einschränken. Sofern Sie das Material nicht nur für einen Facebookauftritt oder einen Youtube-Channel verwenden wollen, sondern zum Beispiel auch für eine Ausstrahlung in der Praxis, sollte dies in der entsprechenden Vereinbarung mit Dritten auch ausdrücklich beschrieben werden. Ein Rechtsanwalt hilft Ihnen dabei, eine sachgerechte Lizenz- und Nutzungsvereinbarung zu formulieren, die Ihren Interessen entspricht.

Sie haben einen eigenen Imagefilm? Sehr gut! Die Länge sollte zwischen 1,5 und maximal 5 Minuten liegen. Im Idealfall zeigen Sie Ihren Imagefilm in einem eigenen Tab!

Videos von Youtube posten

Sie haben ein Lieblingsvideo bei Youtube oder einem ähnlichen Portal, und das möchten Sie posten? Einfach das Video aufrufen, die Internetadresse kopieren und einsetzen in das Statusfeld. Fertig.

> **Der Anwalt rät**
> Unterscheiden Sie zunächst danach, ob Sie irgendwo ein Video heruntergeladen haben und es nun posten wollen oder beabsichtigen, einen Link zu einem bei Youtube bereits eingestellten Bewegtbild auf Ihre Facebookseite einzustellen. Rechtlich macht das einen gewaltigen Unterschied.
> Inhalte, an denen Sie keine Rechte haben, dürfen Sie natürlich auch nicht vervielfältigen oder online zum Abruf bereitstellen. Im ersten Fall dürfen Sie also nur mit eigenen oder an Sie lizensierten Inhalten Postings bei Facebook vornehmen. Der zweite Fall betrifft eine wesentliche und systemimmanente Funktion bei Facebook – dem Teilen von Inhalten durch Verlinkung oder im Wege des sog. »Embedding«. In diesem Fall nehmen Sie streng genommen weder eine Vervielfältigung vor noch stellen Sie das Video zum Abruf bereit – es liegt ja bereits zum Abruf bei Youtube. Urheberrechtlich sind solche Verlinkungen und auch das »Embedding« also im Regelfall unproblematisch. Ob aber unter Umständen bei dem Verweis auf eine rechtswidrige Quelldatei an einer etwaigen fremden Rechtverletzung mitgewirkt wird und wie sich die Haftungssituation darstellt, ist noch immer umstritten. Rechtssicher sind vor allem solche Posts, die sich auf Inhalte beziehen, an denen Sie eigene Rechte besitzen oder die von dem Rechteinhaber selbst einer breiten Öffentlichkeit zum Abruf oder gar zum Teilen zur Verfügung gestellt wurden. Die erforderliche Einwilligung, die Inhalte weiter über soziale Netzwerke zu verbreiten, wird man hier mit guten Argumenten annehmen können. Dies gilt zumindest dann, wenn der Einsteller zum Upload und zur Veröffentlichung berechtigt gewesen ist. Beachten Sie außerdem, dass Sie sich durch das Teilen und »Liken« bestimmter Inhalte diese nach deutschem Recht eventuell zu eigen machen. Dies bedeutet, dass im Falle der Rechtswidrigkeit der Inhalte unter Umständen Ihre (Mit-)Haftung durch Zurechnung in Betracht kommen kann. Deshalb ist Folgendes wichtig: Nutzen Sie die facebooktypischen Kommunikationsmittel wie den »Gefällt-mir«-Button oder das Teilen nur, wenn Sie keine offensichtliche Rechtsverletzung hinter dem von Ihnen in Bezug genommenen Inhalt erkennen können. Um sicherzugehen, distanzieren Sie sich in kritischen Fällen in der Kommentierung, um ein Zueigenmachen auszuschließen. Besser als den geteilten Inhalt mit den Worten »Genau so ist es!« zu kommentieren, ist unter diesem Gesichtspunkt sicherlich der Kommentar »XY stellt neue Studie zu Antidepressiva vor. Ob sich die Ergebnisse bestätigen, bleibt abzuwarten.«

Mehr als drei Fotos posten?

Sie können nun zahlreiche Fotos zu einem Thema in einen Post setzen. Aber da nur drei Fotos in dem Post zu sehen sind und die weiteren Fotos erst mit

● Abb. 2.22 Album

einem Doppelklick in die Fotos zu sehen sind, empfiehlt sich hier eine bessere Lösung: das Fotoalbum! Natürlich können Sie auch viele Fotos einfach ohne Album posten, aber vergessen Sie nicht das eigentlich Ziel: Sie wollen, dass die Facebookuser Ihre Fotos ansehen, und das geht bei einer Ansammlung von vielen zusammengehörigen Fotos mit einem Album effektiver.

Speed In dem Postfenster auf das Kamera-Symbol klicken und auf der Festplatte Fotos auswählen. Fertig. (2 Minuten)

Perfekt Sie haben zu einer Veranstaltung oder einem Thema zahlreiche Fotos? Vielleicht Fotos zu Ihrer Eröffnungsfeier oder Fotos einer Patienteninformationsveranstaltung? Dann sollten Sie dafür ein Fotoalbum erstellen. Dazu klicken Sie zuerst auf »Foto/Video« und dann rechts auf »Fotoalbum erstellen«, und es öffnet sich wieder die Festplatte. Mit einem Doppelklick auf die entsprechenden Fotos wählen Sie die Fotos für das Fotoalbum aus. Jetzt öffnet sich ein neues Fenster, und oben steht »Unbenanntes Album«. Hier bitte hineinklicken, und nun geben Sie diesem Album einen Namen, zum Beispiel »Impressionen unserer Praxis«. Darunter sehen Sie ein Feld, beschriftet mit: »Sag etwas über dieses Album …«. Hier können Sie ergänzende Informationen notieren, also zum Beispiel, wie viele Teilnehmer es auf dem Kongress gab oder welches Thema hier hauptsächlich behandelt wurde. Um weitere Fotos auszuwählen, klicken Sie stets unten links auf »Weitere Fotos hinzufügen«. (5 Minuten)

Diese Fotos müssen etwas mit der Praxis zu tun haben, also wenn Sie auf einem Kongress waren, dann sollten Sie Ihren dortigen Vortrag erwähnen und vielleicht gleich auch (verständlich!) wiedergeben, was Sie besonders interessant fanden (und dabei immer bedenken, ob das die Leser auch interessant finden). Bei einem Album sollten Sie mindestens vier Fotos anbieten. Theoretisch passen bis zu 1.000 Fotos in ein Album, aber Sie sollten die Zahl 20 nicht überschreiten. Unten links ist ein Feld mit dem Namen »Hohe Auflösung« zu sehen. Wenn Sie das anklicken, dann werden die Fotos in bessere Qualität geladen. Optisch verbessert sich die Bildschärfe für den Betrachter, aber es spielt eher dann eine Rolle, wenn die Fotos heruntergeladen werden. Empfehlung: Wählen Sie die hohe Auflösung, denn ein Foto lebt von der Qualität, auch wenn es vielleicht etwas länger dauern sollte mit dem Laden (● Abb. 2.22).

Fotos oder Videos löschen

Ihnen gefällt das Foto oder das Video nicht und es soll entfernt werden? Das geht sehr leicht. Mit der Maus auf das Bild oder Video fahren, oben rechts erscheint ein Stift, darauf klicken und »löschen«, fertig.

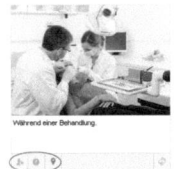

○ Abb. 2.23 Bildinformationen

Detaillierte Bild-/Video-Informationen
Sie können jedes einzelne Foto (oder Video) genauestens beschreiben, mit Ortsangabe, und die Personen (mit Namen) markieren sowie genaueste Angaben erstellen, wann das Foto erstellt wurde. Das wäre schon sehr professionell, kostet aber viel Zeit. Oder Sie differenzieren nicht so genau nach jedem Foto, sondern geben eine allgemeine Information für das ganze Album an. Keine Informationen zu geben ist natürlich auch möglich, wir empfehlen Ihnen aber schon ein paar ergänzende Informationen, damit der Betrachter, der Sie gar nicht kennt, überhaupt weiß, was dort zu sehen ist.

Speed Ein paar Infos zum Fotoalbum sind schon wünschenswert, und hier bietet Facebook einige Möglichkeiten an. Oben rechts klicken Sie in das Feld »Wo wurde diese aufgenommen?« und tragen den Ort ein. Hier bietet Ihnen Facebook zahlreiche Möglichkeiten an, bis hin zu den jeweiligen Kongressen oder Straßen oder Ortsteilen oder sogar Gebäuden. Ob Sie die auswählen oder selbst etwas eintragen, liegt bei Ihnen. Dann klicken Sie rechts daneben auf »Datum hinzufügen«.

Hier setzen Sie den Punkt auf »Verwende Daten von Fotos« und »Speichern« klicken! Nun zeigt Facebook bei allen Fotos automatisch das Datum der Erstellung (Jedes Erstellungsdatum ist im digitalen Foto gespeichert). Sie wollen ein anderes Datum eingeben? Dann klicken Sie auf »Datum auswählen« und wählen das gewünschte Datum aus – es ist das Datum, das dann als Erstellungsdatum erscheint. Jetzt unten rechts auf »Fotos posten« klicken und fertig! (3 Minuten)

Perfekt Sicherlich können Sie jedem Foto des Albums ganz individuelle Informationen geben, zum Beispiel die Information, wer darauf zu sehen ist. Unter jedem Foto befindet sich ein Feld mit dem Namen »Sag etwas über dieses Foto …«. Hier klicken Sie hinein und geben weitere Informationen zu diesem Foto, also zum Beispiel, wer zu sehen ist oder was gerade für eine Situation zu sehen ist. (10 Minuten)

Unter den Bildern sehen Sie nun drei Symbole (○ Abb. 2.23).

Hier können Sie:
- Personen markieren, die auf den Bildern zu sehen sind
- Ein Datum hinzufügen, an dem das Bild entstanden ist
- Einen Ort hinzufügen

■ **Personen markieren**
Hier geht es darum, Personen, die wie bei einem Fotoalbum auf einem Foto zu sehen sind, in Ihrem Post zu markieren und die jeweiligen Namen zu nennen. Allerdings können Sie nicht irgendwelche Namen eingeben, sondern Facebook bietet Ihnen Namen an, und zwar nur Namen von Personen, die ebenfalls bei Facebook sind. Der Vorteil ist, dass der Betrachter dann mit nur einem Klick direkt auf das Facebookprofil dieser Person gelangt. Fahren Sie einfach mit der Maus in das Foto, fahren Sie mit der Maus auf einen »Kopf«, und Sie sehen, dass Facebook automatisch dieses Gesicht erkennt und mit einem Quadrat umschließt. Sie können nun mit der Maus den Namen auswählen. Fertig.

Dieses Markieren, inkl. dem Namen, erscheint dann übrigens auch als Nachricht bei den Personen, die markiert wurden. Übrigens können Sie diese Funktion aus marketinggesichtspunkten gut nutzen! Denn alle Freunde der markierten Person erhalten nun in deren Neuigkeiten diesen kompletten Post, und werden somit auf diese/Ihre Facebookseite aufmerksam.

> **Der Anwalt rät**
> Markieren Sie Personen nur mit deren ausdrücklichem Einverständnis. Durch die Markierungen werden Personen für jedermann erkennbar, und es können insoweit Persönlichkeits-, Bildnis- oder andere Rechte verletzt werden, nicht zuletzt die ärztliche Schweigepflicht und der Patientendatenschutz. Prüfen Sie

insbesondere immer, ob die markierten Personen richtig bezeichnet sind, um Irreführungen zu vermeiden.

Wie fänden Sie das, wenn Sie auf einem Foto zu sehen wären und darunter ein ganz anderer Name stände? Also immer die Daten auf Richtigkeit prüfen!

Facebook fügt übrigens jedem Foto automatisch das Erstellungsdatum zu, welches Sie sogar noch individuell ändern können – Gleiches gilt für den Ort. Aber was ist, wenn Sie die Erstellungszeit tatsächlich verändern wollen?

- **Individuelle Zeit der Erstellung je Foto**
Dies kann dann relevant sein, wenn zum Beispiel die Digitalkamera ein falsches Datum angibt oder die Fotos in Australien aufgenommen wurden und somit eine andere Zeit angeben. Einfach anklicken und die gewünschte Zeit auswählen – dies geht sogar minutengenau.

- **Exakte Ortsangabe**
Es könnte sein, das ein Kongress zwar in Kiel stattfand, aber das attraktive Abendprogramm, das Sie auch fotografisch festgehalten haben, fand auf hoher See statt, auf einem Boot oder in einem besonderen Hotel, und genau das möchten Sie Ihren Fans zeigen. Dann ist es schon angebracht, den Ort zu präzisieren. Das kann nun individuell geändert werden. Dazu klicken Sie unten neben der Uhr. Jetzt auf »Posten« klicken.

Was ist an einem Fotoalbum vorteilhaft?

Ein Fotoalbum macht schon was her, denn dann erscheint in Ihrem Post ein Foto besonders groß, und darunter sind mehrere kleinere Fotos zu sehen, die damit anzeigen, dass es hier noch mehr Fotos zu sehen gibt. Das macht neugierig. Außerdem befindet sich dieses Album gesondert als »Album« in dem Tab »Fotos«. Sie sehen die Bilder auf »Fotos« bei den Tabs und sehen dann rechts »Album«, und beim Klicken darauf sehen Sie Ihre Fotoalben.

> **Tipp des PR-Beraters**
> Fotoalben eignen sich hervorragend für geschlossene Themen. Wenn Sie also auf einem Kongress waren, dann legen Sie einfach alle Kongressfotos in ein Album, aber auch nur die – und wenn ein Foto davon richtig gut ist, dann haben Sie gleich ein schönes Titelbild!

2.7.4 Angebot posten

Für den Fall, dass Sie nun verzweifelt im Statusfenster nach dieser Funktion suchen: Sie ist erst ab 50 »Gefällt-mir«-Angaben verfügbar. Angebote bei Facebook dienen dazu, Rabatte oder Preisnachlässe zu verbreiten, was bei einem Elektronikfachmarkt sicherlich unkompliziert ist – bei einer Arztpraxis hingegen ist das schon schwieriger.

Haben Sie einen Online-Shop, in dem Sie Produkte verkaufen, oder bieten Sie in der Praxis Produkte oder Leistungen an, die Ihre Patienten selbst zahlen müssen? Dann können Sie bei Facebook eine Angebotsaktion veröffentlichen. Besonders interessant ist hier die CTR (Click-Trough-Rate), denn die sagt aus, wie viele Facebooknutzer, die das Angebot gesehen haben, auch auf das Angebot klickten. Diese Quote liegt bei etwa 4% und ist damit um etwa das Hundertfache höher als bei anderen Werbemaßnahmen. Die Nutzer haben die Möglichkeit, den Beitrag zu teilen oder das Angebot in Anspruch zu nehmen. Dadurch wird es auf deren Pinnwand veröffentlicht und die Reichweite Ihrer Seite somit erhöht.

Ein Angebot erstellt man so:
- Im Statusfeld auf »Angebot, Veranstaltung« klicken, dann im neuen Fenster auf »Angebot«.
- Ein neues Fenster öffnet sich, in dem Sie das Angebot erstellen können.
- Titel eingeben, zum Beispiel »10% Preisnachlass«.
- Beschreibung eingeben, zum Beispiel »10% Preisnachlass auf die neue aufhellende Zahncreme«.
- Dazu Bild auswählen und hochladen, zum Beispiel das jeweilige Produkt, das Sie vergüns-

tigt anbieten, oder ein Behandlungsinstrument (Facebook zeigt dazu Bilder an, die auf der Seite schon hochgeladen wurden).
- Ablaufdatum auswählen: Bis wann ist die Aktion gültig?
- Begrenzung des Angebots: Hier bitte eine Begrenzung auswählen oder Zahl angeben, wie viele Personen das Angebot wahrnehmen können (bei Erfolg können Sie es dann wiederholen).

Wenn jemand ein Angebot beansprucht, erhält er/sie eine E-Mail, die er/sie in der Praxis vorzeigen kann, oder einen Code, der im Online-Shop angegeben werden kann, um den Preisnachlass zu erhalten.

> **Der Anwalt rät**
> Nutzen Sie diese Funktion nur sehr zurückhaltend und erst nach fachkundiger Prüfung! Wie bereits dargelegt, legt die Berufsordnung weitgehende Unvereinbarkeiten mit der ärztlichen Tätigkeit fest. Hierzu gehört, im Zusammenhang mit der Ausübung der ärztlichen Tätigkeit keine Waren und andere Gegenstände abzugeben oder abgeben zu lassen, wenn diese nicht notwendiger Bestandteil der ärztlichen Therapie sind. Auch deren anpreisende Bewerbung könnte sich als berufswidrig darstellen. Steht das Interesse am gesundheitlichen Wohlbefinden des eigenen Patienten im Vordergrund und erfolgt etwa ein Verkauf von Prophylaxe-Produkten zum Beispiel nach fachlicher Beratung und zu marktüblichen Bedingungen, kann dies zulässig sein. Ab einem gewissen Umsatz über derartige Shops werden aber oft ein wirtschaftliches Eigeninteresse des Praxisinhabers und damit ein berufsrechtlicher Verstoß vermutet. Denken Sie zudem daran, dass zahnärztliche Leistungen nach der GOZ abgerechnet werden. Insofern ist es diesbezüglich unzulässig, hierfür Wertgutscheine, Rabatte oder kostenlose Behandlungen anzubieten. Im Falle sogenannter Verlangensleistungen nach § 2 Abs. 3 GOZ, die nicht in der GOZ beschrieben sind, ist eine Vereinbarung von Pauschalbeträgen zwar erlaubt. In diesen Fällen muss jedoch die Vereinbarung mit dem Patienten zwingend vor Erbringung der zahnärztlichen Leistung schriftlich abgeschlossen werden.

Ein Trick ist, zulässige Angebote von Leistungen wie etwa der professionellen Zahnreinigung nur auf Facebook zu platzieren und nicht auf der Website oder als Flyer in der Praxis auszulegen. Denn so kreieren Sie einen Grund, regelmäßig auf Ihrer Facebookseite zu schauen!

2.7.5 Veranstaltungen posten

Sie haben Ihre Eröffnungsfeier oder Jubiläumsfeier oder eine interessante Patientenveranstaltung? Dann sollten Sie dies über Facebook auch mitteilen und dort posten. Dazu klicken Sie in dem Feld, in dem Sie posten, auf »Angebote, Veranstaltung«.

Nun erscheint ein Fenster mit der Beschriftung »Neue Veranstaltung für … erstellen«. Hier tragen Sie bitte den Namen der Veranstaltung ein und ergänzen Details. Wahrscheinlich ist Ihr Praxisort schon automatisch aktiviert und sofort zu sehen, aber Sie können auch einen anderen Ort eingeben, denn vielleicht findet Ihre Veranstaltung in einem Krankenhaus statt oder in einem Hotelseminarraum? Bei Anmeldungen oder Einrittskarten können Sie zum Beispiel einen Link einfügen zu Ihrer Internetseite, auf der sich interessierte Personen eintragen können, oder Sie geben hier eine Telefonnummer an, zum Beispiel die Ihrer Praxis, oder eine E-Mail-Adresse (explizit zur Anmeldung). Diese Anmeldeinformationen können Sie auch gleich in dem Bereich »Details« mitteilen. Bei Datum bitte das Datum der Veranstaltung eingeben. Bei »Nur Administratoren können etwas an die Pinnwand der Veranstaltung posten« setzen Sie bitte einen Haken.

Obwohl Facebook dazu dient, Interaktion zu bieten und zu fördern, ist es besser für die Praxis, Veranstaltungen dieser Art nicht zum Kommentieren freizugeben, da nicht über eine ernsthafte Veranstaltung diskutiert werden sollte, durchaus aber auf der Veranstaltung diskutiert werden darf.

Bei »Zielgruppe hinzufügen« können Sie festlegen, welche Personen, die Ihre Praxis geliked haben, von dieser Veranstaltung in deren Neuigkeiten lesen. Hier bitte bei der Zielgruppe keine Einschränkungen vornehmen (◘ Abb. 2.24).

Jede spezifische Eingrenzung bedeutet auch, dass weniger Personen, die Sie geliked haben, darauf aufmerksam werden. Das macht keinen Sinn, denn Sie wollen ja viele Menschen ansprechen. Losgelöst davon steht für alle Besucher Ihrer Facebookseite zudem oben in dem Tab »Veranstaltung« sichtbar diese Veranstaltung. Deshalb die Empfehlung: Keine Zielgruppen auswählen. Sie kennen diese wahren (!) »Horrorgeschichten«, dass irgendwelche Teenager zu einer kleinen Feier geladen haben, die bei der Zielgruppe keine Einschränkungen angegeben haben, und dann kamen Zehntausende? Theoretisch ist das hier auch denkbar, aber ganz ehrlich: Weder Tausende noch Hunderte werden zu Ihrer Praxisveranstaltung (in unserem Fall »Zähneputzen lernen«) kommen, auch dann nicht, wenn dort von freien Snacks und kostenlosem Begrüßungsgetränk die Rede ist. Und sollten tatsächlich Tausende kommen, na wunderbar, dann haben Sie einen hervorragenden Ruf, wirklich genug zu tun, und anscheinend eine hervorragenden Facebookseite.

Foto zur Veranstaltung hinzufügen
Nun klicken Sie auf »Veranstaltungsfoto hinzufügen«, und Sie können ein Foto hochladen, und zwar entweder ein Foto bereits aus den bei Facebook abgespeicherten Fotos oder ein Foto von Ihrer Festplatte.

Das Foto sollte in einem Zusammenhang stehen und ansprechend sein. Also in diesem Fall bitte keinen illustrierten abgestorbenen Zahn zeigen, sondern vielleicht eine lächelnde Person mit schönen Zähnen (◘ Abb. 2.25).

> **Der Anwalt rät**
> Achten Sie bei der Auswahl des Fotos auf die bereits dargestellten Standards zu Urheber- und Nutzungsrechten sowie zur Einwilligung

◘ **Abb. 2.24** Veranstaltung Einstellungen

abgebildeter Personen. Lichten Sie bei Fotos zudem nur sehr eingeschränkt Marken und Kennzeichen Dritter ab, insbesondere wenn diese prominent das Bild (»großer Porsche vor kleinem Praxisschild«) prägen sollten; dies könnte unter Umständen als unzulässige Rufanlehnung oder -ausbeutung gewertet werden. Aber nicht jede fremde Marke, die »en passant« in einem Foto auftaucht, ist problematisch – hier kommt es auf die Art der Einbindung und die Wirkung auf Dritte an. Steht eine fremde Marke oder ein geschütztes Design prägend im Mittelpunkt des Fotos, so ist das natürlich anders zu bewerten als wenn der Zahnarzt lediglich seine Praxis oder eine Behandlungssituation porträtieren will und in diesem Zusammenhang als Beiwerk auch fremde Kennzeichen oder Geräte abgebildet werden.

Reichweite erhöhen: Teilen
Ziel ist es, dass möglichst viele Personen von dieser Veranstaltung erfahren. Eine Möglichkeit ist, dass diese Veranstaltung nicht nur in dem Veranstaltungstab erscheint, sondern auch als Post in der Chronik. Dazu klicken Sie oben auf »Teilen« und fügen eine kurze Anmerkung ein, wie zum Beispiel: »Wir freuen uns auf Ihre Teilnahme« oder »Veranstaltungstipp«. Zwar haben Sie nun in Ihrer Chronik zweimal den gleichen Hinweis zur Veranstaltung, aber beim »Teilen« können Sie noch einen Kommentar hinzufügen, quasi eine persönliche Mitteilung.

Jetzt klicken Sie unten auf »Veranstaltung teilen«, fertig.

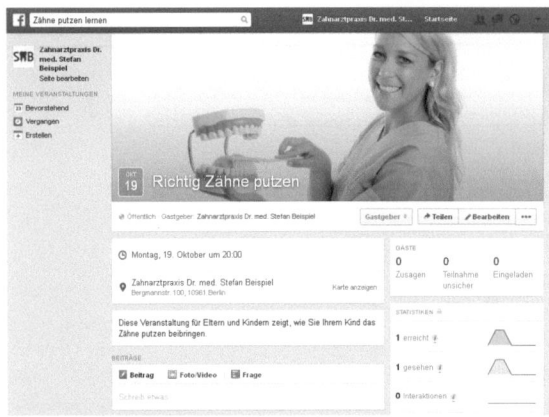

Abb. 2.25 Veranstaltung

> **Tipp des PR-Beraters**
>
> Gehen Sie nicht über den Weg »Posten«, der Ihnen ebenfalls in dem Fenster angeboten wird. Denn dann erscheint in der Chronik nichts weiter zur Veranstaltung.

Gästeliste

Bei der Gästeliste wird jeder Teilnehmer, der sich über Facebook akkreditiert, auch öffentlich gezeigt, es ist also eine öffentliche Gästeliste. Hier entfernen Sie bitte das Häkchen bei »Gästeliste«.

Sie werden eine größere Reichweite erreichen, wenn Sie dieses Häkchen stehen lassen. Aber unser Tipp: Entfernen Sie das Häkchen, da, je nach Veranstaltungsthema, schon ungewünschte Assoziationen entstehen können. Beispiel: Sie geben als Zahnarzt eine Veranstaltung zum Thema »Dritte Zähne« oder »Zahnlücken«, und wenn jeder Facebookuser Ihrer Seite sehen kann, wer sich zu diesem oder jedem Thema anmeldet, kann das für die betreffenden Personen schon zu Gerüchten führen (»Ach, der Nachbar leidet anscheinend unter besonders schlechten Zähnen!«).

2.7.6 »Meilensteine« der Praxisgeschichte

Es gibt sie bestimmt, diese besonderen Ereignisse oder das besondere Datum einer Praxis: die Eröffnung oder ein weiterer Arzt wird Partner der Praxis oder ein Umzug der Praxis oder der 1.000 Patient oder oder oder. Meilensteine sind sicherlich individuell für jeden Arzt oder für jede Praxis. Wer sich für die Geschichte der Praxis interessiert, der interessiert sich, wie bei einem Lebenslauf, auch für die herausragenden, besonderen Ereignisse. Diese besonderen Ereignisse der Praxisgeschichte können Sie bei Facebook als »Meilensteine« besonders hervorheben.

Dazu gehen Sie bitte in das Feld, in dem Sie posten, dort befindet sich oben rechts das Feld »Angebote, Veranstaltungen«, dort klicken Sie, und es öffnet sich ein Fenster, in dem Sie »Meilensteine« lesen. Haben Sie allerdings weniger als 50 »Gefällt mir«-Angaben, steht hier »Veranstaltungen, Meilensteine«. Dort klicken Sie dies an, und es öffnet sich ein neues Fenster. Füllen Sie die Felder aus, wählen Sie unbedingt (!) ein Foto aus, das wirklich als Botschaft positiv diesen Meilenstein darstellt. Auf »Speichern« klicken, fertig.

Zwar können Sie eigentlich mehrere Fotos hier auswählen, aber belassen Sie es bei jedem Meilenstein bei einem Foto, dieses Foto sollte dann aber wirklich prägnant sein. Ein Meilenstein ist ein Meilenstein, also ein wirklich besonders Ereignis.

- **Checkliste: Beispiele für Meilensteine**
- Dass die Praxis-Azubine Geburtstag hat, ist ganz sicherlich kein Meilenstein, auch nicht die Hochzeit des Praxisarztes, denn was hat das zu tun mit der Praxis?

- Anders sieht es aus, wenn die Praxisinhaberin heiratet und einen neuen Namen annimmt, denn dann ändert sich der Name der Praxis, und das ist schon ein Meilenstein.
- Der neue Parkplatz der Zahnarztpraxis ist auch kein Meilenstein.
- Ein aufwändiger Anbau oder sogar Umzug in neue Räume ist schon ein Meilenstein.
- Ein besonders teures, neues radiologisches Gerät ist auch ein Meilenstein.

Wer eher Selbstverständliches als Meilensteine wählt, zum Beispiel die Einstellung einer Arzthelferin oder die neuen Stühle im Wartezimmer, zeigt damit auch sein »kleinkariertes« Denken, und das ist für einen Arzt imageschädigend. Meilensteine können sich zu Beginn einer Praxis durchaus mehrfach im Jahr darstellen. Aber je länger eine Praxis am Markt ist, desto größer werden die Abstände zu den Meilensteinen, sprich: Wer nach fünf Jahren Praxisbestehen noch jedes Jahr einen Meilenstein hat, muss entweder enorm expandieren und investieren, oder er zeigt damit anschaulich einen Einblick in sein Ego (»Alles, was ich tu, sind Meilensteine …«).

2.8 Gefällt mir

Dies ist der wohl populärste Teil von Facebook, auch als Daumensymbol populär geworden. Jeder Post, ganz gleich, von wem, und ganz gleich, ob Profil oder Seite, besitzt für den Facebookbesucher die Möglichkeit, sich dazu zu äußern. Und zwar mit einem einfachen »Gefällt-mir«-Klick unter dem betreffenden Post. Es besteht dadurch eine gute Möglichkeit, zu sehen, wie gut oder weniger gut ein Post eigentlich wahrgenommen wird bzw. wie sehr dieser Post eigentlich ankommt. Wenn Sie viele »Gefällt-mir«-Angaben haben, dann »outen« sich genau diese Personen dazu, das, was Sie geschrieben haben, gut zu finden, und stehen dazu, öffentlich, und zeigen es bekennend mit einem personalisierten »Gefällt mir«.

Wo steht dieses »Gefällt mir«? Sie haben es bestimmt schon entdeckt: unter jedem Post, der geschrieben und veröffentlicht wurde.

Es sollte stets Ihr Ziel sein, auf jeden Post möglichst viele »Gefällt-mir«-Angaben zu erhalten. Denn wenn eine Person bei Ihnen einen Post mit »Gefällt mir« klickt, dann sehen dies alle »Freunde« dieser Person (also Personen, die mit dieser Person über Facebook verbunden sind). Ihre Reichweite erhöht sich also enorm mit jedem erhaltenen »Gefällt mir«.

> **Der Anwalt rät**
> Achtung, bedenken Sie vor dem Klick des »Gefällt-mir«-Buttons: Hierdurch dokumentieren Sie, dass Sie sich mit einem fremden Inhalt identifizieren, ihn sich also quasi zu Eigen machen. Posten Nutzer auf Ihrer Facebookseite etwa Inhalte, die ärztliches Werberecht verletzen (»Zahnarzt Z. bietet 100 Prozent Erfolgsgarantie!«), dürfen Sie diese natürlich nicht »liken«. Da aber zum Beispiel Äußerungen Dritter (Dank, Anerkennung und Empfehlungen) nach der HWG-Novelle nur noch dann verboten sind, wenn sie in missbräuchlicher, abstoßender oder irreführender Weise erfolgen, dürfen Sie in Ihrer Chronik entsprechende Posts von Patienten (»Danke an Dr. Z., der mich fachlich kompetent behandelt hat!«) im Regelfall dulden – und sogar den »Gefällt-mir«-Button drücken.

2.9 Kommentieren

Jemandem gefällt Ihr Post so gut, dass er etwas dazu schreiben will, also kommentieren will? Oder der Leser Ihres Posts hat eine Ergänzung dazu oder ihm gefällt etwas gar nicht an dem Post? Dann ist der Button »Kommentieren« ideal. Dazu klickt der Leser einfach bei dem betreffenden Post auf »Kommentieren« und schreibt dazu seine Anmerkungen. Nun kann jeder, auch Sie, diesen Kommentar wiederum auch mit »Gefällt mir« markieren, also »liken«, oder auf diesen Kommentar wieder einen Kommentar abgeben. Es entsteht sozusagen ein digitales Gespräch.

Dass Personen einen Kommentar schreiben, ist erst einmal super, denn Sie haben es geschafft, dass

Personen Ihren Post lesen und sich sogar die Mühe machen und Zeit nehmen, diesen zu kommentieren – und jeder liest es.

2.10 Teilen

Jemand findet Ihren Post so gut oder interessant oder auch unterhaltsam, dass er genau diesen Post seinen Freunden oder Fans präsentieren will. Dazu können Personen zum Beispiel diesen Post auf der eigenen Chronik veröffentlichen oder auf der eines Freundes oder in einer Gruppe oder in einer privaten Nachricht versenden. Facebookseiten, zum Beispiel andere Praxisseiten, können diesen Post ebenfalls »teilen« und auf deren eigener Chronik zeigen.

Stört Sie das, dass andere Facebookuser Ihren schönen Post einfach als eigenen verwenden oder versenden? Keine Sorge, das ist sehr gut, denn eine größere Bestätigung können Sie nicht bekommen, dass Ihr Post gut ist. Bedenken Sie, dass grundsätzlich jeder sieht, von wem der geteilte Post kam, und schon stellen Sie sich wieder einem erweiterten Personenkreis vor.

> **Der Anwalt rät**
> Auch hier gilt: Prüfen Sie vor dem Teilen, ob Bedenken gegen den zu teilenden Inhalt bestehen. Ist das der Fall, sollten Sie sich diesen nicht durch Teilen zu Eigen machen – oder nur mit einer entsprechenden Kommentierung, die Ihre Distanz hierzu dokumentiert (»Neue Studie zur Behandlung von Parodontose: Nicht meine Auffassung, aber interessanter Diskussionsansatz von Professor Z.«).

2.11 Was ist die Chronik?

Die Chronik ist denen, die Facebook schon kennen, auch als Timeline bekannt, so wird sie auch in der englischen Sprache benannt. Die Chronik ist quasi all das, was Sie auf Ihrer Facebookseite sehen, also das Titelbild, die Posts und Tabs (◘ Abb. 2.26).

◘ Abb. 2.26 Chronik

2.12 Was sind gute Themen zum Posten?

Was erwartet ein Facebookuser von einem Post? Und was erwartet ein Facebookuser von einer Facebookseite einer Zahnarztpraxis? Und was erwartet ein Facebookuser wohl von Ihrer Praxis? Vergleichen Sie es mit einer regionalen Zeitung, was die bieten muss:
- regionale News (das sind Infos aus Ihrer Praxis),
- Tipps und Service (das sind Gesundheitstipps),
- Unterhaltung (Kurioses, was Sie entdecken und mitteilen möchten).

Bei allem, was Sie schreiben, also posten: Gerade die Gesundheitstipps müssen verständlich und nachvollziehbar sein für Ihre Facebookbesucher. Nur wer verstanden wird, kann Vertrauen aufbauen.

- **Checkliste: Geeignete Themen für einen Post Ihrer Praxis**
- Geänderte Öffnungszeiten
- Urlaubszeiten
- Neue Mitarbeiter vorstellen
- Sämtliche Mitarbeiter vorstellen
- Prüfungen (natürlich nur, wenn bestanden!) und Fortbildungen vom Arzt/den Mitarbeitern
- Jubiläen und Geburtstage der Mitarbeiter oder des Arztes oder das Praxisjubiläum
- Veranstaltungen wie Vorträge, Tage der offenen Tür, Gesundheits- und Thementage, Vernissagen, Teilnahme an Fortbildungen, Auszeichnungen
- Vorstellung der angebotenen Behandlungen
- Besondere Innovationen der Praxis und neue Geräte
- Um- und Ausbau der Praxis
- Neue Bilder in der Praxis (Sie haben zwei große Bilder und können sich nicht entscheiden, welches aufgehängt werden soll? Dann fragen Sie doch Ihre Facebookuser!)
- Mediale Berichterstattung über Ihre Praxis
- Aktuelles aus der Gesundheitsbranche, zum Beispiel saisonale Themen wie Grippeschutzimpfung und Heuschnupfen oder medizinische Skandale, die die Menschen gerade verunsichern und über die die Menschen gerade mehr wissen wollen
- Offene Stellen in der Praxis
- Mitarbeiter des Monats (das motiviert innerbetrieblich und die Kriterien können Sie frei auswählen – aber bevorzugen Sie nicht manche Personen zu sehr)
- Der 100. Fan; der 200. Fan, der 300. Fan usw.

Ihr unmittelbarer Konkurrent steht in der Zeitung, und zwar als »Pfuscher« oder Steuersünder? Auch wenn es unmoralisch ist, so darf Sie es innerlich erfreuen, aber so sehr Sie diesen »Kollegen« auch verachten mögen: Sie dürfen diese Artikel nicht posten. Ein ungeschriebenes Gesetz lautet: keine Eigen-PR auf Kosten anderer!

Aus rechtlicher Sicht wäre dies unter Umständen auch standes- und/oder wettbewerbswidrig.

2.13 Was darf und soll eine Zahnarztpraxis »teilen«?

»Teilen« bedeutet nicht »Abgucken« oder »Abschreiben«. Es ist auch kein evidenter Ausdruck oder Beweis dafür, dass Ihnen zum Posten nichts Gescheites einfällt. Vielmehr haben »Andere« einen interessanten Post, den Sie entdeckt haben und Ihren eigenen Facebookbesuchern auch mitteilen wollen. Ganz so problemlos ist es dennoch leider nicht. Denn wer »nur teilt« und kaum eigene Posts hat, der belegt tatsächlich, wie unkreativ, unmotiviert und langweilig er oder sie und die Praxis sind.

Die empfohlene Quote liegt bei 10:90, maximal 20:80. 90% der Posts stammen also von Ihnen, 10% können Sie »teilen«.

Doch was ist, wenn Sie ein Zahnarzt sind, und ein bundesweiter oder weltweiter Zahnimplantatskandal beschäftigt täglich die bundesweiten oder weltweiten Medien, weil Materialien verwendet wurden, die krebserregend sind? Das beschäftigt natürlich nicht nur Sie, sondern auch Ihre Patienten, denn welcher Patient weiß schon, welche Substanzen in seinem Zahnimplantat verarbeitet wurden und ob die vielleicht auch krebserregend sind? Unsicherheit verbreitet sich! In solchen Fällen wissen Sie um das Informationsbedürfnis der Patienten, und dann bietet Ihnen Facebook eine hervorragende Möglichkeit, kompetent und serviceorientiert zu informieren. Natürlich erwartet niemand, dass Sie alle Infos selbst als Redakteur recherchieren, also »Teilen« Sie die aktuellen News der Facebookauftritte der Medien, und das regelmäßig und so lange, wie das Thema topaktuell ist. Und wie beschrieben, können Sie die geteilten Posts auch kurz kommentieren; Hashtags nicht vergessen!

- **Checkliste: Bei wem soll/kann ein Zahnarzt Beiträge »teilen«?**
- Kooperierende Praxen
- Überweisende Praxen und Kliniken (Zuweisermarketing!)
- Offizielle Medienportale, also Auftritte von seriösen Zeitungen, Zeitschriften oder Sendern
- Anerkannt seriöse Institutionen und Unternehmen wie Krankenkassen, Ärztekammer, Bundesregierung, Fachverbände

- **Checkliste: Bei wem darf/soll ein Zahnarzt nicht »teilen«?**
- Bei der Konkurrenz-Praxis (noch deutlicher kann man die eigenen Patienten nicht auf die kompetente Konkurrenz aufmerksam machen)
- Parteien (es mag in den USA anders sein, aber in Deutschland wird viel in die politische Gesinnung hineininterpretiert, meist zum persönlichen Nachteil)

- **Checkliste: Was darf/soll eine Zahnarztpraxis nicht »teilen«?**
- Neue, interessante medizinische Verfahren und Methoden, die Ihre Konkurrenz schon anbietet, Sie aber nicht (das ist die beste Möglichkeit, viele gute Patienten direkt zur Konkurrenz zu schicken)
- Interna anderer Praxen (also nichts über deren Mitarbeiter oder dortige Patientenveranstaltungen oder neue Geräte oder gar Öffnungszeiten)
- Politische, anstößige oder zeitlich veraltete Themen

Jeder kann sehen, von wo Sie den Post »teilen«. Sie haben also einen wirklich tollen Post entdeckt, der passt super auf Ihre Praxis-Facebookseite, und den Post wollen Sie »teilen«? Vorsicht! Schauen Sie sich zuvor sehr genau an, wer eigentlich diese Facebookseite betreibt, von der Sie etwas »teilen« wollen. Der Post kann noch so gut sein, aber wenn er von den »Freunden gewaltbereiter Tierversuchsbefürworter« oder von der »Rohes-blutiges-Fleisch-ist-lecker-Innung« kommt, können Sie sich auf einen kleinen Shitstorm gefasst machen (ganz gleich, ob Sie gerne rohes Fleisch aus Tierversuchen essen oder linientreuer Vegetarier sind), denn diese Absender sind sichtbar für alle, die Ihre Seite geliked haben.

> **Der Anwalt rät**
> Achten Sie bitte immer darauf, dass Sie sich unter Umständen durch das »Liken« oder »Teilen« von fremden Information diese im Rechtssinne zu Eigen machen. Hierzu liegt bereits eine Rechtsprechung einiger deutscher Gerichte vor. Wird ein Inhalt von Ihnen geteilt oder identifizieren Sie sich mit diesem etwa durch Drücken des »Gefällt-mir«-Buttons oder die Kommentierung »Genau so ist es!«, machen Sie sich den Inhalt ggf. zu Eigen. In diesem Fall könnten Sie eventuell in Anspruch genommen werden, wenn durch den fremden, zu Eigen gemachten Inhalt Rechte verletzt werden. Im schlimmsten Fall drohen Abmahnungen, Unterlassungserklärungen und möglicherweise Schadenersatzforderungen.
> Auch wenn für den weit überwiegenden Teil zu teilender oder zu »likender« Einträge ein diesbezügliches Risiko nicht besteht, seien Sie dennoch wachsam und nutzen Sie solche für Facebook typischen Kommunikationsmittel nicht impulsiv. Insbesondere das Klicken des »Gefällt-mir«-Buttons dokumentiert, dass Sie sich mit einem fremden Inhalt identifizieren. Dies wird im Einzelfall nicht in Ihrem Interesse liegen, insbesondere nicht im Hinblick auf Einträge, die gegen ärztliches Werberecht oder sonstige gesetzliche Bestimmungen verstoßen.

2.14 Was darf und soll eine Zahnarztpraxis kommentieren?

Mit dem Kommentieren verhält es sich wie mit dem Teilen. Auch hier müssen Sie aufpassen, was und wo Sie kommentieren, denn kommentieren Sie auf einer fremden Seite einen »tollen« Post, dann sehen natürlich all die, die bei Ihnen gelikt haben, genau das in den Neuigkeiten.

Vergessen Sie niemals, dass Sie nicht als Privatperson kommentieren, sondern stets »im Namen der Praxis«, also sozusagen auch für Ihre Mitarbeiter sprechen, denn die müssen (notfalls) am Tresen Ihre Kommentare erklären oder rechtfertigen.

- **Checkliste: Worauf darf/soll eine Zahnarztpraxis kommentieren**
- Auf fremde Kommentare auf Ihre eigenen Posts
- Auf fremde Kommentare, die auf Ihren eigenen vorherigen Kommentare basieren
- Auf einen von Ihnen geteilten Post, den Sie somit etwas »erklären« oder »bewerten«
- Auf einen Post auf einer anderen Facebookseite, sofern er stets positiv auf die Praxis »färbt«
- Posts bei Patienten auf deren eigenem Facebookprofil

- **Checkliste: Was soll nicht kommentiert werden**
- Politische Aussagen
- Grundsätzlich stark polarisierende Posts, also Meinungen oder Aussagen

2.14.1 Wie kommentieren?

Sind Sie ein sympathischer Arzt oder eine sympathische Ärztin? Dann beweisen Sie es auch, zum Beispiel mit sympathischen, netten Kommentaren. Und denken Sie nicht einmal daran, hier die Welt verbessern zu wollen, das gehört vielleicht auch für viele zu Facebook, aber nicht zu Ihrer Praxis-Facebookseite.

- **Checkliste: Wie kommentieren?**
- Duzen Sie nicht, sondern bleiben Sie beim »Sie«.
- Maßregeln oder korrigieren Sie nicht, das macht Sie nicht sympathisch.
- Ergänzen Sie fachlich einen Post oder Kommentar, das schafft Kompetenz (aber um Himmelswillen nicht einen Post oder Kommentar eines Kollegen, das wäre an Arroganz nicht zu überbieten).
- Bitte keine erschlagenden, langen Abhandlungen, Sie schreiben hier keine Doktorarbeit.
- Ideale Länge ist ein Satz in einer Zeile, der besitzt zwar durch die Kürze nicht viel Aussagekraft, wird aber am ehesten wahrgenommen und gelesen.
- Maximal 200 Zeichen schreiben, sonst wird es einfach zu lang zum Lesen.
- Dass Ihre Rechtschreibung korrekt ist, gerade als Arzt, muss wohl kaum erwähnt werden.
- Schreiben Sie nicht durchgängig in Großbuchstaben, das wirkt aggressiv und damit unsympathisch.

2.14.2 Wie reagiere ich auf einen schlechten Kommentar?

Jemand schreibt auf Ihren Kommentar oder Post einen negativen Kommentar? Locker bleiben! Ist der Kommentar zum Thema geschrieben worden, also als Diskussionsbeitrag zu verstehen, dann freuen Sie sich, denn jetzt kommt Leben in die Bude. Genau das wollen Sie, dass Leute sich bei Ihnen »unterhalten«. Sie müssen nicht jeden Kommentar kommentieren, aber wenn der negative Kommentar direkt Ihren Post oder Ihren Kommentar kritisiert, dann reagieren Sie, und zwar so, wie es von einem Arzt erwartet wird: sachlich, ruhig, natürlich-sympathisch und kommunikativ »weg« von Ihnen, »hin« zum Thema.

- **Beispiel**

Sie posten: »Mit einer regelmäßigen Kontrolle 2-mal im Jahr tun Sie sehr viel für Ihre gesunden Zähne.«

Nun zu möglichen Kommentaren:
Variante 1: »Das kann ich nur bestätigen, mir hat es mal einen Zahn gerettet!«

Möglicher Kommentar Ihrerseits: »Das freut uns sehr! Ihr Praxisteam.«

Variante 2: »*Das stimmt so nicht, denn meine Freundin war regelmäßig zur Untersuchung, und dennoch hat sie Karies bekommen!*«

Möglicher Kommentar Ihrerseits: »Das tut uns leid. Auch eine regelmäßige Routineuntersuchung der Zähne schützt leider nicht allein vor Karies, denn die tägliche Pflege ist entscheidend.«

Variante 3: »*Regelmäßige Zahnkontrollen und Reinigungen sind reine Geldmacherei und bringen nachweislich nichts.*«

Möglicher Kommentar Ihrerseits: »Regelmäßige Kontrollen sind meist Kassenleistungen und eine aktuelle Statistik belegt, dass 94% der Zahnverluste so verhindert werden können.«

Variante 4: »*Regelmäßige Kontrollen der Zähne bringen nur einem was, nämlich den Ärzten dicke Geldbeutel und fette Gewinne.*«

Möglicher Kommentar Ihrerseits: »Da müssen wir Ihnen widersprechen, denn regelmäßige Kontrollen der Zähne bringen tatsächlich nur einem etwas, nämlich dem Patienten Sicherheit und gesunde Zähne.«

Werden Sie nicht persönlich, so sehr Sie auch »auf die Palme gehen«, denn Sie können in so einem Fall fest davon ausgehen, dass erstens die meisten (oder alle) anderen Facebookuser Ihre Meinung vertreten, und zweitens, dass sich wahrscheinlich jemand auf »Ihre Seite« mit einem »Gefällt mir« oder sogar einem Kommentar stellen wird.

Variante 5: »*Regelmäßige Kontrolluntersuchungen der Zähne sind perverse Erfindungen zum Geldmachen und sorgen nur dafür, dass Sie weiter Ihre Moneten an der Steuer vorbei auf Ihr illegales Schweizer Steuerkonto auftürmen.*«

Spätestens nun haben Sie mehrere Möglichkeiten:

- Sie verbergen den Kommentar, das bedeutet, dass derjenige zwar noch seinen Kommentar sieht und denkt, er wäre noch für alle sichtbar, aber tatsächlich ist er nur noch für Sie als Administrator und für den »aggressiven Besserwisser« sichtbar. Dazu fahren Sie mit der Maus auf genau diesen betreffenden Kommentar auf das kleine Kreuz oben rechts, und dort erscheint »Verbergen«. Klicken Sie hier, und schon ist der Kommentar für alle unsichtbar, außer für einen: Derjenige, der den unangenehmen Kommentar schrieb, sieht ihn weiter.
- Sie löschen den ganzen Post, damit ist er für niemanden mehr sichtbar. Die Freude wird aber wahrscheinlich kurz sein, denn dieser »gewisse Besserwisser« wird vermutlich gleich einen neuen Post schreiben. Sie löschen den Post, indem Sie oben rechts im Post auf den Pfeil und dann auf »Löschen« klicken. Bedenken Sie, dass es sein kann, dass jemand diesen Post bereits geteilt hat.
- Sie melden diesen »Besserwisser« bei Facebook, wenn er Sie persönlich beleidigt oder auf Ihrem Facebookauftritt andere beleidigt.

Der Anwalt rät

Beleidigende oder sonstwie als beeinträchtigend empfundene Äußerungen Dritter sind zunächst daraufhin zu überprüfen, ob diese nur »störend« oder doch auch rechtswidrig sind. Rechtswidrig sind Einträge dann, wenn Sie Ihre Rechte oder die Rechte Dritter ohne jede Rechtfertigung verletzen. In einem solchen Fall sollten entsprechende Einträge immer unverzüglich gelöscht werden. Sachgerecht wäre es auch, sofern die Identität des Äußernden bekannt ist, diesen abzumahnen und zur Abgabe einer sog. strafbewehrten Unterlassungserklärung aufzufordern. Nur so kann die Wiederholungsgefahr für abermalige Rechtsverletzungen beseitigt werden. Hierzu sollten Sie einen Rechtsanwalt konsultieren und nach Prüfung der Sach- und Rechtslage die erforderliche Korrespondenz führen lassen. Vergessen Sie aber nicht, entsprechende Einträge bzw. Nutzer auch unverzüglich Facebook zu melden, da rechtsverletzende Einträge Dritter auch nach den Facebook-Nutzungsbedingungen unzulässig sind. Diesen Nutzungsbedingungen haben ja alle Nutzer von Facebook bei der Registrierung zugestimmt. Daher ist auch Facebook aus eigenem Interesse zum Einschreiten berechtigt und verpflichtet. Melden Sie also rechtswidrige oder gegen die Spielregeln von Facebook verstoßende Inhalte und Nutzer unverzüglich bei Facebook und verlangen Sie, dass diese gelöscht werden.

2.16 · Wie erreiche ich hohe Interaktion auf meine Posts?

- **Checkliste: Die fünf Kommentarkatastrophen (bitte niemals tun)**
- Den »anderen« beschimpfen
- Sich über die Kommentarfunktion heftig streiten (und alle lesen amüsiert oder schockiert mit)
- Sich ohne Grund aus einer längeren Diskussion adhoc entfernen
- Erst nach Tagen oder Wochen auf einen Kommentar reagieren
- Jeden und alles kommentieren, am besten in »voller« Länge (da fragt man sich schnell, ob der Arzt nichts zu tun hat)

Tipp des PR-Beraters

Auch wenn Studien den Mittwoch als besten Tag zum Posten und das Wochenende als besonders ungünstige Zeit zum Posten belegen: Veröffentlichen Sie am Wochenende Ihre Posts, denn die Reichweite bei Facebook ist definitiv am Wochenende die größte, weil dann die meisten Menschen Zeit haben. Die Studien unterscheiden nämlich leider nicht nach Themen oder, ob es Seiten oder Profile sind, und da Sie sich vornehmlich an private Personen richten, sollten Sie überlegen, wann die wohl die meiste Zeit haben für Facebook.

2.15 Wann poste ich?

Natürlich ist es erst einmal wichtig, dass Sie posten, und der Post ist schließlich für immer und ewig sichtbar. Dennoch ist es ganz und gar nicht unwichtig, wann Sie posten. Das liegt daran, dass Menschen, also die Facebookuser, bestimmte Zeiten bevorzugen, wann sie verstärkt bei Facebook hineinschauen. Und dann ist es natürlich von großem, strategischem Vorteil, exakt in dieser Zeit in den Neuigkeiten mit einem Post oder Kommentar zu erscheinen. Die Studien sind bezüglich der Frage, wann der ideale Zeitpunkt ist, nicht ganz einheitlich, was auch zu erklären ist. So erleben die Facebookseiten von Technologieunternehmen am Wochenanfang die deutlich höchste Klickrate – vermutlich werden zum Wochenendbeginn im Büro alle Facebooknews und Meldungen wie ein Teil der Arbeit gesehen und gelesen. Im Verlagswesen ist der Sonntag der beste Facebooktag – vermutlich, weil Personen dieser Branche am Sonntag gemütlich Bücher lesen und sich auf der Coach diesem Thema entspannt »nähern«. Jede Branche besitzt also unterschiedliche Hauptzeiten und demnach auch individuelle ideale Zeitpunkte für das Posten.

Durch die Zunahme der Smartphones, mit denen jederzeit und überall Facebook genutzt werden kann, wird es noch schwieriger, den idealen Zeitpunkt des Postens zu bestimmen.

- **Checkliste: Zeiten, die sich am besten für das Posten eignen**
- Mittwoch 15 Uhr
- Täglich zwischen 13 und 16 Uhr
- Nicht vor 8 Uhr morgens und nicht nach 20 Uhr
- Posten Sie am Wochenende
- Posten Sie eher bei schlechtem als bei gutem Wetter
- (▶ http://blogtester.de/der-social-media-timer-wann-soll-ich-am-besten-posten/ – Januar 2014)

Speed Posten Sie einfach immer zwischen 13 und 16 Uhr sowie gegen 19 Uhr.

Perfekt Posten Sie genau dann, wenn Ihre Facebookfans am besten erreichbar, also bei Facebook aktiv sind. Das bekommen Sie leicht über die Statistik heraus.

2.16 Wie erreiche ich hohe Interaktion auf meine Posts?

Eine Facebookseite mit vielen schönen Posts, aber ohne jegliche Interaktion, also ohne »Gefällt mir« oder einen Kommentar, verfehlt ihr Ziel. Ziel ist es, viele Personen zu motivieren, nicht nur bei Ihnen »vorbeizuschauen«, sondern dort »aktiv« zu sein, also eine Aktion zu zeigen. Man kann die Leute nicht dazu zwingen, aktiv zu werden, aber man kann mit Tricks die Interaktion erleichtern.

- **Checkliste: Erhöhung der Interaktion**
- Stellen Sie offene Fragen: Wie finden Sie dieses Bild? Was halten Sie von diesem neuen Trend? Was interessiert Sie aus dem Bereich der Zahnpflege *(oder schmerzfrei Bohren oder Implantate oder weiße Zähne)*? Welche Inhalte oder Themen wollen Sie gerne hier mehr lesen? Eine direkte Ansprache mit einer Frage fordert hier eher auf, sich angesprochen zu fühlen.
- Auf gestellte Fragen reagieren, und zwar mit einer guten Antwort.
- Auf Kommentare reagieren.
- Innerhalb von 60 Minuten auf Fragen und Kommentare reagieren, denn dann ist der Verfasser auch noch gedanklich dabei.
- Überraschende und leicht (leicht!) provokante Studien posten, zum Beispiel eine medizinische Studie zum Thema »Dummheit« (bitte hier keine »eigenen« Studien zu diesem Thema verwenden) oder »Schöne Zähne erhöhen die Flirtchancen« (seien Sie sicher, so etwas wird gelesen).
- Die Facebookinteraktion verdoppelt (42%) sich übrigens dann, wenn es draußen nass und grau ist – jahresunabhängig! Wenn es an einem Sommerwochenende regnet, dann steigt die Interaktion sogar um 90%! Es ist anzunehmen, dass dann vornehmlich über das Wetter gepostet wird. Also posten Sie etwas zum Wetter (mit medizinischem Charakter)! (Redaktion ▶ www.deutsche-startups.de 2014)
- Erhöhung des Edge-rank
- Call to action
- Tagging

2.16.1 Edge-rank

Um diesen Facebookalgorithmus ranken sich viele Mythen. Facebook wählt quasi automatisch aus, welche News rechts zu sehen sind, denn dort ist nur eine kleine Auswahl an Neuigkeiten aufgelistet. Diese Auswahl richtet sich nach dem Edge-rank, zumindest teilweise. Haben Sie einen hohen Edge-rank, erscheinen Ihre Beiträge häufiger in den Neuigkeiten und sind somit häufiger zu sehen bei Ihren Fans und deren Freunden. Je häufiger Ihre Beiträge kommentiert und geteilt werden, desto höher ist auch Ihr Edge-rank.

2.16.2 Call to action

»Call to action« ist eine Handlungsaufforderung. Vorsicht: Damit ist nicht der »Call to Action erstellen«-Button gemeint! Mit Call to Action regen Sie Ihre »Fans« in einem Post an, eine Meinung abzugeben. Post-Beispiel: »Auf diesem Bild ist unser neues Praxislogo zu sehen. Und? Gefällt es Ihnen?« Fordern Sie Ihre Fans auf, eine bestimmte Aktion durchzuführen, oder stellen Sie am Ende des Posts einfach eine Frage. Nutzen Sie dabei Wörter wie »wo«, »wann«, »würde« oder »sollte«. Diese sind weniger aufdringlich als »wer«, »wie«, »was«, »warum« und erhöhen die Aktivität der Fans um 15%. Versuchen Sie eine Konversation zwischen Ihnen und Ihren Fans sowie zwischen Ihren Fans zu erzeugen. Die Frage »Haben Sie etwas hinzuzufügen?« fordert zum Kommentieren auf. Auf Facebook gilt eine Marketingregel:

- »Gefällt-mir«-Angaben (Likes) sind Silber.
- Kommentare sind Gold.
- Teilungen (Shares) sind Platin.

- **Checkliste: Call-to-action-Möglichkeiten**
- Klicken Sie hier, wenn Ihnen das gefällt.
- Teilen Sie das mit Freunden, wenn Sie den Beitrag/Blog/Post … wertvoll finden.
- Klicken Sie hier, um mehr herauszufinden. (Link zu Ihrem Blogartikel)
- Füllen Sie die Lücke: Wenn ich an Sommer denke, fällt mir zuerst _____ ein.

2.17 Was schadet dem Image der Praxis?

Ein unkorrekter Post kann Ihrem Image schaden oder sogar rechtliche Konsequenzen nach sich ziehen.

- **Badehose und Strand**

Waschbrettbauch hin oder her, in der Praxis behandeln Sie auch nicht in Badehose, mit freiem

Oberkörper oder knappem Bikini, also bitte keine Strandbilder oder Fotos aus dem Fitnessclub.

- **Teurer Urlaub**

Ob aufregender Skiurlaub in Kanada, fantastisches Schnorcheln auf den Seychellen oder einzigartiges Eisangeln am Nordpol: Luxus schafft Neider, und es ist vorprogrammiert, dass es genau solche neidvollen Kommentare, vielleicht nicht schriftlich, aber gedanklich gibt. Und wollen Sie sich tatsächlich noch für Ihren hart erarbeiteten Urlaub vor Patienten rechtfertigen?

- **Tierbilder**

Tatsächlich sind süße Tierbilder, am besten noch mit kitschigen Sprechblasen, so beliebt bei Facebook, dass es zahlreiche Internetseiten gibt, die ausschließlich diese Bilder anbieten. Sie sind ein erwachsener und seriöser Arzt mit einer hygienischen Praxis, und da gehören keine Tierbilder hin. Das mag als Tierarzt sicher anders sein, da gehören diese Bilder sogar hin. Wenn allerdings Ihre Mitarbeiterin regelmäßig Reitturniere gewinnt oder mal bei einem Reit- und Angelturnier gut abschneidet, dann dürfen Sie das Bild dazu ruhig posten. Und bitte niemals Ihren Dackel oder Ihr Meerschweinchen dort fotografisch posten, das hat zwar inhaltlichen Bezug zu Ihnen als Person, aber alles kommt dann eher einem Poesiealbum nahe.

- **Exklusive Luxusgüter**

Sie fahren einen 500-PS-Wagen? Toll! Und am besten posten Sie den Kaufvertrag gleich mit. Das Gleiche gilt für Ihre neue Garage, direkt neben Ihrer Villa oder Ihrer neuen Ferienwohnung inkl. Edel-Einbauküche oder Ihre goldene Uhr mit Schweizer Uhrwerk. Nichts ist so interessant wie Tratsch, und seien Sie sicher, darüber wird getratscht, und Tratsch ist selten positiv.

- **Privates**

Sie sind krank gewesen? Und wieder gesund? Glückwunsch, aber das geht Ihre Patienten rein gar nichts an, oder wollen Sie sich von denen behandeln lassen?

So attraktiv Ihre Frau bzw. Ihr Ehemann ist, Ihre Facebookseite ist keine Modenschau, und es geht auch niemanden auf Ihrer Praxis-Facebookseite etwas an, wie Sie privat wohnen (es sei denn, Sie möchten es auf Ihrem Facebookprofil zeigen).

- **Extreme Hobbys**

Sie fahren gerne High-Speed-Mountain-Rollerblades oder lieben den Zweikampf mit einem Killerhai? Glauben Sie, dass die Patienten beim Sehen dieser Posts der Meinung sind, einen Arzt zu haben, der die in der Medizin wichtigen Elemente wie Risiko und Verantwortung richtig abschätzt?

- **Politische Meinung**

Ob grün oder gelb oder rot oder blau, es geht niemanden etwas an, was Sie politisch denken, und dazu zählen auch Krisenherde in Fernost oder Finanzfragen in Südeuropa. Was Sie am Stammtisch erzählen, ist dann Ihre Sache, aber da kennen Sie auch den Personenkreis.

- **Religion**

Auch, wenn Sie sehr gläubig sind, ein »Amen« oder »Gott sei mit Ihnen« oder Vergleichbares gehört nicht auf Ihre Facebookpraxisseite, da es Menschen gibt, die vielleicht ganz anders denken (und glauben) als Sie, und diese mögliche Diskussion gehört nicht zur Praxis.

- **Erotik**

PR-Berater wissen es: Sex sells, deshalb befindet sich auf den meisten Männer- und Frauenmagazinen auf dem Titelblatt auch stets ein Erotikthema. Auch wenn es die »natürlichste Sache der Welt« ist, es gehört nicht auf Ihre Facebookseite, auch dann nicht, wenn Sie Gynäkologe oder Urologe sind. Tatsächlich ist das Thema Erotik nicht ganz auszuklammern, denn es gibt durchaus Themen, die im richtigen Kontext angemessen, sogar angebracht sind. Eine Zeitungsstudie zum Thema »Welche weibliche Lippenform wirkt auf Männer am erotischsten« können Sie durchaus posten, oder eine Studie über die verbrauchten Kalorien pro Zungenkuss.

- **Ausschließen sollten Sie**
- blutige Bilder und Verbände, Krücken, Spritzen, Prothesen, Bohrer, gezogene Zähne, ent-

zündetes Zahnfleisch, Implantate mit Schraubgewinde und ohne dazugehörigen Kiefer
- Posts, auf denen Ihre alten PCs oder unaufgeräumten Schreibtische zusehen sind, und (ganz wichtig)
- schlechte News wie Katastrophen oder Unfälle (mit Ihrer Praxis soll nur »Positives« verbunden werden).

2.18 Was verstößt gegen das Gesetz?

Nicht alles, was aus PR-Sicht möglich und wünschenswert ist, ist aus rechtlicher Sicht erlaubt. Im Umkehrschluss muss aber auch nicht alles, was rechtlich erlaubt ist, aus PR-Perspektive wirklich wünschenswert sein. Das Berufsrecht sowie die für Arztpraxen einschlägigen rechtlichen Rahmenbedingungen sind stark liberalisiert worden. Das ist insoweit positiv, als das ärztliche Werberecht gelockert wurde und die werbliche Aktivität im Internet und in sozialen Netzwerken keinen grundsätzlichen Bedenken begegnet.

Aufgrund der Vielzahl der Möglichkeiten, für Praxen, Behandlungen und andere ärztliche Tätigkeiten zu werben, ist es unmöglich, allgemein festzulegen, was tatsächlich verboten und was konkret erlaubt ist. Hier sollten entsprechende Werbemaßnahmen immer vorab von einem spezialisierten Rechtsanwalt geprüft werden.

Grundsätzlich sollten Sie jedoch nicht versäumen, an die folgenden Punkte zu denken:

- **Urheberrecht**
Prüfen Sie, ob Ihnen der Urheber oder andere Rechteinhaber die zur Nutzung der Inhalte erforderlichen Rechte eingeräumt haben. Haben Sie keine Rechte an dem Material, ist die Nutzung im Regelfall rechtswidrig.

- **Persönlichkeits-, Datenschutz- und Bildnisrecht**
Prüfen Sie, ob auf von Ihnen eingestellten Inhalten erkennbare Personen ihre Einwilligung zur Ablichtung oder Namensnennung erteilt haben und diese auch dokumentiert ist. Haben Sie keine Einwilligung, ist die Nutzung im Regelfall rechtswidrig.

- **Verkauf von Produkten**
Beachten Sie die standesrechtlichen Beschränkungen der Berufsordnung, wonach Ärzten eine gewerbliche Tätigkeit neben ihrer ärztlichen Tätigkeit nicht erlaubt ist. Verstoßen Sie dagegen, handeln Sie rechtswidrig.

- **Jugendschutz**
Beachten Sie die Vorgaben an den Jugendschutz und verwenden Sie keine Fotos, die jugendgefährdenden Inhalt haben. Das gilt insbesondere für Bilder aus dem Intimbereich oder schockierende Fotos von Unfällen oder Operationen.

- **Regelung zur beruflichen Kommunikation**
Verstoßen Sie gegen Ihre Verpflichtung sachgerechter und angemessener Information? Ist Ihre Werbung irreführend, anpreisend oder vergleichend? Dann handeln Sie ggf. rechtswidrig. Vermeiden Sie reißerische Ausführungen oder eine reklamehafte Wiedergabe von Inhalten.

- **Vorgaben des HWG**
Trotz der Liberalisierung des HWG und des Wegfalls diverser Werbebeschränkungen: Verstoßen Ihre Inhalte gegen das Irreführungsverbot des HWG, weil etwa Behandlungen oder Gegenständen eine therapeutische Wirkung beigemessen werden, die sie nicht haben? Wird fälschlicherweise der Eindruck erweckt, der Erfolg einer Behandlung könnte mit Sicherheit erwartet werden? Werden unwahre oder zur Täuschung geeignete Angaben über Behandlungen gemacht? Das alles ist nach wie vor unzulässig. Auch sind werbliche Darstellungen zu unterlassen, wenn sie in missbräuchlicher, abstoßender oder irreführender Weise erfolgen. Vermeiden Sie Rabatt- und Gutscheinaktionen und auch die Werbung mit Selbstverständlichkeiten sowie Schleichwerbung.

2.19 Shitstorm

Die wörtliche Übersetzung lassen wir mal weg. Es ist so zu erklären: Irgendjemand macht etwas, was unklug oder gemein ist oder einfach nur negativ aufgenommen wird, und das »Social Web« reagiert darauf empört. Gibt es bei uns nicht? Oh doch! Ein bekanntes Beispiel:

Zalando ist sicherlich vielen als angesagtes und erfolgreiches Modeversandgeschäft bekannt, nicht nur wegen der einprägsamen Werbung. Als 2014 eine RTL-Redakteurin undercover in einem Zalandolager arbeitete und später über – so ihre Darstellung – massive Missstände bei den Arbeitsbedingungen berichtete, erlebte Zalando wie aus dem Nichts einen wahren Shitstorm, bei dem viele Personen im Social Web, natürlich auch auf der Facebookseite von Zalando, erzürnt ihren Unmut verdeutlichten und zunehmend den Begriff »Sklavando« verwendeten. Pressemeldungen und Gegendarstellungen mit internen Statistiken der hohen Mitarbeiterzufriedenheit konnten den Imageverlust nicht mehr verhindern. Die Folge war, wie üblich bei einem großen Shitstorm, eine schlagartige, massenhafte und oft unsachliche, sehr emotionale Diskussion, die sogar dazu führte, dass zahlreiche Facebookuser offen zum Boykott des Unternehmens aufriefen.

Natürlich sollen Sie erst gar nicht in so eine Ausnahmesituation hineingeraten, aber was tun, wenn es doch passiert, weil in den Medien beispielsweise bekannt wird, dass es einen üblen Ärztepfusch bei Ihnen gab?

- **Checkliste: Verhalten bei Shitstorm**
- Zeitnah reagieren
- Kommunizieren! Nicht nur beobachten, sondern erlangen Sie die Hoheit über die Kommunikation zurück
- Immer (!) ruhig, sachlich und freundlich kommunizieren
- Bedauern ausdrücken (auch, wenn Sie anderer Meinung sind, aber es verdeutlicht Ihre Wertschätzung)
- Ehrlich sein! Fehler zugeben (Anwalt vorher fragen!), Kritik annehmen, Verantwortung annehmen
- Zuhören! Was haben User zu sagen? Sind die Vorwürfe eventuell begründet?
- Humor entwaffnet, aber übertreiben Sie es nicht
- Auf keinen Fall die Facebookseite sperren, denn das kann nur als Ignoranz oder absolute Hilflosigkeit gesehen werden
- Und wenn Sie nicht weiter wissen: professionelle Hilfe holen (Agenturen/Kanzleien)

2.20 Wie erhöhe ich meine »Gefällt-mir«-Angaben (Fanzahl)?

Die Höhe der »Gefällt-mir«-Angaben wird unter Fachleuten als deutlich überbewertet betrachtet, da schon der Kauf von »Fans« hier Falsches suggeriert. Entscheidend ist die Interaktion, also dass Personen Ihre Posts lesen und mit »Gefällt mir« markieren oder kommentieren oder gar teilen. Dennoch blicken die meisten sofort auf die (oft erstaunlich hohen) Fanzahlen.

- **Checkliste: Mögliche Maßnahmen zur Erhöhung der Fanzahl**
- Facebook-Werbeanzeigen schalten
- In den E-Mail-Signaturen der Praxis auf den Facebookauftritt hinweisen
- Auf Ihren Flyern auf Ihren Facebookauftritt hinweisen
- Auf Ihr Briefpapier gehört die Facebookadresse genauso wie Ihre Telefonnummer!
- Auf Ihrer Internetseite deutlich mit einem Link auf Ihren Facebookauftritt hinweisen
- Postkarten/Flyer/Kärtchen am Tresen auslegen, auf denen auf Ihre Facebookseite hingewiesen wird
- Ankündigung und Hinweis in Ihrem Praxisnewsletter/Ihrer Praxiszeitung
- Facebookadresse nennen in Ihrem Xing-/LinkedIn-Profil
- Einladen von Personen über Ihr Profil (über Ihr Facebookprofil können Sie direkt Personen zu Ihrer Facebookseite einladen – und meistens tun diese dies auch mit einem »Gefällt mir«)
- Kauf von Fans (Tun Sie es nicht, auch wenn dies sehr populär und erstaunlich günstig ist; jeder erfahrene Facebooker erkennt dies innerhalb von Sekunden, und Ihr Ruf als seriöser Arzt ist in wenigen Sekunden schwer belastet – und wehe, es folgt ein Shitstorm! Außerdem ist das rechtlich irreführend und damit wettbewerbswidrig.)

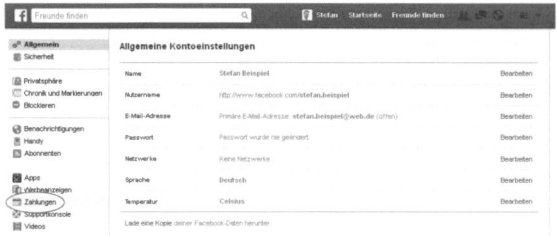

Abb. 2.27 Kontoeinstellungen

- Auch im Urlaub wird gepostet (Post automatisch terminieren; im Urlaub sich an einem PC einloggen und posten; oder Facebookpflege delegieren)

■ **Werbeanzeigen**

Mit Facebook-Werbeanzeigen ist es wie mit jeder Werbung: Ob es etwas bringt, wissen Sie erst danach. Allerdings sind die Werbekosten bei Facebook sehr überschaubar, und eine Anzeige ist erstaunlich präzise auf die Zielgruppe auszurichten. Aber für was zahlen Sie bei einer Facebookanzeige? Es werden bei einer Anzeige nicht nur Likes in Rechnung gestellt, sondern auch normale Klicks und wie üblich das einfache Platzieren der Werbung. Jedesmal, wenn jemand Ihre geschaltete Werbung sieht, entstehen Ihnen Kosten. Es ist also ein Märchen, dass man bei Facebook lediglich für einen Klick auf die Anzeige oder sogar nur für einen gewonnenen Fan zahlt; hat man also Pech, gewinnt man keinen einzigen Like oder Fan durch eine Anzeige. Wenn man es allerdings professionell macht, sind die Erfolge überdurchschnittlich hoch. Diese Werbeanzeigen stehen stets auf der rechten Seite.

Folgende Werbemöglichkeiten stehen zur Verfügung:
- Bewirb deine Beiträge
- Hebe deine Seite hervor
- Leite Menschen auf deine Website
- Steigere Conversions auf deiner Website
- Erhalte mehr Installationen deiner App
- Erhöhe die Interaktion in deiner App
- Erreiche Menschen in der Nähe deines Unternehmens
- Sorge für mehr Teilnehmer bei deiner Veranstaltung
- Bringe Menschen dazu, dein Angebot in Anspruch zu nehmen
- Erhalte Videoaufrufe

2.20.1 Ablauf der Facebookwerbung

Hier müssen Sie Facebook nun wieder als Profil »Stefan Beispiel« nutzen. Die Werbeanzeigen sind kostenpflichtig und können nur von einer Person (Profil) geschaltet werden, welche in ihren »Einstellungen« eine Bankverbindung angegeben hat.

Dazu gehen Sie zunächst oben rechts auf das kleine Dreieck und klicken auf »Einstellungen«. Sie gelangen nun zu Ihren allgemeinen Kontoeinstellungen (◘ Abb. 2.27).

Links im Menü sehen Sie unter anderem »Zahlungen«. Dort klicken Sie nun bitte und wählen im nächsten Schritt »Zahlungsmethoden« aus. Über »Verwalten« können Sie nun die Daten Ihrer Kreditkarten angeben.

Erledigt? Dann wechseln Sie wieder auf die Startseite und wählen im Menü links »Werbeanzeige erstellen« aus.

■ **Art der Ergebnisse**

Es öffnet sich ein neues Fenster, versehen mit der Frage: »Wähle das Ziel für deine Kampagne aus«.

Wir empfehlen prinzipiell »Hebe Deine Seite hervor«. Dies bedeutet, dass Sie eine Anzeige mit dem Inhalt Ihrer Facebookseite erstellen. Facebookuser werden also auf Ihre Seite und nicht »nur« auf einen bestimmten Beitrag (= Post) aufmerksam. Damit erhalten Sie im besten Fall viele »Gefällt-mir«-Angaben für Ihre Seite. Gerade für die erste Anzeige, wenn die Facebookseite noch nicht

2.20 · Wie erhöhe ich meine »Gefällt-mir«-Angaben (Fanzahl)?

so viele Likes besitzt, ist dies zu empfehlen, denn dann wird die ganze Facebookseite beworben, und nicht einzelne Posts. Einzelne Post zu bewerben, empfiehlt sich zum Beispiel, wenn es eine besondere, originelle Aktion gibt, die gut ankam, also viele Likes und Kommentare hervorgerufen hat – dann wissen Sie, den Nerv getroffen zu haben und »legen so noch etwas nach«.

Nachdem Sie das Ziel Ihrer Kampagne ausgewählt haben, müssen Sie auswählen, für welche Facebookseite Sie die Anzeige schalten. Da Sie aktuell nur eine Seite haben, wird Ihnen auch nur diese Seite zur Auswahl gestellt. Klicken Sie hier auf »Weiter«.

- **Zielgruppe**

Als erstes entscheiden Sie, wer Ihre Anzeige sehen soll:
— Ort: Leben Sie in einer Großstadt wie Berlin? Dann beschränken Sie die Ortangabe auf »Berlin«. Wenn Sie jedoch in einer kleineren Stadt leben, dann kann es Sinn machen, zusätzlich Orte in Ihrer Umgebung anzusprechen. Überlegen Sie immer, wer zu Ihnen in die Praxis kommen soll.
— Alter & Geschlecht: Für wen sind Ihre Behandlungen geeignet? Gibt es eine Altersbeschränkung?
— Bitte geben Sie Ihre Angaben entsprechend hier an.
— Sprache: Beschränken Sie sich hier auf Deutsch.
— Interessen: Das sollten Sie frei lassen, denn nicht jeder potentielle Patient von Ihnen hat diesen Bereich in seinem Profil ausgefüllt und darauf bezieht sich die Angabe.
— Verbindungen: Hier wählen Sie »Nur Personen, die nicht mit Zahnarztpraxis Dr. Stefan Beispiel verbunden sind«

Nun fragt Facebook Sie, wie viel Sie investieren, also ausgeben wollen:
Budget: Jetzt haben Sie zwei Möglichkeiten: Entweder geben Sie einen überschaubaren Betrag an, der maximal pro Tag investiert wird. Ist der tägliche Betrag aufgebraucht, verschwindet für den Tag die Anzeige. Ist der Betrag nicht aufgebraucht, verfällt er nicht, sondern bleibt gutgeschrieben. Wir empfehlen Ihnen pro Tag 4,00 Euro. Oder Sie können auch einen Maximalwert angeben, also 50,– €, und die Anzeige läuft so lange, bis der Wert aufgebraucht ist. In beiden Fällen können Sie auch die Zeit der Anzeige bestimmen, was dann Sinn macht, wenn es um eine befristete Aktion oder eine Veranstaltung geht.

- **Bilder für die Werbeanzeige**

Nutze bis zu sechs verschiedene Bilder, um ohne zusätzliche Kosten weitere Werbeanzeigen für deine Kampagne zu erstellen. Empfohlene Bildgröße: 1200 × 400 Pixel
— Bilder hochladen von Ihrer Festplatte oder Ihrem USB-Stick oder
— Bibliothek durchsuchen (enthält alle Werbeanzeigenbilder und Fotos der Seite) oder
— Bilder suchen: professionelle Bilder von Shutterstock (Bilddatenbank).

> **Tipp des PR-Beraters**
>
> Nutzen Sie verschiedene Fotos für Ihre Anzeige, und sehen Sie später in dem Werbeanzeigenmanager, welche Fotos am erfolgreichsten waren, also welche Fotos für die meisten Likes sorgten.

- **Text & Links**

Nun bitte einen aussagekräftigen Titel der Anzeige mit maximal 25 Zeichen verfassen: In unserem Fall ist es die »Zahnarztpraxis Dr. Stefan Beispiel«. Nun einen aussagekräftigen Text der Anzeige mit maximal 90 Zeichen verfassen. In unserem Fall lautet dieser: »Dr. med. Stefan Beispiel – Ihr Zahnarzt für die ganze Familie in Berlin«. Bei »Gesponserte Meldungen« bitte einen Haken setzen.

- **Zuletzt klicken Sie auf »Bestellung aufgeben«. Fertig**

Es ist zu empfehlen, verschiedene Werbetexte und Arten parallel auszuprobieren und anschließend die einzelnen Leistungsberichte regelmäßig zu prüfen, um zu sehen, was am besten »ankam«.

- **Statistik im Werbeanzeigenmanager**

Der Erfolg der Werbung lässt sich gut sichtbar in einer Statistik nachvollziehen, denn es wird gezeigt, wie oft die Werbung bei irgendwelchen Nutzern in der Chronik gezeigt, wie oft auf die Werbung geklickt und wie oft die Seite geliked wurde.

2.20.2 Targeting

Sie können je nach Ziel und Ausrichtung, und mit etwas Zeit, erstaunlich exakt Ihre Zielgruppe herausfiltern. In der Fachsprache heißt dies »Targeting«, vom englischen Begriff »target« (Ziel). Sie können dann also Standort, Alter, Geschlecht, Ausbildung und Interessen bei der Eingrenzung nutzen.

Erstellen Sie mehrere Anzeigen, aber die sehr zielgenau, denn eine zielgruppenspezifische Ansprache wie hier bei Facebook ist in dieser Qualität sonst kaum möglich.

> **Der Anwalt rät**
>
> Die kundenspezifische und adressatenbezogene Ansprache, die über soziale Medien möglich wird, ist ein großer Vorteil für Werbetreibende. Hierbei sind naturgemäß personenbezogene Daten im Spiel, die nach dem BDSG geschützt sind. Eine Verwendung darf grundsätzlich nur mit Einwilligung des Betroffenen oder auf der Grundlage einer gesetzlichen Ermächtigungsgrundlage erfolgen. Viele der Targeting-Geschäftsmodelle stehen derzeit im Fokus der Datenschützer. Sie werden selbst kaum beeinflussen können, wie Facebook mit personenbezogenen Daten verfährt bzw. ob dies kompatibel mit deutschem Recht ist. Das ist sicherlich misslich, und es wird noch etwas dauern, bis hier echte Rechtssicherheit besteht. Achten Sie aber in jedem Fall darauf, dass Sie bei dem Einsatz entsprechender Tools, zum Beispiel auf Ihrer Website, in der Datenschutzerklärung eindeutig darüber aufklären, dass Sie dies tun. Je mehr Information und Transparenz, desto besser.

2.20.3 Wie pflege ich meine Facebookseite?

Speed
- 2-mal täglich in Facebook reinschauen (morgens und nachmittags)
- Grundsätzlich auf alle Fragen antworten
- 2-mal pro Woche posten (Dienstag und Freitag)
- Jeder zweite Post besitzt ein Foto

Perfekt
- Jede Stunde einmal Facebook checken
- Nahezu jeden Tag einen Post
- Statistik nutzen zur Optimierung
- Anzeigen schalten
- Sofort auf Kommentare oder Fragen reagieren
- Titelbild 1- bis 2-mal im Monat ändern (eigenen Patienteninfotag ankündigen, neuen Mitarbeiter vorstellen oder Geburtstag eines Mitarbeiters mitteilen mit Glückwunsch, auf Praxisjahrestag hinweisen, Tag der Gesundheit/Krebsvorsorge/des Kindes … thematisieren, Sommeranfang, »Meilensteine« somit hervorheben …)
- Einmal täglich Posts auf anderen Seiten oder Profilen liken oder kommentieren oder gegebenenfalls teilen.

2.21 Statistik

Die Statistik von Facebook ist sehr aussagefähig, und mit etwas Know-how ist es möglich, sehr genau zu erkennen, welche Themen bei welchen Zielgruppen mit welchem Alter aus welchen Orten zu welchen Zeiten gut ankamen oder eben nicht gut ankamen. Es wäre möglich, ein kleines Buch darüber zu schreiben, was alles aus diesen Statistikdaten zu lesen, zu interpretieren und zu empfehlen ist. In diesem Buch konzentrieren wir uns auf die gut handhabbaren Aspekte.

Falls Sie nun »verzweifelt« nach der Statistik suchen: Die stellt Ihnen Facebook erst zur Verfügung, wenn Sie mindestens 30 Fans, also »Gefällt-mir«-Angaben, haben.

Nun rufen Sie Ihre Facebookseite (nicht Profil!) bitte auf, dann sehen Sie oben den Administrationsbereich und den Button »Statistiken anzeigen«.

Klicken Sie auf den Button, und es öffnet sich das Statistikfenster:

- **»Gefällt-mir«-Angaben für die Seite**
Hier sehen Sie die Anzahl der gesamten Fans auf der Seite sowie die hinzugewonnen Fans in der aktuellen und der vorherigen Woche.

- **Beitragsreichweite**
Hier finden Sie zwei Angaben:
  - Gesamtreichweite: Dies ist die Anzahl von Personen, die die Aktivitäten auf Ihrer Seite gesehen haben, also Ihre Beiträge, Beiträge anderer Nutzer, Werbeanzeigen für »Gefällt-mir«-Angaben oder Erwähnungen. Da es Personen gibt, die zwar mal »reinschauen« bei Ihnen, aber nicht gleich irgendwo »Gefällt mir« klicken, ist diese Zahl meistens deutlich höher als Ihre Fanzahl.
  - Beitragsreichweite: Diese Zahl ist schon interessanter, denn dies ist die Anzahl der Personen, die Ihre Beiträge gesehen haben, also Ihre Posts, Kommentare, Fotos. Angezeigt werden die aktuelle und die vorherige Woche.

- **Interaktionen**
Hier haben Sie einen guten Überblick über die Woche. Mit einem Blick sehen Sie hier folgende relevanten Daten:
  - Interaktive Nutzer: Die Anzahl der Einzelpersonen, denen Ihre Beiträge gefallen und/oder diese kommentiert, geteilt oder angeklickt haben. Das sind also Personen, die Sie tatsächlich auch zu einer Aktion bei Ihnen motiviert haben. Darunter sehen Sie diese Zahl aufgeschlüsselt nach »Gefällt-mir«-Angaben, weiterhin Kommentare, geteilte Inhalte und Klicks auf Beiträge, zum Beispiel auf Fotos oder Videos.

- **Deine fünf aktuellsten Beiträge**
Hier sehen Sie die Statistik zu Ihren fünf aktuellsten Beiträgen: Dies ist eine der wichtigsten Informationen für Sie, denn hier wissen Sie nun genau, welche Beiträge gut ankamen. Eine komplette Übersicht erhalten Sie mit einem Klick auf »Alle Beiträge anzeigen«.

- **Seiten im Auge behalten**
Sie haben ein Vorbild, also eine Praxis, die in Ihren Augen besonders aktiv bei Facebook agiert? Oder es gibt einen Konkurrenten, den Sie »im Auge behalten wollen«? Dann wählen Sie hier die entsprechende Facebookseite aus, und Sie haben somit schnell ein Monitoring, also einen Überblick, was die Konkurrenz macht.

Eine Einsicht des ganzen aktuellen Monats in die Statistik Ihrer Seite erhalten Sie, wenn Sie oben in der Leiste neben »Übersicht« die weiteren Reiter anklicken:

2.21.1 »Gefällt-mir«-Angaben

Hier sehen Sie die hinzugekommenen und weggefallenen »Gefällt-mir«-Angaben für Ihre Seite im aktuellen Monat und können sich jeden einzelnen Tag anschauen. Wenn also in kurzer Zeit besonders viele Fans hinzukamen oder wegfielen, dann lohnt es sich, hier zu schauen, ob sich das auf einen Tag konzentrierte – und an dem Tag muss etwas geschehen sein, vielleicht ein Medienbeitrag über Sie, und Sie haben es nicht gewusst?

Facebook unterscheidet hier zwischen »organisch« und »bezahlt«. Das bedeutet: Gelangen Fans durch eine Werbeanzeige auf Ihre Seite und liken diese (bezahlt), oder geschieht dies auf anderem Weg, also zufällig oder durch die Suchfunktion (organisch)?

2.21.2 Reichweite

Hier können Sie sehen, an welchem Tag es die meisten Likes und Kommentare gab und Inhalte geteilt wurden, sprich: wie erfolgreich Ihre Posts waren. Außerdem sehen Sie verborgene oder als Spam gemeldete Beiträge.

2.21.3 Besuche

Die Funktion zeigt Ihnen unter anderem, an welchem Tag die meisten und die wenigsten Besucher auf Ihrer Seite waren und was genau Ihre Fans und Besucher sich auf der Seite angeschaut haben, sprich: welche Reiter angeklickt wurden. Außerdem sehen Sie, »woher« Ihre User kamen, zum Beispiel durch Treffer in Google oder durch Weiterleitung von Ihrer Website.

2.21.4 Beiträge

Hier können Sie sehen, an welchem Tag und zu welcher Uhrzeit Ihre Fans online sind und wann Sie diese am besten erreichen können. Unten sehen Sie erneut die Auswertung Ihrer einzelnen Beiträge. Dies ist eine hochinteressante Auswertung, denn hier zeigt sich, wann Ihre Fans eigentlich Ihre Beiträge lesen. Sie sollten dieses Userverhalten einfließen lassen in Ihre Strategie, denn wenn Ihre Fans morgens um 8 Uhr am häufigsten bei Ihnen Beiträge lesen, dann sollte auch um diese Uhrzeit von Ihnen regelmäßig gepostet werden. Sehen Sie, dass am Dienstag und Freitag am meisten gelesen wird, dann ist klar, das dies »Ihre« Favoritentage sind.

2.21.5 Personen

Facebook zeigt Ihnen hier, wer Ihre »Fans« und Besucher eigentlich sind, woher diese kommen, wie alt sie sind und in welcher Sprache sie Facebook benutzen. Zunächst werden die Top 10 angezeigt. Mit Klick auf »Mehr anzeigen« können Sie die Angaben Ihrer kompletten Fans und Nutzer sehen. Auch diese Statistik ist sehr spannend und meist auch sehr überraschend. Überraschend ist es, wenn Sie sehen, aus welchen Ländern Ihre Fans stammen.

- **Deine Fans**

Hier wird angezeigt, ob Ihre Fans eher weiblich oder eher männlich sind und wie das Verhältnis generell auf Facebook ist. Wären Sie Gynäkologe, dann ist zu erwarten, dass Ihre Fans wohl eher weiblich sind; genau entgegengesetzt wäre es, wenn Sie Urologe sind. Aber was ist, wenn Sie Zahnarzt sind und nicht oder kaum beim Geschlecht unterscheiden? Dann ist es sehr interessant, ob Ihre Zielgruppe eher männlich oder eher weiblich ist, da Sie entsprechend Ihrer gewünschten Zielgruppe auch die Themen auswählen. Wenn Sie also vornehmlich weibliche Fans haben, müssen Sie entscheiden, ob sie diese Gruppe mit weiteren femininen Themen ausbauen oder ob Sie verstärkt männliche Themen setzen, um die männliche Zielgruppe eher anzusprechen. Ist Ihre Zielgruppe »zu jung«? Dann verändern Sie Ihre Themen! All das können Sie hier einsehen.

- **Erreichte und interagierende Personen**

Die gleichen Angaben sehen Sie auch für »Erreichte Personen« (beispielsweise durch eine Werbeanzeige) und »Interagierende Personen« (die geliked, kommentiert oder geteilt haben).

- **Checkliste: Wann ist eine Facebookseite eigentlich erfolgreich?**

Diese Frage wird permanent von Experten diskutiert, denn es gibt mehrere Indikatoren:

- Hohe Fanzahl (»Gefällt-mir«-Angaben«): Alle schauen zuerst auf diese Zahl, dabei sagt diese Zahl nicht wirklich etwas aus. Was nützt Ihnen eine Facebookseite mit vielen Fans, wenn keiner dieser Fans Ihre Posts liest? Diese Zahl ist psychologisch und unter »Anfängern« wohl von Bedeutung, aber sagt nicht viel aus.
- Viele »organische« Likes: Perfekt ist es, wenn Sie sämtliche Likes ohne eine einzige Anzeige bekommen, aber es ist wahrlich keine Schande, mit Werbung etwas nachzuhelfen.
- Viele Fans im Ausland: Das ist bestimmt gut für das Ego einer Praxis im Ländlichen, aber meinen Sie wirklich, dass Sie dort Patienten bekommen? Es sagt nichts Relevantes über oder für Sie aus.
- Hohe Reichweite: An dieser Zahl können Sie tatsächlich ablesen, ob Ihr Facebookauftritt »ankommt« oder nicht. Je höher diese Zahl ist, am besten stetig steigend, desto besser.
- Hohe Anzahl an »Gefällt-mir«-Angaben, Kommentaren, Teilungen: Keine Frage, das ist Ihr Ziel, je mehr hier passiert, desto besser.
- Viele Posts: Die Quantität sagt nahezu nichts aus, sondern die Qualität zählt. Posts ohne ein

»Gefällt mir« sind schlecht! Lieber wenige, aber die sind gut und erfolgreich.
- Viele »sprechen darüber«: Je höher diese Zahl ist, desto besser.
- Anrufe in der Praxis: Es ist ein einfaches Messinstrument. Melden sich Personen verstärkt wegen Nachrichten auf Facebook, dann haben Sie alles richtig gemacht.

2.22 Redaktionsplan

Agenturen und Pressestellen arbeiten mit einem Redaktionsplan, das zieht zahlreiche Vorteile mit sich. Perfekt wäre es, wenn Sie sich nicht mehrfach die Woche darüber Gedanken machen müssen, welches Thema Sie nun posten, sondern einfach in eine kalendarische Tabelle schauen, und dort sehen Sie die nächsten Themen zum Posten. Das geht, denn es gibt Themen, die Sie schon Monate oder Jahre im Voraus festlegen können. Geburtstage sind genauso vorhersehbar wie der Frühlingsanfang oder der Tag der Zahngesundheit.

- **Checkliste: Themen für den Redaktionsplan**
- Geburtstag der Mitarbeiter
- Jubiläen der Mitarbeiter oder Praxis
- Tage der Gesundheit (zum Beispiel Tag der Zahngesundheit am 25. September; Tag der Zahnschmerzen 9. Februar; Tag der Zahnfee am 22. August, Tag des Zahnarztes am 6. März)
- Silvester, Weihnachten, Neujahr
- Ideale Zeiten für die jährliche Zahnkontrolle (Jahresbeginn) oder das Herausnehmen eines Weisheitszahnes (Ferien)
- Große medizinische Kongresse, an denen Sie teilnehmen
- Eigene, regelmäßige Patientenveranstaltungen
- Olympia, Fußball-WM, Formel-1-Start, Oscar-Verleihung

2.23 Delegieren

Genauso wie die Abrechnungen, Terminvergaben oder das Ausstellen von Überweisungen delegiert werden – und vermutlich auch die Pflege der Internetseite –, kann der Arzt auch die Pflege der Facebookseite delegieren.

- **Checkliste: Facebook delegieren**
- Benennen Sie offiziell, vor dem ganzen Team und am besten noch schriftlich, diese ausgewählte Person zum Facebookmanager oder zur Facebookverantwortlichen (das hebt die Motivation und unterstreicht die Bedeutung)
- Wählen Sie nur eine Person aus
- Legen Sie Themen und Wording fest (Duzen? Locker oder seriös?)
- Bestimmen Sie, welche Aufgaben (zum Beispiel Anzeigenschaltung) selbstständig oder nur nach Rücksprache mit Ihnen durchgeführt werden dürfen
- Gehen Sie auf »Seite bearbeiten – Seiteninfo – Administrationsaufgaben« und verteilen Sie die Admin-Rechte
- Wichtig: Die Person, die als Admin eingesetzt wird, benötigt bei Facebook ein Profil
- Hinzufügen: E-Mail-Adresse, mit der die Praxis bei Facebook angemeldet ist, eintragen
- Position zuteilen: Manager (alle Rechte), Inhaltsersteller, Moderator, Werbetreibender, Statistikanalyst (kann lediglich Statistiken aufrufen)
- Führen Sie einmal im Monat ein Facebookmeeting ein, eine Dauer von 20 Minuten reicht, mit allen Mitarbeitern, um die möglichen Themen zu finden und Identifikation zu steigern.
- Legen Sie einen Facebook-Redaktionsplan an
- Lassen Sie sich regelmäßig (einmal die Woche) einen kurzen Status quo geben, damit Sie im Bilde sind.
- Lassen Sie sich die Posts vor dem Veröffentlichen kurz ausgedruckt zeigen, das sorgt für Kontrolle und Qualität, und zunehmend können Sie darauf verzichten.
- Sie denken, es sei unseriös, den Facebookauftritt als Arzt in der eigenen Praxis nicht selbst zu pflegen? Meinen Sie denn, dass Bundeskanzlerin Angela Merkel genug Zeit hat, ihre Facebookseite selbst zu pflegen, inkl. Posts und Kommentaren? Oder delegiert sie das zum Beispiel an ihren Facebookverantwortlichen, wahrscheinlich an ihren Regierungssprecher?

Wichtig ist, dass Sie wissen, was dort bei Facebook geschieht.

- **Checkliste: Wer ist als Praxis-Facebookmanager geeignet?**

Nicht jede Person Ihres Teams, so loyal und hervorragend die Arbeit ist, ist auch geeignet für diese Aufgabe, denn hier sind besondere Eigenschaften gefordert.

— Muss Facebookaffinität besitzen (um mit Kreativität und stets up to date agieren zu können)
— Muss für die rechtlichen Rahmenbedingungen der Arzt- und Heilmittelwerbung sensibilisiert sein
— Muss die Praxis (zum Beispiel Praxisphilosophie) kennen
— Muss im Team anerkannt und »beliebt« sein, sonst erhält diese Person keine thematische Unterstützung
— Muss das Vertrauen des Arztes genießen (Loyalität)
— Muss über eine gute Rechtschreibung verfügen
— Muss auch die notwendige Zeit vom Arzt dafür erhalten
— Muss ein eigenes Facebookprofil haben

Was tun, wenn kein Praxisteammitglied diese Aufgabe übernehmen kann? Dann investieren Sie einfach in ein Facebook-Mitarbeiterseminar, das kostet zwischen 300 und 1.000 €, oder Sie delegieren diese Aufgabe an jemanden extern; hier gibt es zahlreiche Agenturen. In dem Fall gelten auch die gleichen Voraussetzungen. Die Kosten dafür bewegen sich etwa zwischen 200 und 1.500 € im Monat, je nachdem, wie aufwändig diese Aufgabe ist.

2.24 Besuche

Neben oder unter Ihren »Gefällt-mir«-Angaben steht »Besuche«. Dieser Begriff fällt einem Betrachter positiv auf, aber sorgt noch immer für Verunsicherung, denn er ist tatsächlich irreführend. Gemeint ist, dass Personen in einem Post bekanntgeben, dass sie bei Ihnen waren. Das klingt erst einmal einfach. Je mehr Personen dort in einer Zahl zusammengefasst stehen, zum Beispiel 1.000, desto größer ist die Botschaft, dass Sie wohl ein guter Arzt sind, denn sonst wären ja nicht so viele Personen bei Ihnen.

Wenn Sie etwas bei Facebook suchen, dann bietet Facebook Ihnen im Ergebnis u.a. Seiten und Orte an:

Seiten Dies sind alle offiziellen Seiten (wie Unternehmensseiten, Seiten von Arztpraxen) und Gemeinschaftsseiten.

Orte Dies sind Seiten, die einer bestimmten Adresse zugeordnet sind, sodass man bei ihnen »einchecken« kann (zum Beispiel ein Lokal oder ein Supermarkt oder eine Arztpraxis).

Es ist also von Vorteil, dass diese Funktion aktiviert ist; dies erreichen Sie durch den Eintrag Ihrer Postadresse in die entsprechenden Felder unter »Seiteninfo« und »Adresse«. Sobald hier Straße, Hausnummer, Postleitzahl und Stadt eingetragen und abgespeichert sind, verarbeitet Facebook dies und ordnet nach einer Weile (das kann bis zu ein paar Tagen dauern) die Seite in der Suche nicht mehr nur unter »Seiten«, sondern auch unter »Orte« ein. Wichtig ist es, unter der Karte das kleine Häkchen zu setzen (»Show map, check-ins and star ratings on the page«).

Facebooknutzer, die einen Post schreiben und in diesen Post Ihre Praxis-Facebookadresse schreiben und (geht automatisch) als Link aktivieren, werden als »waren hier« gezählt.

- **Tipp des PR-Beraters**

Ein dickes »0 waren hier« auf der Startseite sieht nun wirklich nicht gut aus, deshalb bitten Sie doch Ihre (Facebook-)Freunde, hier mit einem Post entsprechend aktiv zu werden.

Wie machen Sie die Ortsintegration rückgängig? Entfernen Sie wieder das Häkchen unter der Karte!

2.25 Facebookbewertung – Blaue Sterne

Seit November 2013 werden Bewertungen, symbolisiert durch blaue Sterne, prominent auf Facebookseiten angezeigt, direkt unterhalb des Seitennamens. Gezeigt werden die Gesamtanzahl der Bewertungen und der Bewertungsdurchschnitt in Punkten. Facebook geht damit einen weiteren Schritt in Richtung Bewertungsportal. Gleich beim ersten Besuch einer Seite verrät eine gute Rezension, was einen erwartet (von der Facebookseite und von der Praxis!).

2.25.1 Wie wird eine Praxis bewertet auf Facebook?

In der Chronik rechts – ein wenig unterhalb des Kopfbildes – können Besucher bis zu fünf Sterne vergeben und zusätzlich einen Kommentar hinterlassen, wie sie die Seite beurteilen.

Vergibt jemand allein Sterne, wird die Bewertung in die Gesamtzahl der Sterne anonym einbezogen, der eigene Name taucht nicht in den Rezensionen auf. Bei Eintrag eines Bewertungskommentars kann man in den Einstellungen festlegen, welchen Grad an Öffentlichkeit dieser haben soll. Unter Umständen möchte man die Rezension nur im Freundeskreis sichtbar machen.

- **Vorteile der Bewertung**

Was zählt mehr als eine offene, ehrliche Empfehlung? Viele blaue Sterne, viele Bewertungen und noch gute Rezensionen sind als »Verkaufsargument« unschlagbar. Jeder, der bewertet, also aktiv wird, erscheint in der Newsleiste, und dessen »Freunde« sehen es ebenso.

- **Nachteile der Bewertung**

Da Bewertungen nicht obligatorisch öffentlich abgegeben werden müssen, kann die Rezensionsmöglichkeit leicht missbraucht werden. So könnte (und kann) eine konkurrierende Praxis bei Ihnen eine schlechte Bewertung abgeben, und »verrückte« Patienten gibt es auch in jeder Stadt. Zudem können Facebookseitenadmins weder auf positive noch auf negative Rezensionen antworten oder einzelne Bewertungen löschen.

2.25.2 Rezensionen/Sterne deaktivieren

Rezensionen ein-/ausschalten: Rezensionen können für eine Facebook Seite aus- bzw. eingeschaltet werden. Dabei handelt es sich nicht um eine klassische Aktivierung oder Deaktivierung der Funktion, sondern vielmehr um die Umschaltung zwischen Facebookseite (Rezensionen sind ausgeschaltet) oder Facebookort (Rezensionen sind aktiv), das heißt vielmehr zu entscheiden, besser einen Facebookort anstelle einer Facebookseite zu verwenden oder nicht. Entscheidet sich der Administrator gegen Rezensionen, entscheidet er sich auch gegen die Orte-Funktion von Facebook (Hutter 2013).

Sind Sie ein guter Arzt? Ja? Dann gibt es keinen Grund, sich den Bewertungen zu entziehen. Und wenn doch jemand seinem Unmut Luft macht in der Bewertung oder Rezension, so bedenken Sie, dass er das genauso auf Arztbewertungsportalen tun kann, und dort bekommen Sie es womöglich gar nicht mit. Und bitten Sie doch Ihre Patienten direkt, zumindest die, die offensichtlich sehr zufrieden sind, dort eine Bewertung abzugeben! Es spricht auch nichts dagegen, dass Ihre Mitarbeiter dort eine Bewertung abgeben – es sollte nur freiwillig sein, und Ihr Praxis-Facebookmanager sollte eigentlich selbst auf die Idee kommen, dort selbst präsent zu sein mit dem Profil. Sie hingegen sollten natürlich nicht selbst Ihre eigene Praxis loben.

> **Der Anwalt rät**
> Schlechte Bewertungen von Nutzern können, sofern diese gegen die Nutzungsbedingungen von Facebook oder gegen allgemeine Gesetze verstoßen, bei Facebook gemeldet werden. Enthalten die Bewertungen Rechtsverletzungen, also etwa Formalbeleidigungen und Schmähkritiken (»Folterknecht«, »Halsabschneider«) oder auch unwahre oder kreditgefährdende Tatsachenbehauptungen (also solche tatsächlichen Behauptungen, die einem Beweis zugänglich und nicht überwiegend durch Elemente einer Wertung geprägt sind wie etwa »Die Praxis hat 7 Mitarbeiter und ist von 8 bis 16 Uhr geöffnet«, »Zahnarzt Y. begeht systematischen Abrechnungsbetrug« oder »Auf dem Boden dieser Praxis zeugen getrocknete Blutspritzer von katastrophalen hygienischen Zuständen«, so können diese im Falle der Unwahrheit zivilrechtlich verfolgt werden.

> Für den Fall, dass Sie den Äußernden identifizieren können, können Sie diesen abmahnen und zur Abgabe einer sog. Unterlassungserklärung auffordern lassen. Dies sollte man immer dann tun, wenn eine Rechtsverletzung festgestellt wurde und hierdurch Interessen des Arztes und seiner Praxis widerrechtlich verletzt werden. Dies gilt ganz unabhängig von dem Versuch der Beseitigung rechtswidriger Bewertungen durch Löschen seitens Facebook.

2.26 Was kommt als Nächstes?

- **Graph Search**

Eine neue Suchfunktion ist das »Graph search« bei Facebook, welche aber derzeit nur auf der US-englischen Facebookversion geschaltet ist und dort getestet wird.

Die neuesten Tools und Funktionen bei Facebook kommen meist »verspätet« nach Deutschland, also auf das deutsche Facebook.

Was bietet Graph Search? Es durchsucht die ganze Facebook-Datenbank nach gewünschten Inhalten, und das Besondere ist: Es wird in ganzen Sätzen gesucht. Je detaillierter die Frage dabei formuliert ist, desto gezielter ist das Suchergebnis. Beispiel: »Welche Frauen von 28–50 in Berlin interessieren sich für eine Zahnaufhellung?« Im Ergebnis können dann sehr genau die potentiellen Patienten gefunden werden, und diese können dann gezielt für eine Werbeanzeige genutzt werden.

Nun können darüber nicht nur Personen, Orte, Seiten, Fotos und Apps gefunden werden, sondern auch Kommentare und sogar Statusmeldungen oder Bildunterzeilen. Wer also als Arzt Bleaching anbietet, braucht nun nur gezielt nach Begriffen wie »weiße Zähne« oder »perfektes Lächeln« zu suchen und findet Posts, die dieses Thema namentlich behandeln – und damit auch die Personen, die diesen Post geschrieben haben.

Literatur

Hutter T (2013) Facebook: Alles Wichtige zu Rezensionen auf einen Blick. ▶ http://www.thomashutter.com/index.php/2013/10/facebook-alles-wichtige-zu-rezensionen-auf-einen-blick. Zugegriffen: 09.07.2015

Redaktion deutsche-startups.de (2014) Bei schlechtem Wetter steigt die Interaktion auf Facebook immer. ▶ http://www.deutsche-startups.de/2013/12/23/wetter-facebook-interaktion. Zugegriffen: 09.07.2015

Redaktion t3n Online (2013) Die besten Posting-Zeiten auf Facebook [Infografik]. ▶ http://t3n.de/news/posten-zeiten-455989. Zugegriffen: 09.07.2015

Redaktion unternehmer.de (2013) Mehr Likes: Was und wann Sie auf Facebook posten sollten [Infografik]. ▶ http://www.unternehmer.de/marketing-vertrieb/152048-mehr-likes-und-wann-sie-auf-facebook-posten-sollten-infografik. Zugegriffen: 09.07.2015

Zigahn B (2013) Wann ist der beste Zeitpunkt um in Sozialen Netzwerken zu posten? ▶ http://www.soschl.de/2013/06/11/wann-ist-der-beste-zeitpunkt-um-in-sozialen-netzwerken-zu-posten. Zugegriffen: 09.07.2015

Google+

Marc Däumler, Marcus M. Hotze

3.1	**Braucht man noch ein weiteres Netzwerk neben Facebook? – 85**
3.1.1	Worin liegt der Vorteil von Google+? – 86
3.1.2	Wie wichtig ist Google+ für eine Zahnarztpraxis? – 86
3.1.3	Unterschied zwischen Google+ und Facebook – 86
3.1.4	Google+ an- und abschalten – 87
3.2	**Anmeldung – 87**
3.2.1	Google Konto einrichten – 87
3.2.2	Unternehmen in Google My Business eintragen – 89
3.2.3	Google My Business – Dashboard – 90
3.3	**Google+-Seite – 93**
3.3.1	Impressum – 93
3.3.2	Hintergrundbild – 95
3.3.3	Info – 96
3.3.4	Beiträge – 96
3.3.5	Sammlungen – 97
3.3.6	Foto – 97
3.3.7	Video – 99
3.3.8	Bewertungen – 99
3.4	**Beiträge verfassen – 99**
3.4.1	Text – 99
3.4.2	Foto – 99
3.4.3	Link – 99
3.4.4	Video – 100
3.4.5	Veranstaltung – 100
3.4.6	Abstimmung – 101
3.5	**Den fertigen Beitrag bearbeiten – 102**
3.6	**Aktiv sein auf anderen Seiten – 103**

M. Däumler, M. M. Hotze, *Social Media für die erfolgreiche Zahnarztpraxis*, Erfolgskonzepte Zahnarztpraxis & Management, DOI 10.1007/978-3-642-45035-8_3, © Springer-Verlag Berlin Heidelberg 2016

3.7 **Google+-Seite – Auf einen Blick – 104**
3.7.1   Stream – 104
3.7.2   Personen – 104

3.8 **Und zum Schluss die Frage: Soll ich nun Google+ nutzen? – 107**

Literatur – 108

Die normale Googlesuche kennt jeder Internetnutzer, Google Maps als Routenplaner und auch zur lokalen Orientierung sowie Platzierung des eigenen Unternehmens ist den meisten auch geläufig, und Google+ als Konkurrenz zu Facebook ist zumindest namentlich vielen bekannt. Google bietet viele Dienste an und entschied sich zur Vereinfachung der Nutzung, diese drei für Unternehmen sinnvolle Dienste zu einem zusammenzufassen: Google My Business war geboren. Offiziell heißt es, die Nutzung wird so einfacher, und das stimmt auch. Andere behaupten, es ist ein Schritt, um Google+, das hinter den Erwartungen liegt, mehr zu pushen.

Fakt ist, dass die Unternehmen und Arztpraxen, die Google My Business nutzen, gleich mehrere Vorteile haben. Denn Google ist und bleibt in erster Linie eine Suchmaschine, und die ist heute im Marketing für jede Zahnarztpraxis ein entscheidender Aspekt zur Kunden- und Patientengewinnung. Die Dienste in Google My Business haben tatsächlich spürbare Auswirkungen auf die Google-Ergebnisse. Somit ist Google+, im Rahmen von Google My Business, also deutlich mehr als einfach eine weitere soziale Medienplattform neben Facebook.

Zur groben Orientierung: Es beginnt damit, dass Sie eine kostenlose Googlemailadresse benötigen, und mit dieser eröffnet Google automatisch Ihr privates Googlekonto mit einer privaten Google+-Seite, die heißt korrekt Google+-Profil. Das geht alles automatisch. Über dieses private Googlekonto können Sie nun viele Dienste von Google auswählen und nutzen, und Sie wählen von diesen vielen Diensten mit nur einem Klick das Google My Business aus. Dort, bei Google My Business, melden Sie sich für Ihre Zahnarztpraxis an und erhalten, wieder ganz automatisch, eine Google+-Seite für Ihre Zahnarztpraxis sowie einen Eintrag bei Google Maps. Schon jetzt sind Sie vielen anderen Zahnarztpraxen weit voraus. Nun folgt das Einpflegen von Daten für Ihre Google+-Seite mit Fotos und Texten, und das war's – Sie sind dann exzellent bei Google auffindbar und bieten Ihren Patienten einen hervorragenden Zusatznutzen.

Im Mittelpunkt steht weiterhin die Googlesuche bzw. das Suchergebnis, und hier bieten sich durch Google My Business große Vorteile für jede Zahnarztpraxis, um von Patienten nicht nur besser gefunden zu werden, sondern auch, sich deutlich effektiver darzustellen. Von sichtbaren Patienten-Bewertungen über Routenplaner bis hin zur hervorgehobenen Darstellung bei den Treffern und ergänzenden Zusatzinformationen bietet Google My Business noch einen großen Vorteil, da nur weniger Praxen dies nutzen.

Wer also Google+ für die Praxis nutzen möchte, muss bei Google My Business ein Konto erstellen, und um das zu erstellen, benötigen Sie Ihr privates Googlekonto Mit dem Googlekonto erhalten Sie automatisch auch ein privates Google+-Profil. Sie haben also automatisch ein privates Google+ und ein geschäftliches Google+, werden aber nur mit dem geschäftlichen arbeiten.

- **Was sind das für Kreise?**

Google+ bietet die Möglichkeit, eine sehr individuelle und zielgruppenspezifische Ansprache zu erreichen. Sie haben weibliche Kunden? Dann ist das ein Kreis. Sie haben männliche Kunden? Dann ist das auch ein Kreis. Sie haben junge Kunden? Ältere Kunden? Privatzahler oder Kassenpatienten? Das sind alles eigene Kreise! Und nun können Sie sehr genau jedem »Kreis« Informationen zukommen lassen, also Informationen (Beiträge) auf Ihrer Google+-Seite veröffentlichen, die nur die ausgewählten Kreise sehen. Jede Zielgruppe bekommt also individuelle Informationen auf Ihrer Google+-Seite.

3.1 Braucht man noch ein weiteres Netzwerk neben Facebook?

Facebook und Google+ bieten grob dasselbe, aber eben nur grob. Vielen Unternehmen ist Facebook zu persönlich und zu privat, LinkedIn und Xing zu statisch und zu gering besucht, und manche möchten eine präzisere Ansprache der Zielgruppen und kein Gießkannenprinzip, und genau für die ist Google+ gut geeignet. Tatsächlich gibt es Branchen, die sich eher bei Google+ darstellen und deutlich weniger bei Facebook. Andererseits ist Facebook sehr viel populärer, und die Marktdurchdringung ist derzeit unschlagbar. Es kommt also darauf an, welche Ziele verfolgt werden.

- **Crossposting**

Der Begriff steht für das Motto »Ich bin überall dabei und versende aus Zeitgründen auch überall genau dasselbe«. Einmal geschrieben, gleichzeitig bei Facebook und Google+, am besten auch noch Twitter, veröffentlicht. Das ist nicht Social Media! Machen Sie den Test: Würden Sie zwei identische Zeitungen lesen? Und was denken Sie über den herausgebenden Verlag?

3.1.1 Worin liegt der Vorteil von Google+?

Google+ gehört zu Google, und wo suchen Sie etwas im Internet? Bei Google! Und nun ist die Frage in der Überschrift schnell beantwortet, denn Ihre Beiträge bei Google+ wirken sich sehr positiv auf die Platzierung bei den Google-Suchergebnissen aus. Und noch mehr: Google lässt Informationen – zum Beispiel aus Ihren Youtube-Video und Ihren Google+-Beiträgen – in die Auswahl der Google-Suchergebnisse Ihrer Patienten einfließen, wenn nach Ihnen als Zahnarzt gesucht wird.

3.1.2 Wie wichtig ist Google+ für eine Zahnarztpraxis?

Was ist Ihr Ziel? Sie wollen Ihren Patienten News aus der Praxis mitteilen und sich positiv, kompetent und sympathisch darstellen, auch gegenüber Kollegen, Zuweisern, Mitarbeitern und Dienstleistern? Wahrscheinlich findet sich diese Zielgruppe eher bei Facebook als bei Google+, weil die Zahl der Nutzer dort erheblich größer ist als bei Google+. Aber was ist in einem Monat oder in einem Jahr? Kaum eine Branche verändert sich so rasant. Derzeit liegt in Deutschland die Zahl der registrierten Google+-User bei etwa 9 Millionen und die Zahl der tatsächlich aktiven bei etwas über 3 Millionen. Einerseits ist das im Vergleich zu Facebook nicht viel, aber absolut sprechen wir hier dennoch von einem Personenkreis in Millionenhöhe.

Der Anteil von Personen, die in der IT-Branche tätig sind, ist übrigens auffallend hoch bei Google+, ebenso in dem Zusammenhang weniger überraschend die Tatsache, dass doppelt so viele Männer wie Frauen dort aktiv sind.

Google+ führt, wenn es gepflegt wird und Interaktionen auf die Beiträge folgen, zu einem besseren Suchergebnis, vorausgesetzt, die richtigen Begriffe werden verwendet. Wer die Möglichkeit hat, intern oder delegiert, den Google+-Auftritt professionell aufzubauen und genauso zu pflegen, hat Vorteile gegenüber all denen, die es nicht tun. Das Bilden von Kreisen kann hervorragend genutzt werden, wenn es um spezifische Themen geht.

- **Lieber weniger, aber das richtig**

Keine Zeit? Dann entscheiden Sie sich: Entweder Facebook oder Google+, Sie sollten aber nicht halbherzig beides parallel pflegen, denn Sie behandeln ja einen Patienten auch mit voller Aufmerksamkeit und nicht zwei Patienten parallel.

3.1.3 Unterschied zwischen Google+ und Facebook

Google+ ist eine Sparte des Unternehmens Google. Wenn diese Sparte nicht funktioniert, dann kann sie geschlossen werden, und das Unternehmen Google besteht dennoch weiter. Wenn Facebook geschlossen wird, wird das gesamte Unternehmen Facebook geschlossen.

Bei Facebook passiert einfach mehr, da dort nicht nur deutlich mehr Menschen anzutreffen sind, sondern weil diese auch deutlich aktiver agieren. Bei Facebook können Sie eine einfache Nachrichtenfunktion als Chat nutzen, es ist also ein unkomplizierter Weg, sich ungestört mit jemandem auszutauschen. Bei Google+ finden Sie stattdessen »Hangouts«, ein umfangreiches Chatprogramm mit Video-Funktion, Emoticons und Gruppenchat, was aber etwas gewöhnungsbedürftig ist.

Facebook ist populärer, überprüfen Sie es einfach mal an sich selber: Wann haben Sie das letzte Mal in den Medien etwas über Facebook wahrgenommen, und wann etwas über Google+? Google+ muss strategisch genutzt werden, wobei hier eine passive Handhabe unter bestimmten Bedingungen möglich ist, bei Facebook ist passives Verhalten schädigend.

Abb. 3.1 Google My Business: Anmeldungsseite

Und noch etwas »Wichtiges«: Bei Facebook heißt es »Liken«, bei Google+ »Plussen«! Die Funktion ist dieselbe, und obwohl sich »Liken« auch bei Google+ als Begriff durchgesetzt hat (Plussen klingt einfach merkwürdig), verwenden manche hartnäckig den Begriff »Plussen«. Lassen Sie sich nicht irritieren.

3.1.4 Google+ an- und abschalten

Wo ist der On/Off-Schalter? Den gibt es nicht bei Google+! Entweder Sie haben Ihre Google+-Seite online oder Sie löschen sie; etwas dazwischen gibt es nicht. Anders als bei Facebook ist es nicht möglich, Google+-Seiten vorübergehend zu deaktivieren. Google+-Seiten können also nicht versteckt werden, um ggf. das Aussehen von Titelbildern oder anderer Änderungen zu prüfen. Jede Änderung wird an der öffentlich sichtbaren Google+-Seite vorgenommen.

3.2 Anmeldung

Google My Business ist Ihre zentrale Verwaltung für Google+ und lokale Einträge (Google Maps). Durch die Einbindung Ihrer Praxis auf Google My Business sorgen Sie dafür, dass Informationen zu Ihrer Praxis in der Googlesuche, in Google Maps und auf anderen Google-Webseiten erscheinen.

Wie lange dauert die Anmeldung? Ganz gleich, ob Speed oder Perfekt: Sie dauert etwa 2 Wochen! Das liegt daran, dass Sie einen Code beantragen müssen, der Ihnen postalisch von Google zugesandt wird, und das dauert bis zu 2 Wochen.

Öffnen Sie die Seite ▶ www.google.com/business (◘ Abb. 3.1).

Wenn Sie schon ein Googlekonto haben, dann gehen Sie bitte direkt auf »Anmelden«.

3.2.1 Google Konto einrichten

Sie haben kein Googlekonto, dann klicken Sie dazu auf »Unternehmen eintragen«. Geben Sie hier nun Ihre E-Mail-Adresse ein, wählen Sie ein Passwort und klicken Sie dann auf »Konto erstellen«. Füllen Sie nun das Formular aus. Unter »Aktuelle E-Mail-Adresse bietet Ihnen Google hier an, eine @gmail-Adresse anzulegen. Wir empfehlen, dass Sie Ihre aktuelle E-Mail-Adresse verwenden, damit Sie sich nicht noch eine Adresse merken müssen.

Ihre Telefonnummer müssen Sie nicht angeben, und wir empfehlen die Nennung auch nicht (◘ Abb. 3.2).

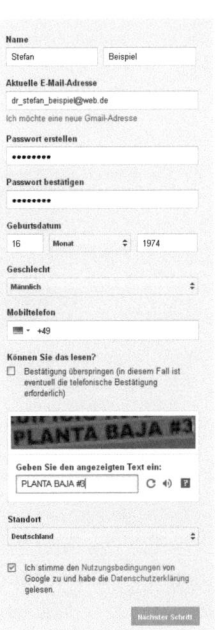

- **Abb. 3.2** Konto erstellen

- **Abb. 3.3** E-Mail

> **Der Anwalt rät**
> Auch bei Google gilt: Die von Google für die einzelnen Services gestellten Nutzungsbedingungen bilden Ihre (teilweise einem ausländischen Recht unterfallende) Geschäftsgrundlage mit Google. Auch wenn diese Bedingungen der Nutzung von Google zu Zwecken der Praxiswerbung im Regelfall nicht entgegenstehen, sollten Sie diese Spielregeln vorher gelesen haben. Erst dann wissen Sie, ob die Plattform wirklich zu Ihnen passt.
> Die Nutzungsbedingungen von Google sind neuerdings nutzerfreundlicher strukturiert. Das macht das Lesen und Verstehen etwas einfacher – im Vergleich zu den Textwüsten bei Facebook. Trotzdem wird auch hier munter auf zusätzliche Bedingungen verwiesen – schauen Sie also, welche Regelungen für Sie wirklich im Einzelfall relevant sind.

Es öffnet sich nun ein neues Fenster, indem Sie darauf hingewiesen werden, dass Google Ihnen eine Bestätigungsmail geschickt hat, die Sie nun bestätigen können (◘ Abb. 3.3).

3.2 · Anmeldung

Abb. 3.4 Google-Profil

Die E-Mail hat den Betreff »Google-E-Mail-Bestätigung«. Öffnen Sie nun diese E-Mail in Ihrem E-Mail-Fach und klicken Sie auf den ersten Link, um Ihre Registrierung zu bestätigen.

Übrigens: Mit der Erstellung eines Googlekontos haben Sie nun automatisch auch ein privates Google+-Profil erstellt (◘ Abb. 3.4).

Sie benötigen für die Nutzung einer Google+-Seite für Ihre Praxis administrativ zwar ein privates Google+-Profil, für Ihre weitere Erstellung und Pflege der Google+-Seite Ihrer Praxis ist Ihr Profil aber nicht weiter notwendig. Deshalb empfehlen wir Ihnen an dieser Stelle die Speed-Lösung. Später können Sie, auch anhand der Beschreibung für die Praxis-Google+-Seite, die weitergehende Erstellung eines privaten Profils vornehmen.

Speed Überspringen (0 Sekunden)

Perfekt Hier können Sie, wenn Sie möchten, ein Bild von Ihrer Festplatte hochladen und den optimalen Ausschnitt auswählen. Sind Sie zufrieden? Dann einfach auf »Als Profilbild festlegen« klicken. (6 Minuten)

Jetzt sind Sie bei Google angemeldet. Das heißt, dass mit dem neu erstellten Konto alle Google Dienste genutzt werden können: Google+, Google My Business, Analytics, AdWords, Webmaster Tools, Youtube, Google Maps u. s. w. Mit einem Klick auf »Ihr Profil« öffnet sich genau Ihr Profil.

3.2.2 Unternehmen in Google My Business eintragen

Klicken Sie nun auf »Mit Google starten« und es öffnet sich eine Weltkarte, in die Sie Ihr Unternehmen, also den Namen Ihrer Praxis eintragen. Es kann sein, dass Google diesen Namen schon findet und als Treffer anzeigt. Wenn das so ist, dann übernehmen Sie das einfach.

Falls nicht, dann legen Sie den Eintrag neu an und bestätigen Sie diesen mit »Weiter«. Bitte alles ausfüllen.

> **Tipp des PR-Beraters**
>
> Sinnvoll ist es, hier nicht Dr. Stefan Beispiel zu schreiben, sondern etwas Aussagestarkes: Zahnarztpraxis Dr. Stefan Beispiel

Am Ende klicken Sie bitte auf »Senden« (◘ Abb. 3.5)

Google will absolut sicher sein, dass die Unternehmen, die hier eingetragen werden, auch tatsächlich existieren. Zum Vergleich: Bei Facebook können Sie über Ihr Facebookprofil viele Unternehmensseiten erstellen, also auch Mottoseiten. Das ist bei Google nicht möglich. Um das sicherzustellen, wird Ihnen Google in den nächsten 1–2 Wochen postalisch einen Code zusenden, mittels diesem Sie Ihr Unternehmen auf Google My Business verifizieren können (online eintragen). Erst durch Eingabe diesen Codes können Sie Ihre

Abb. 3.5 Unternehmen bei Google eintragen

Abb. 3.6 Google-Code

Googleseite online schalten und werden außerdem in der Google Suche auffindbarer.

Klicken Sie hier bitte auf »Fortfahren und später bestätigen« (◘ Abb. 3.6).

Herzlichen Glückwunsch, Ihr Unternehmen ist nun auf Google My Business!

3.2.3 Google My Business – Dashboard

Bitte melden Sie sich an auf Google My Business – und nun sehen Sie in der Mitte oben groß Ihre Google+-Seite, darunter sicherlich AdWords Express.

- **Wo bin ich?**

Oben links sehen Sie ein Google-Logo. Steht da einfach nur Google, dann sind Sie auf Ihrer Google My Business Seite. Steht dort ein Google+, dann sind Sie auf Ihrer Google+-Seite. Ganz einfach. Oben ganz rechts sehen Sie ein Logo oder Bild, entweder das von Ihnen privat oder das von Ihrer Zahnarztpraxis – das, was Sie sehen, damit sind Sie eingeloggt, also auch ganz einfach. Sie möchten von Ihrem privaten Googlekonto wechseln auf das Google+-Konto Ihrer Zahnarztpraxis oder umgekehrt? Oben rechts auf Ihr Logo oder Bild klicken und das Googlekonto darunter anklicken, zu dem Sie wechseln möchten. Fertig.

Nun haben Sie in der Bildmitte eine Auflistung Ihrer Googledienste, die von User zu User individuell aussehen kann, aber vermutlich steht bei Ihnen nun chronologisch Folgendes:

Google+-Seite
Hier können Sie jedes Mal, wenn Sie sich einen schnellen Überblick verschaffen wollen, bequem mit einem Klick auf Ihrer Google+-Seite die eingestellten Informationen zu Ihrer Zahnarztpraxis bearbeiten, also Internetseite und Öffnungszeiten anpassen sowie Foto einstellen.

- **Bearbeiten**

Klicken Sie nun oben bitte auf den roten Button »Bearbeiten«. Hier können Sie nun Ihre Unternehmensinformationen bearbeiten.

- Name des Unternehmens: Stellen Sie Ihre Praxis genau so dar, wie sie außerhalb des Internets auftritt. In unserem Fall: Zahnarztpraxis Dr. Stefan Beispiel
- Adresse: Geben Sie die genaue Adresse Ihrer Praxis ein.
- Kontaktdaten: Hier können Sie die Telefonnummer und die Website-Adresse Ihrer Praxis hinterlegen.
- Kategorie: Für jedes Unternehmen muss eine Unternehmenskategorie ausgewählt werden. In Ihrem Fall ist es ganz einfach, denn Sie wählen Zahnarzt aus. Sie können bis zu neun zusätzliche Kategorien auswählen.
- Öffnungszeiten: Hier können Sie sowohl den Wochentag, als auch die Uhrzeit hinterlegen. Wenn Sie die Öffnungszeiten hinterlegt haben, wird für Ihre Patienten bei der Googlesuche bereits angezeigt, ob Sie gerade geöffnet oder geschlossen haben. Wählen Sie einen Wochentag aus dem ersten Drop-down-Menü aus. Wählen Sie dann unter den Optionen im zweiten Feld die Uhrzeit aus, zu der Ihr Unternehmen an diesem Tag öffnet. Im dritten Feld geben Sie an, wann Ihr Unternehmen an diesem Tag schließt. Um einen weiteren Wochentag hinzuzufügen klicken Sie einfach auf Öffnungszeiten hinzufügen. Am Ende bitte speichern!
- Einführung: Hier können Sie eine kurze Beschreibung Ihrer Praxis hinzufügen. An dieser Stelle können Sie sich Ihren Patienten vorstellen und diese über Ihre Praxis informieren. Beispiel: »Willkommen in unserer Zahnarztpraxis auf Google+! Hier finden Sie Aktuelles aus unserer Praxis und aus der Zahnmedizin.«

> **Der Anwalt rät**
> Für die Darstellung der Praxis und des Arztes gelten auch bei den Googlediensten die allgemeinen Grundsätze des ärztlichen Berufsrechts sowie des HWG. Ohne Weiteres können (und müssen) alle Angaben übernommen werden, die auch auf dem Praxisschild erwartet werden. Bleiben Sie also bei der Wahrheit und beschränken Sie sich auf sachliche Informationen, etwa über Ihre Qualifikationen und Tätigkeitsschwerpunkte. Vermeiden Sie es, den Eindruck einer tatsächlich nicht bestehenden Facharztqualifikation (»Zahnarzt für …«) entstehen zu lassen, und vermeiden Sie reißerische oder nichtssagende Anpreisungen ohne objektiv nachprüfbare Inhalte. »Die beste Bleaching-Adresse in Berlin« sollte ebenso wenig für die Selbstdarstellung verwendet werden wie »… ist die Nummer 1 in der Wurzelbehandlung«.

Auf »Fertig« klicken.

- **Profilfoto**

Dazu klicken Sie einfach auf den großen grauen Kreis (Profilbild ändern), woraufhin sich Ihre Festplatte öffnet und Sie nun ein Foto auswählen können. Das Foto muss eine Größe von mindestens 250 × 250 Pixel besitzen.

Es gelten hier die gleichen Bildvoraussetzungen wie bei allen Ihren Social-Media-Auftritten. Sie können auch stets das gleiche Profilbild bei Facebook, Xing oder Google+ verwenden, damit ein Wiedererkennungseffekt genutzt werden kann. Im Idealfall ist das: Ihr Logo! Es gibt kein Logo? Dann ein Foto von Ihnen oder noch besser: Lassen Sie ein Logo anfertigen, das können Sie dann auch für Ihre Internetseite hervorragend verwenden.

- **Fotos verwalten**

Hier öffnet sich beim Anklicken ein neues Menü.

Speed Überspringen (0 Sekunden)

Es geht in diesem Buch um Ihren Google+-Auftritt für Ihre Praxis, und das, was Sie hier an Fotos hochladen können, ist später zu sehen bei den Suchergebnissen auf Google, wenn nach Ihnen gesucht wird und Sie als Treffer angeklickt werden.

Perfekt Investieren Sie die 10 Minuten und nutzen Sie diese Chance, sich mit guten (wirklich sehr guten) Fotos darzustellen, denn jedes Mal, wenn jemand Sie bei Google sucht und findet, erscheinen automatisch Fotos in dem Feld auf der rechten Trefferseite, eben genau diese Fotos. Deshalb wählen

Sie Ihre besten Fotos aus der Praxis und stellen Sie diese hier ein. (10 Minuten)

- **Virtuellen Rundgang hinzufügen**

Wenn Sie hier klicken wird schnell klar, worum es geht: Es ist technisch möglich, tatsächlich für den Patienten am PC einen virtuellen Gang durch Ihre Praxis zu ermöglichen.

Speed Nicht nutzen. (0 Sekunden)

Perfekt Wenn Sie beeindruckende Räumlichkeiten haben, dann nutzen Sie diesen externen Service, der allerdings meistens am Ende nicht kostenlos ist. Aber Sie können sich ein kostenloses Angebot erstellen lassen. (4 Stunden)

Adwords Express

Adwords sind Anzeigen, also Werbung, die Sie bei Google schalten können; es sind die Anzeigen, die Sie rechts und ganz oben bei Ihren Suchergebnissen sicher schon einmal gesehen haben. Das können Sie natürlich auch tun, um Ihre Internetseite zu pushen.

Teilen

Mit einem Klick können Sie auch hier schnell einen Beitrag für Ihre Google+-Seite verfassen, wobei es sinnvoller ist, wenn Sie dies nicht hier über das Dashboard tun, sondern sich direkt auf Ihre Google+-Seite einloggen, da Sie dann einen besseren Überblick über Ihre Seite haben.

Statistiken

Hier bitte bestätigen!

Mit Hilfe der Statistiken können Sie genau sehen, wie gut Ihre Google+-Seite angenommen wird, und erfahren zudem auch noch statistische Daten über Ihre Besucher, wie Alter oder Geschlecht.

Speed Überspringen (0 Sekunden)

Perfekt Mit einem Blick in die Statistik wissen Sie, welche Themen gut ankamen, zu welchen Zeiten Ihre Beiträge gut ankamen und ob Ihre Themen eher Männer oder Frauen ansprechen, und wenn Sie wollen, können Sie sogar hier die Statistiken zu Ihrer Website und über Ihren Youtube-Kanal einsehen. Einmal im Monat sollten Sie hier hineinschauen, um Ihre Beiträge noch besser auf Ihre Ziele ausrichten zu können. (9 Minuten)

Wir konzentrieren uns hier auf Ihre Google+-Seite, und hier können Sie folgende Bereiche sehen:

- **Sichtbarkeit**

Hier sehen Sie für die letzten 7 oder 30 Tage oder 90 Tage Ihre Beitragsaufrufe, Profilaufrufe und Fotoaufrufe.

- **Interaktion**

Interaktion zeigt chronologisch an, welche Beiträge wie angenommen wurden, also gab es zum Beispiel Kommentare oder wie oft haben Leute Ihre Beiträge geteilt.

- **Besucher**

Gibt es neue Follower, welches Geschlecht haben die, wo kommen sie her und wie alt sind diese? Hier steht es. Allerdings geht dies erst ab 200 Followern!

Bewertungen

Sie kennen Arztbewertungsportale, und die sind aus einem Grund sehr beliebt: Dort stehen Arztbewertungen in Form von Noten oder Sternchen, und jeder Patient weiß quasi schon vorher, was ihn erwartet. Gute Bewertung signalisiert: Termin machen oder zumindest weiter informieren. Schlechte Bewertung bedeutet: Anderen Zahnarzt auswählen. Das ist sehr anschaulich und (bei Patienten) sehr beliebt, und deswegen bietet das auch Google nun an. Der Service ist für den Googlesuchenden nach einer Zahnarztpraxis perfekt: Es wird, neben Öffnungszeiten und Fotos und anderen Informationen, gleich auf einen Blick angezeigt, wie andere diesen Zahnarzt bewertet haben. Zudem bietet Google automatisch auch Benotungen von Arztbewertungsportalen an.

- **Ich will nicht bewertet werden**

Keine Chance! Sie können nicht verhindern, dass man Sie bewertet, da Google diesen Dienst permanent anbietet. Sie können aber dennoch einen Trick anwenden. Wenn Sie auf Ihrer Google+-Seite unter Einstellungen unten bei »Profil« den Haken bei »Bewertungen« entfernen, wird dieser Reiter nicht auf Ihrer Google+-Seite gezeigt. Dennoch können Patienten Sie weiter bewerten über Google Maps.

> **Tipp des PR-Beraters**
>
> Sprechen Sie gezielt Patienten an, die Sie bewerten können, um nicht zu sagen: Sprechen Sie die Patienten an, bei denen Sie wissen, dass a) diese Personen vermutlich ein Googlekonto haben, denn das ist Voraussetzung, und b) diese auch eine gute Bewertung abgeben. Wenn Sie fünf Bewertungen haben, die jeweils mit kurzem Kommentar auch (ehrliche) fünf Sterne vergeben, hat das eine enorm gute Außenwirkung, und: Jeder Googlesuchende sieht dies sofort! Haben Sie gute Bewertungen, dann aktivieren Sie diesen Reiter unter Einstellungen, damit auch wirklich jeder Besucher Ihrer Google+-Seite sofort sieht, wie zufrieden Ihre Patienten sind.

Youtube

Wenn Sie bei Youtube einen eigenen Kanal haben, können Sie den über dieses Dashboard verwalten. Auch hier wird deutlich, was mit Google My Business abgestrebt wird: Eine Adresse im Internet, unter der Sie alle Ihre Googledienste verwalten können.

Google Analytics

Mit diesem Dienst können Sie den Erfolg Ihrer Website überprüfen. Der Dienst untersucht u. a. die Herkunft der Besucher, ihre Verweildauer auf einzelnen Seiten sowie die Nutzung von Suchmaschinen und erlaubt damit eine bessere Erfolgskontrolle von Werbekampagnen. Es gibt Seminare, Bücher und Experten, die ausschließlich dieses riesige Thema behandeln.

> **Der Anwalt rät**
>
> Wenn Sie Google Analytics auf Ihrer Website einsetzen wollen, achten Sie auf die Einhaltung der datenschutzrechtlichen Bestimmungen. Mittlerweile ist das Tool in Deutschland rechtskonform einsetzbar – Google klärt Sie hierzu in den Nutzungsbedingungen auf. Wählen Sie insbesondere die Version, in der die IP-Adressen anonymisiert werden, schließen Sie einen Auftragsdatenverarbeitungsvertrag mit Google und beschreiben Sie in Ihrer Datenschutzerklärung zutreffend den Einsatz von Google Analytics.

Hangout starten

Mit Hangouts können Sie Videochats durchführen; dabei sehen Sie sich untereinander auf dem Bildschirm. Zwar ist es möglich, dass Sie mit ausgewählten Patienten eine Videokonferenz abhalten, um zum Beispiel über die neuen Möglichkeiten des Zahnersatzes zu referieren und zu diskutieren, aber empfehlenswert ist dies nicht.

3.3 Google+-Seite

Über die Menüleiste links oben gelangen Sie stets schnell auf Ihre Google+-Seite. Diese bitte nun anklicken.

3.3.1 Impressum

Für Ihr Auftreten im World Wide Web ist ein Impressum Pflicht. Das gilt nicht nur für Ihre Internetseite, sondern auch für die Darstellungen Ihrer Zahnarztpraxis in den sozialen Netzwerken wie Google+. Deshalb müssen Sie auch in Google My Business bzw. auf Ihrer Google+-Seite ein Impressum angeben.

Das Impressum für Ihre Unternehmensseite legen Sie in Google My Business an zwei Stellen an:
1. Kontaktdaten
2. Einführung

Beide Einstellungen können Sie in Google My Business über die Unternehmensinformationen vornehmen.

Wählen Sie dazu im Google-Menü auf der linken Seite »My Business« und im danach erscheinenden Informationsfeld »Bearbeiten« aus. Ändern Sie die Kontaktdaten insofern, dass Sie in Ihrer Website-URL den exakten Pfad zu Ihrem Impressum angeben (einfach kopieren!) (▶ http://www.zahnarztpraxis-beispiel.de/impressum). Damit

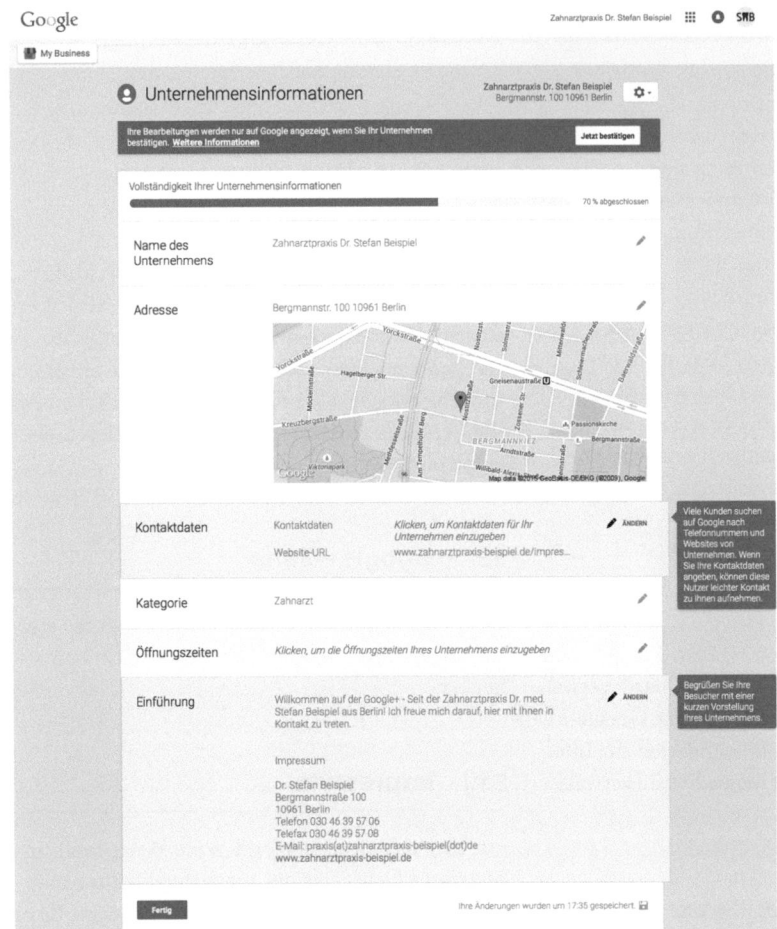

☐ Abb. 3.7 Impressum

wird mit der Angabe Ihrer Internetseite in den Kontaktinformationen sowohl im Bildbereich als auch im Info-Tab Ihrer Google+-Seite direkt auf das Impressum Ihrer Internetseite verlinkt. Bitte wundern Sie sich nicht, dass der exakte Pfad nicht auch im Link angegeben wird. Google kürzt den Link selbständig, sodass nur Ihre Haupt-URL übrig bleibt. Der Link funktioniert dann trotzdem.

Im Bereich »Einführung« haben Sie bereits Ihre Praxis in einigen Sätzen vorgestellt. Darunter ergänzen Sie nun noch unter der Überschrift »Impressum« Ihr Impressum in ausführlicher Form. Beides ist dann im Info-Tab Ihrer Google+-Seite sichtbar (☐ Abb. 3.7).

Der Anwalt rät
Die Impressumspflicht gilt für alle werblichen Auftritte von Zahnarztpraxen in Telemedien, also auch für solche auf Google-Services wie etwa Google+ oder Youtube. Das bedeutet, dass ein den formalen und inhaltlichen Anforderungen des § 5 TMG genügendes Impressum (wie in ▶ Kap. 2 beschrieben) vorgehalten werden muss. Da Google für die Pflichtangaben wenig Platz bietet, empfiehlt sich, wie bereits dargestellt, ein entsprechend gekennzeichneter Link etwa unter der Rubrik »Website-URL« auf das Impressum Ihrer Website;

3.3 · Google+-Seite

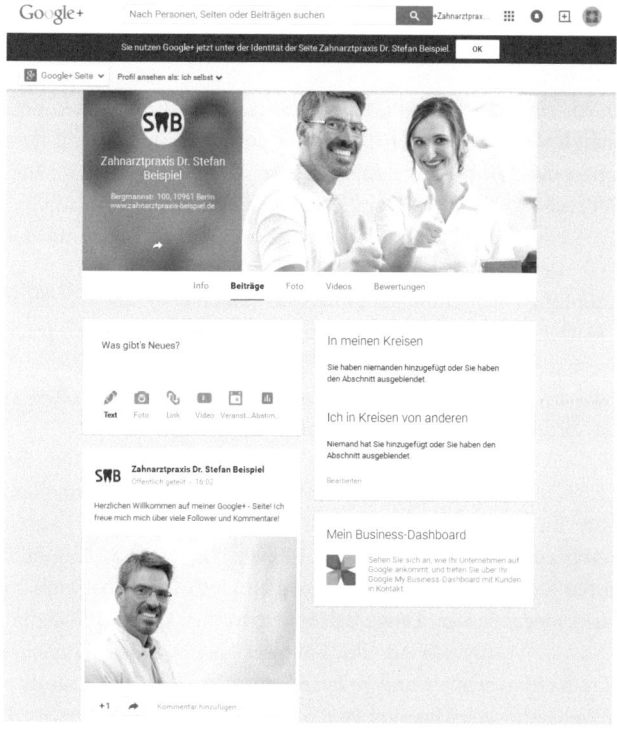

Abb. 3.8 Googleseite

dieser Link kann auch verkürzt werden, sollte aber hin und wieder auf seine Funktionsfähigkeit überprüft werden.

3.3.2 Hintergrundbild

Sie sehen nun Ihre Google+-Seite, und wenn Sie die Schritte zuvor befolgt haben, haben Sie im Profilbild auch Ihr Logo der Praxis oder ein Foto von sich. Wenn nicht: Mit einem Mausklick in das Profilbild öffnet sich Ihre Festplatte, auswählen, anklicken, fertig. Fahren Sie nun mit der Maus in die rechte untere Bildecke des großen Hintergrundbildes und klicken Sie dann auf »Hintergrundbild ändern«.

Speed Google+ bietet Ihnen nun einige eigene Google-Bilder an, die Sie als Hintergrundbild verwenden könnten. Einfach eins auswählen, fertig. (10 Sekunden)

Perfekt Heben Sie sich ab! Millionen von Google+-Seiten haben gewiss das gleiche Hintergrundbild, also zeigen Sie Individualität und verwenden Sie ein eigenes Foto als Hintergrund. Hier empfiehlt sich, ein Bild zu verwenden, auf dem Ihr Praxisteam zu sehen ist. (10 Minuten)

Über »Hochladen« gelangen Sie zu Ihrer Festplatte und können ein geeignetes Bild auswählen.

Sie können den Bildausschnitt variieren, indem Sie mit der Maus das Foto verschieben bzw. an den Ecken ziehen. Wenn Sie den idealen Bildausschnitt gefunden haben, dann klicken Sie unten auf »Hintergrundbild auswählen«. Nun sieht Ihre Seite schon viel persönlicher aus (Abb. 3.8).

Die Reiter unterhalb des großen Hintergrundfotos geben dem Besucher Ihrer Google+-Seite einen schnellen Überblick über Ihre Praxis. Also das, was Sie hier an Informationen bieten, ist genau das, was Sie dem interessierten Patienten oder Kollegen an Informationen über Ihre Praxis präsentieren wollen.

3.3.3 Info

Hier sehen Sie, bzw. sieht der Patient, die Informationen über die Zahnarztpraxis, die Sie im Vorfeld schon angegeben haben. Sie können so leicht feststellen, ob alles passt mit der Formatierung oder Lesbarkeit und mit einem Klick auf den Stift rechts Änderungen vornehmen.

Neben dem Link zu Ihrer Website sehen Sie den Button »Website verknüpfen«. Diese Verknüpfung erhöht die Auffindbarkeit der genannten Website bei Google.

Speed Tragen Sie Ihre Internetadresse ein, fertig. (1 Minute)

Perfekt Sprechen Sie Ihren Webmaster oder Ihre Internetagentur an, oder führen Sie die angegebenen Schritte selber durch. Anmerkung: Sie benötigen tiefergehendes Know-how, um das selber durchführen zu können. (5 Minuten)

Wenn Sie auf den Button klicken, öffnet sich ein Fenster, in dem Google Sie auffordert, die Website über die Google Webmaster Tools zu bestätigen. Folgen Sie einfach diesen Schritten:
1. Bitte auf »Anmelden« klicken.
2. Sie werden nun zur Google Webmaster Zentrale weitergeleitet
3. Hier werden Ihnen zwei Methoden vorgeschlagen: »Empfohlene Methode« und »Alternative Methode«. An dieser Stelle muss ein Code auf Ihrer Website eingebunden werden. Falls Sie den Code nicht selbst einbinden können, bitten Sie Ihren Webmaster, den Code einzubinden.

3.3.4 Beiträge

Hier sehen Ihre Besucher/Patienten mit einem Klick alle Ihre Beiträge, in chronologischer Reihenfolge. Sie selber können auf anderen Seiten in diesem Bereich kommentieren, teilen und liken, und andere können das Gleiche auf Ihrer Seite tun. Sie selber können natürlich zudem eigene Posts hier veröffentlichen.

Ihr erster Beitrag

Am besten ist es, wenn Sie jetzt gleich Ihren ersten Beitrag posten! Dazu klicken Sie links in das Fenster »Was gibt´s Neues?«. In Ihrem ersten Beitrag sollten Sie darauf aufmerksam machen, dass Ihre Praxis nun auch bei Google+ ist und Sie sich darauf freuen, Ihre Patienten von nun an mit interessanten Neuigkeiten aus Ihrer Praxis und der Medizinbranche zu versorgen.

In unserem Beispiel sieht das so aus: »Herzlich Willkommen auf unserer Google+-Seite! Ich freue mich über viele Follower und Kommentare!«

- **Wie lang darf ein Beitrag sein?**

Was die Zeichenanzahl betrifft, so brauchen Sie sich bei Google+ theoretisch nicht zurückzuhalten, denn tatsächlich besteht die Möglichkeit, einen Beitrag mit bis zu 100.000 Zeichen zu schreiben. Wir raten Ihnen trotzdem, sich möglichst kurz zu fassen. Lange Beiträge schrecken im Social-Media-Bereich ab. Ihr Follower möchte hier möglichst schnell und präzise informiert werden. Grundregel: Maximal zwei Sätze!

Fügen Sie dem Beitrag am besten auch ein Foto dazu.

Speed Kein Foto. (0 Sekunden)

Perfekt Foto einsetzen. (1 Minute)

- **Kann ich Beiträge zeitlich planen?**

Eine Funktion, Beiträge zeitlich zu planen, wie es in Facebook möglich ist, gibt es für Google+ bisher nicht.

Es gibt verschiedene Tools wie z. B. Buffer, das Chrome Plug-in Do Share oder das für Unternehmen kostenpflichtige Programm Hootsuite, die diese Funktion übernehmen. Achten Sie bei der Auswahl Ihres Tools darauf, dass die Veröffentlichung der geplanten Posts auch ohne geöffneten Browser oder eingeloggte Google+-Seite möglich ist.

Foto einfügen

Sie können Ihren Beitrag noch interessanter gestalten, indem Sie ein Foto einfügen. Dazu klicken Sie unter dem Textfeld auf »Foto« mit der kleinen blauen Kamera. Da Sie bisher erst zwei Fotos bei Google+ hochgeladen haben, nämlich Ihr Logo und das Praxisteam, wählen Sie als Quelle »Vom Computer« aus.

Unter dem Foto, welches Sie hochgeladen haben, befindet sich eine Menüleiste. Folgende Funktionen stehen Ihnen zur Verfügung: »Automatische Optimierung aktivieren/deaktivieren«, »Text hinzufügen«, »Nach rechts drehen« und »Foto löschen«. Außerdem findet sich auf der rechten Unterseite des Bildes das Drop-down-Menü »Zum Album hinzufügen«. Hier können Sie, sofern Sie bereits ein Album erstellt haben, das Foto einem bestimmten Album hinzufügen; das könnte perspektivisch zum Beispiel eine Patientenveranstaltung sein oder die Vorstellung Ihres Teams.

Darunter legen Sie fest, wer Ihre Beiträge sehen kann.

Speed Immer »öffentlich« (= jeder kann diese Information sehen) wählen. (0 Sekunden)

Perfekt Immer gezielt für Ihre Zielgruppen die richtigen Posts senden/veröffentlichen durch Einsatz folgender Auswahlmöglichkeiten (4 Minuten):
- »Meine Kreise«: Das sind Ihre Kontakte, die Sie in bestimmte Gruppen eingeteilt haben.
- »Erweiterte Kreise«: Alle Personen in Ihren Kreisen und alle in deren Kreisen sehen die Beiträge.
- »Following«: Das eignet sich für Profile, die zum Beispiel als gute Informationsquelle für eigene Beiträge gelten. Es könnte also sein, das diese Profile stets gute Informationen haben, die Sie wiederum gut für Ihre Beiträge verwenden können.
- »Customers«: Das sind Ihre Patienten.
- »Vips«: Es gibt immer Personen (Profile), die wir gerne verfolgen, also deren Beiträge uns stets interessieren und die wir plussen oder kommentieren. Genau diese finden sich hier.
- »Team members«: Sie haben Mitarbeiter in die Google+-Pflege involviert? Dann gehören die hierhin.
- Personen auswählen«: Hier können Sie direkt Personen mit Mail-Adresse einsetzen.

> **Tipp des PR-Beraters**
>
> Wir empfehlen, dass Sie Ihre Beiträge stets »öffentlich« teilen. Zwar lässt sich das Thema Zahnmedizin durchaus auf Altersgruppen differenzieren, aber der virale Effekt ginge verloren. Denn das Thema »Zahnmedizin« lässt sich kaum sinnvoll nach Geschlecht oder nach Alter ausrichten.

3.3.5 Sammlungen

Sammlungen sind wie Ordner, bei denen Beiträge/Posts, die das gleiche Thema behandeln, zusammengefasst werden können, was den Überblick für alle erleichtert. Sobald Sie Ihre erste Sammlung erstellen, wird auf Ihrem Profil ein neuer Tab angezeigt werden, und Ihre Besucher können Ihre Sammlungen sehen. Jedes Mal, wenn Sie nun einen Post verfassen, können Sie unter »Beitrag in Sammlung verschieben« diesen direkt Ihrer erstellten Sammlung zuordnen. Das Gute daran ist: Personen, die sich vielleicht nicht für all Ihre Beiträge interessieren, aber durchaus dieser Themensammlung folgen möchten, können das nun tun.

3.3.6 Foto

Unter »Foto« sehen Sie alle Fotos, die Sie Ihrer Seite hinzugefügt haben. Wenn Sie mit der Maus in die rechte obere Ecke des Fotos fahren, erhalten Sie verschiedene Foto-Optionen (◘ Abb. 3.9).

Taggen Sie haben auf dem Foto Personen, die gut erkennbar sind? Und die Personen sind auch mit der Veröffentlichung einverstanden (wenn nicht, dann sollten Sie dieses Foto auch schnell wieder löschen)? Dann klicken Sie hier auf Taggen, und das Programm sucht automatisch Gesichter von Personen, die Sie dann benennen oder bestätigen können.

Möchten Sie, dass Ihre Kontakte Sie auf Fotos markieren können (was wir empfehlen)? Dann müssen Sie diese Funktion in den Einstellungen aktivieren. Dafür setzen Sie in den Einstellungen den Haken unter »Fotos und Videos« bei »Mich in

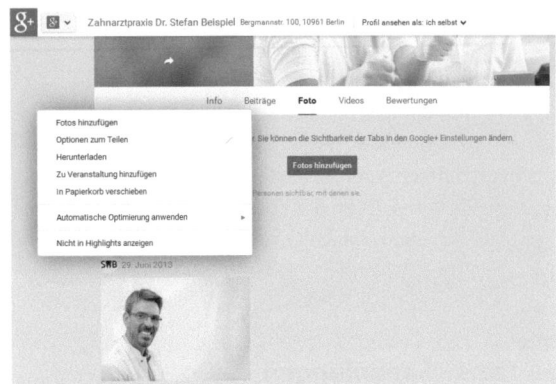

◘ Abb. 3.9 Foto-Optionen

Fotos und Videos finden und meinen Kontakten anbieten, mich zu taggen«. Haben Sie diese Funktion aktiviert, können Sie auch in nicht von Ihnen selbst hochgeladenen Fotos markiert werden. Um hier die Kontrolle darüber zu behalten, wer Sie taggen möchte, können Sie in den Einstellungen festlegen, dass Sie Benachrichtigungen erhalten, was wir empfehlen.

Nachdem Sie die Funktion Find My Face aktiviert haben, müssen Sie noch festlegen, mit welchem Bild Google+ Sie während der Gesichtserkennung vergleichen soll. Dafür suchen Sie sich ein Bild in Ihrem Fotoalbum aus und klicken es an. Werden von Google+-Gesichter erkannt, werden sie eingekreist und darunter ein Eingabefeld angezeigt. Geben Sie unter Ihrem Gesicht dann Ihren Namen ein und bestätigen Sie diesen. Ihr Gesicht ist nun mit Ihrer Namen getaggt und Ihrer Google+-Seite verknüpft.

Werden jetzt neue Fotos hochgeladen, vergleicht die Gesichtserkennung von Google+ Sie mit dem von Ihnen angelegten Vergleichsbild. Stimmt es überein, werden Sie gefragt, ob Sie die abgebildete Person auf dem Bild sind. So können Sie dann entscheiden, ob Sie dem Tag zustimmen oder ihn ablehnen möchten. Kommt das korrekt vor, bestätigen Sie dies.

Teilen Sie möchten dieses Foto als Beitrag veröffentlichen? Dann einfach auf »Teilen« klicken, Text verfassen, Kreis auswählen und fertig!

Fotos hinzufügen Hier können Sie Ihrem »Foto-Ordner« Fotos aus Ihrer Festplatte hinzufügen, welche Sie dann einfach und unkompliziert später griffbereit für Beiträge und als Hintergrundbild verwenden können.

Optionen zum Teilen Hier erhalten Sie den entsprechenden Link zum Foto, welchen Sie anderen zur Verfügung stellen können, damit also andere dieses Foto auf deren Google+-Seite verwenden dürfen.

Herunterladen Hier können Sie Ihre Google+-Fotos auf Ihre Festplatte herunterladen.

Zur Veranstaltung hinzufügen Wenn Sie eine Veranstaltung erstellt haben, dann können Sie dieser Veranstaltung hierüber Fotos hinzufügen.

In den Papierkorb verschieben Damit löschen Sie Ihre Bilder.

Automatische Optimierung anwenden Hier können Sie entscheiden, ob Google Ihre Bilder automatisch optimiert. Das ist ein angenehmer Service, um Bilder für die Webansicht automatisch von Google bearbeiten zu lassen.

Nicht in Highlights anzeigen Google erstellt nur für Sie sichtbar die besten Fotos, zusammengefasst unter Highlights, ausgewählt zum Beispiel nach Schärfe. Hier können Sie Bilder, die Sie nicht dort haben wollen, im Highlight-Ordner entsprechend aussortieren.

3.3.7 Video

Hier können Sie eigene Videos hochladen und verwalten. Anklicken, auswählen, fertig. Allerdings sollten diese Videos kurz sein, denn Social Media ist ein schnelles Geschäft. Filme unter 100 Sekunden sind sicherlich perfekt; und achten Sie auf die Qualität, nicht nur Bildqualität, sondern auch Tonqualität. Selbstgedrehte Videos mit dem Smartphone gehören nicht hier hin, denn die sind nicht professionell, und genau das wollen Sie transportieren: Professionalität.

3.3.8 Bewertungen

User können Ihre Praxis bei Google bewerten. Diese Bewertungen sehen Sie hier.

3.4 Beiträge verfassen

Alles ist erstellt und nun geht es darum, Ihre Google+-Seite mit Leben zu füllen. Dieses Google+-Leben besteht aus Ihren Beiträgen.

3.4.1 Text

»Was gibt´s Neues«. Mit der Maus in das Feld klicken und Text verfassen, fertig. Die Länge sollte zwei Sätze nicht übersteigen, und denken Sie immer an Ihre Zielgruppe: Keine Fremdwörter!
  Mögliche Themen zum Posten können Sie ▶ Abschn. 2.12 im ▶ Kap. 2 Facebook entnehmen

- **Wie ist die Ansprache? Du oder Sie?**
Zwar wird bei Facebook und Google+ »offiziell« das »Du« verwendest, aber hier geht es um mehr, nämlich um die Kommunikation zwischen Arzt und Patient. Und wenn Sie in der Praxis die Patienten mit »Sie« ansprechen, dann hier natürlich auch.

3.4.2 Foto

Grundregel: Möglichst kein Beitrag ohne Foto. Sie können sogar einen Beitrag veröffentlichen ohne Text, also nur mit Foto.

Speed Einfach auf das Fotosymbol klicken, Foto auswählen, klicken und fertig. (10 Sekunden)

Perfekt Klicken Sie unten links auf »Automatische Optimierung«, nun bearbeitet Google automatisch Ihr Foto zum Beispiel in der Helligkeit. Danach klicken Sie daneben auf »Text hinzufügen«. Nun können Sie sehr einfach das Foto beschriften, also dem Bild eine Überschrift geben oder einen Untertitel. Aber denken Sie daran: Nicht der Text steht hier im Vordergrund, sondern noch immer das Foto. (3 Minuten)

3.4.3 Link

Mit einem Klick öffnet sich hier ein Fenster, in das Sie einen Link hineinkopieren können. Das kann zum Beispiel ein interessanter Beitrag aus der Medizin sein, den Sie im Internet gefunden haben. Sie können aber auch einen entsprechenden Link Ihrer Website einfügen, sofern sich dort etwas geändert hat. Das Schöne ist, dass der Link automatisch grafisch dargestellt wird – probieren Sie es einfach mal aus! Schreiben Sie oben einen Satz, um den Lesern zu erklären, warum sie den Link anklicken sollten.

> **Der Anwalt rät**
> Auch hier gilt das Gleiche wie bei Facebook & Co.: Der Account-Inhaber ist voll verantwortlich für eigene Inhalte und solche Inhalte, die er sich zu eigen macht. Werden Links gesetzt, ist dies urheberrechtlich zunächst einmal unproblematisch; der eigentliche (schutzfähige) Inhalt wird hierbei nicht kopiert oder zum Abruf bereitgestellt. Tatsächlich wird nur der Zugang hierzu öffentlich gemacht. Im Hinblick auf die inhaltliche Haftung für solche Links gilt, was schon zuvor bei Facebook (▶ Kap. 2) gesagt wurde: Macht sich der Nutzer, etwa durch eine zustimmende oder unterstützende Kommentierung oder durch Drücken des »+1«-Buttons, den verlinkten Inhalt ohne jede Distanzierung zu eigen, kann er unter Umständen wegen der Verbreitung rechtswidriger

> Inhalte auch selbst haften. Obwohl das Thema »Haftung für Links« eines der am meisten diskutierten Themen ist, ist die praktische Relevanz eher gering. Zögern Sie also nicht, Links zu teilen – wenn Ihnen nicht schon auf den ersten Blick eine offensichtliche Rechtswidrigkeit des Inhalts auffällt.
>
> Bestenfalls regeln Sie die Einräumung von Nutzungsrechten und die Gestattung von Bildnisverwendungen in schriftlichen Vereinbarungen. Für Details verweisen wir auf unsere Ausführungen zur Einbindung von Bewegtbildern im Facebook- und im Youtube-Kapitel (► Kap. 2 und ► Kap. 6).

3.4.4 Video

Wenn Sie hier klicken, öffnet sich ein Fenster, in dem Sie ein Youtube-Video teilen können. Das liegt daran, dass der Dienst »Youtube« zu Google gehört. Sie melden sich übrigens auch bei Youtube über Ihr Googlekonto an.

Sie können nach einem bestimmten Video bei Youtube suchen (geben Sie einen Suchbegriff ein, und Youtube bietet Ihnen dazu die Treffer) oder direkt eine URL eingeben. Falls Sie an Ihrem PC eine Kamera angeschlossen haben, können Sie hier sogar direkt ein Video aufnehmen und posten. Oder Sie laden ein Video von Ihrem PC hoch.

Auch hier gelten die gleichen Richtlinien wie bei den Videos für Facebook (► Abschn. 2.7.3; hier finden Sie verschiedene Unterabschnitte zum Thema »Videos«).

Grundsätzlich gilt: Bei Google+ müssen die Videos noch mehr als bei Facebook einem absolut professionellen Anspruch genügen. Dies ist Ihre offizielle Google+-Seite Ihrer Zahnarztpraxis, und in Ihrer Praxis wird natürlich absolut professionell gearbeitet, also ist es selbstverständlich, dass auch Ihre Internetseite sowie Ihr Google+-Auftritt so professionell sind, wie man es als Patient von einem Zahnarzt erwartet.

Selbstgedrehte Videos gehören hier nicht hin, so schön die Aufnahmen mit Ihrem Smartphone auch sind, denn hier geht es nur um das Transportieren einer Botschaft: Sympathie und Professionalität.

> **Der Anwalt rät**
> Achten Sie sowohl auf die Rechte am verwendeten Material als auch auf die Rechte der auf den Bewegtbildern abgebildeten Personen.

3.4.5 Veranstaltung

Sie haben einen Tag der offenen Tür oder eine Patientenveranstaltung zum Thema Zahnersatz? Nutzen Sie dafür Google+, um es anzukündigen! Klicken Sie dazu auf das Symbol, und es öffnet sich ein Fenster, in dem Sie die Daten Ihrer Veranstaltung eintragen können.

Über »Design ändern« können Sie ein passendes Motiv für Ihre Veranstaltung wählen.

Speed Google+ bietet Ihnen hierfür verschiedene Motive an, sortiert nach bestimmten Anlässen. Wählen Sie eins aus. (10 Sekunden)

Perfekt Eine individuelle Veranstaltung braucht auch eine individuelle Einladung mit einem »eigenen« Bild, schließlich ist Ihre Veranstaltung ja keine Veranstaltung von der Stange. Nutzen Sie dazu ein Bild von Ihrer Festplatte. (1–2 Minuten)

Darunter tragen Sie unter »Veranstaltungstitel« den Namen Ihrer Veranstaltung ein; hier muss es kurz und knapp stehen, damit gleich klar ist, warum es geht, also zum Beispiel »Kinder lernen Zähneputzen« oder »Infoabend: Zahnersatz«.

Bei »Veranstaltungsoptionen« können Sie zwischen a) »Standard« und b) »Erweitert« wählen (◘ Abb. 3.10).

- **Standard**

Hier können Sie zwischen drei Optionen wählen:

»**Gäste dürfen andere einladen**« Das bedeutet, dass Ihre Gäste (die Sie mit der Veranstaltung eingeladen haben) ihre Kontakte ebenfalls zu der Veranstaltung einladen können. Da Sie aktuell noch keine Kontakte haben und es sich hier um eine öffentliche Veranstaltung handelt, fällt diese Option hier noch weg, aber sollte grundsätzlich aktiviert sein.

»Gäste können Fotos hinzufügen« Fotos und Videos, die Sie für eine Veranstaltung hochladen, werden in einer gemeinsamen Sammlung mit den anderen Gästen geteilt. Entstehen diese Aufnahmen bei einer öffentlichen oder einer On-Air-Veranstaltung, kann jeder sie ansehen. Standardmäßig können alle Veranstaltungsgäste zur Fotosammlung der Veranstaltung beitragen. Bei öffentlichen Veranstaltungen kann jeder Fotos hochladen.

Wir empfehlen Ihnen, diese Option nicht zu wählen, da Sie mit Ihrer Seite und der Veranstaltung Ihre Praxis repräsentieren, also seriös und professionell erscheinen wollen, und Sie hier keinen Einfluss auf Bilder hätten, die andere unüberlegt hochladen.

»Gästeliste ausblenden« Die Gästeliste ist für Ihre eingeladenen Gäste interessant, wenn Sie gezielt Personen aus Ihrem Freundes- und Bekanntenkreis einladen. Da Sie eine »öffentliche« Veranstaltung erstellen, fällt diese Option weg und würde nur unnötig einschränken.

Speed Stellen Sie einmal diese Optionen so ein und belassen Sie diese so für die Zukunft. (5 Sekunden)

Perfekt Wählen Sie den Bereich »Erweitert«. (8 Minuten)

- **Erweitert**

Über diese Funktion haben Sie die Möglichkeit, Ihrer Veranstaltung einen Link zu einer Website zuzufügen. Idealerweise ist das die Website Ihrer Praxis, auf der Sie ebenfalls auf die Veranstaltung hinweisen und Ihre Gäste hier entsprechende Informationen zu den Themen und zum Verlauf erhalten.

Außerdem gibt es hier die Möglichkeit, die URL einer Vorverkaufsstelle oder eines Youtube-Links zu posten. Beides trifft hier in unserem Beispiel nicht zu und ist bei einer Veranstaltung einer Arztpraxis generell nicht passend. Als Nächstes können Sie Informationen zu öffentlichen Verkehrsmitteln und Parkmöglichkeiten eintragen. Dies ist ein guter Service, den Sie bieten sollten, denn es drückt aus, dass Sie sich darüber Gedanken machen, wie Ihre

Abb. 3.10 Veranstaltung

Gäste am besten zu Ihrer Veranstaltung kommen können (Wertschätzung!).

Wenn Sie alles eingetragen haben, dann klicken Sie unten links auf »Einladen«.

Ihre Veranstaltung ist nun erstellt und in der »Übersicht« Ihrer Seite sichtbar.

3.4.6 Abstimmung

Dieses beliebte Tool gab es mal bei Facebook, nun ist es bei Google+ verwendbar: die Abstimmung. PR-Berater nennen so etwas »Call to action«, also eine indirekte »Aufforderung«, aktiv zu werden. Das kann man nicht erzwingen, aber man kann es erleichtern: technisch und psychologisch. Technisch bietet Google hier ein sehr einfaches Tool. Psychologisch müssen Sie die richtigen Themen bieten. Sie können so herausfinden, wie Ihre Nutzer zu bestimmten Themen stehen, also ob sie zum Beispiel Angst vor Spritzen haben (das Ergebnis ist allerdings vorhersehbar), oder auch fragen, welche Themen vielleicht zukünftig gewünscht werden.

- **Eine Umfrage erstellen**

Sie haben die Möglichkeit, 2, 3, 4 oder 5 Antworten anzubieten zu Ihrer Frage, und: Sie können dazu auch passende Fotos hinzufügen, um auch optisch die Antworten zu präsentieren.

Je kürzer die Frage, desto höher ihr Erfolg der Wahrnehmung. Das gleiche gilt für die Antworten zum Anklicken. Beachten Sie allerdings, dass eine Umfrage, die Sie eröffnet haben, also anbieten, nun da steht, und die können Sie nie mehr »schließen«, also beenden. Auch die Auswahlmöglichkeiten können Sie nicht im Laufe der Zeit »anpassen«. Es gibt dann nur zwei Möglichkeiten: Weiterlaufen lassen oder komplett löschen (oder verbergen).

> **Tipp des PR-Beraters**
>
> Die Regel ist einfach: Kommt die Umfrage gut an? Dann lassen Sie diese weiter online; kommt sie nicht gut an? Dann löschen Sie sie. Und vergessen Sie nicht, die Umfrage stets oben fest zu positionieren (anpinnen)

- **Checkliste: Themen für eine Abstimmung**
1. Sie haben vor, im Wartezimmer ein neues Bild aufzuhängen? Dann suchen Sie Ihre Favoriten aus und präsentieren Sie diese zur Abstimmung! Nennen Sie dazu auch ein Entscheidungsdatum (wenn die Umfrage gut ankommt, verlängern Sie!), und dann wählen Sie auch dieses Bild aus.
2. Sie möchten wissen, welche Themen Ihre Patienten auf Google+ interessieren? Dann fragen Sie sie! Beispiel: »Worüber möchten Sie zukünftig mehr informiert werden?« Und dann bieten Sie die Themen an, wie »Implantologie«, »Spritzenangst«, »Kinderzahnbehandlung«, »schonend weiße Zähne«, »Weisheitszahn«, »schönes Lächeln«.
3. Wer hat das schönste Lächeln? Zeigen Sie Promis, die lächeln, und lassen Sie abstimmen!
4. Die Formel 1 hat ihr letztes, entscheidendes Rennen? Oder es ist Fußball-WM? Dann lassen Sie abstimmen vor der WM: »Wer wird Weltmeister?« (Ganz gleich, wie gut die deutsche Mannschaft gerade in Verfassung ist: Deutschland müssen Sie hier nennen, sonst steht ein Shitstorm vor der Tür.)
5. Sie haben eine neue Internetseite? Dann lassen Sie diese »bewerten«! Aber vermeiden Sie hier Noten, denn eine Note 5 ist nicht angenehm, sollte es die geben. Vielmehr nutzen Sie Beschreibungen wie »Die neue Seite gefällt mir super«, »Ich finde diese besser als die vorherige«, »Mir gefiel die vorherige genauso gut«, »Die alte Website fand ich irgendwie besser«. Auch wenn es Sie stört, aber eine Umfrage geht nicht nur mit positiven Eigenschaften, Sie müssen auch Kritik zulassen.
6. Seien Sie doch mal mutig: »Wie finden Sie unsere Wartezeiten?« »Absolut OK«, »Geht so« oder »Ist mir zu lang«. Das ist einerseits eine Frage, die Sie vielleicht wirklich interessiert – anderseits können Sie hier auch strategisch vorgehen, wenn Sie durch die Bewertungen auf einem Arztbewertungsportal wissen, dass Ihre Wartezeiten gelobt werden.
7. Fragen Sie doch mal, wie gut Ihre Patienten eigentlich Ihren Google+-Auftritt finden. Auch hier keine Noten anbieten, sondern: »Wie gefällt Ihnen unsere Google+-Seite?«, »Finde ich sehr informativ und unterhaltsam«, »Finde ich informativ und unterhaltsam«, »Finde ich informativ, aber nicht unterhaltsam«, »Finde ich unterhaltsam, aber zu wenig informativ«, »Finde ich weder unterhaltsam, noch informativ«.
8. Auf keinen Fall sollten Sie abstimmen lassen, welche Mitarbeiterin besonders nett oder kompetent ist.
9. Lassen Sie politische Themen aus, auch die Themen rund um Abrechnung und Krankenkassen: Sie sind Arzt, kein Politiker!
10. Eine Umfrage, wie gut Sie als Arzt sind, gehört auf ein Arztbewertungsportal, aber nicht hierhin.

> **Der Anwalt rät**
>
> Beachten Sie natürlich auch bei allen Google-Einträgen die rechtlichen Rahmenbedingungen, also insbesondere das Berufsrecht und das HWG. Hierzu hatten wir bereits in ▶ Kap. 2 einige Ausführungen vorgenommen. Zusammengefasst: Im Mittelpunkt der Einträge muss stets die sachliche, berufsbezogene Information stehen. Verzichten Sie bei aller Kürze auf anpreisende, irreführende, herabsetzende oder vergleichende Werbeaussagen.

3.5 Den fertigen Beitrag bearbeiten

Sie haben einen Beitrag veröffentlicht und nun können Sie diesen Beitrag bearbeiten, optimieren oder löschen. Dazu gehen Sie bitte nach dem Veröffentlichen mit der Maus nun auf die rechte obere Ecke und es erscheint ein kleines Dreieck. Wenn Sie dieses anklicken, erhalten Sie verschiedene Beitragsoptionen:

Beitrag anpinnen« Dies bedeutet, dass dieser Beitrag immer ganz oben als erster Beitrag angezeigt wird. Sobald Sie einen Beitrag oben angepinnt haben, erscheint oben rechts eine grüne Pinnadel. Wenn Sie die Post nicht mehr an oberster Stelle gepinnt haben möchten, gehen Sie einfach wieder auf das Dreieck oben rechts und klicken »Beitrag loslösen« an. Das macht dann Sinn, wenn Sie zum Beispiel auf eine Patientenveranstaltung hinweisen wollen oder die Praxis vielleicht wegen Krankheit geschlossen ist.

Beitrag bearbeiten Hier können Sie Ihren Beitrag korrigieren bzw. ändern oder durch ein Foto vervollständigen.

Beitrag löschen Hiermit löschen Sie Ihren Beitrag

Link zum Beitrag Hier erhalten Sie einen Link, mittels dem Sie oder andere, denen Sie diesen Link zur Verfügung stellen, zu dem entsprechenden Beitrag gelangen. Wenn Sie einen interessanten Beitrag haben, dann können Sie natürlich andere gezielt darauf aufmerksam machen. Dazu einfach eine Mail an Ihre Kontakte zum Beispiel über Ihr Outlook senden und diesen Link einsetzen, und mit einem Klick gelangen die Mailempfänger auf genau diesen Beitrag. Sie können übrigens auch per Facebook oder Twitter diesen Link veröffentlichen.

Beitrag einbetten Hier erhalten Sie einen HTML-Code, mit dem Sie oder Ihr Webmaster den Link auf Ihrer Website »einbetten« können.

Beitrag ignorieren Der Beitrag wird für Seitenbesucher nicht mehr sichtbar sein, ist aber nicht gelöscht. Diese Funktion können Sie auch wieder rückgängig machen, mit einem erneuten Klick. Das macht dann Sinn, wenn Sie Kommentare erhalten, die Ihnen nicht gefallen, aber Sie möchten nicht durch ein sichtbares Löschen die Aufmerksamkeit bei dem Verfasser weiter erhöhen oder überhaupt erst wecken.

Kommentare deaktivieren Wenn Sie diese Funktion auswählen, können Seitenbesucher keine Kommentare unter dem Beitrag veröffentlichen. Auch diese Funktion können Sie wieder rückgängig machen, mit einem erneuten Klick. Das ist zu empfehlen, wenn Sie einen Beitrag haben, bei dem Sie ganz bewusst keine Kommentare wünschen; das kann zum Beispiel sein, wenn Sie ein Teammitglied haben, das verstorben ist, und Sie auch über Google Ihr Beileid im Namen des Teams ausdrücken. Ihre Google+-Seite ist eine interessante, positive Seite und kein Kondolenzbuch voller Trauer.

Erneutes Teilen deaktivieren Wenn Sie einen Beitrag von einer andere Seite »geteilt« haben und dieser auf Ihrer Seite erscheint, dann können Sie hier einstellen, dass der Beitrag von Ihrer Seite nicht von anderen geteilt wird. Auch diese Funktion ist umkehrbar.

Beitrag in Sammlung verschieben Wenn Sie eine Sammlung haben, also einen Ordner angelegt haben, in dem die Beiträge zu einem bestimmten Thema gesammelt werden, können Sie mit einem Klick auf diese Funktion den betreffenden Post in genau die ausgewählte Sammlung verschieben.

3.6 Aktiv sein auf anderen Seiten

Um die Bekanntheit und Reichweite Ihrer Google+-Seite zu erhöhen, können Sie natürlich auch auf anderen Seiten aktiv sein. Unter jedem Post sehen Sie »+1«, einen »Pfeil« sowie das Feld »Einen Kommentar hinzufügen«.

Es gibt grundsätzlich drei Möglichkeiten, aktiv außerhalb Ihrer eigenen Google+-Seite bei Google+ aktiv zu sein: Plussen, Teilen und Kommentieren. Alle drei Aktionen sind ein gutes Mittel, auf sich aufmerksam zu machen.

Speed Wenn Sie auf anderen Google+-Seiten sind und Sie entdecken Beiträge, die Ihnen gefallen, dann klicken Sie einfach auf das »+1«; damit zeigen Sie anderen und vor allem auch dem Google+-Seiteninhaber, dass Sie dort aktiv waren, und animieren ihn und andere vielleicht, auch auf Ihrer Seite aktiv zu werden, zumindest diese zu besuchen. Mit einem Klick auf Teilen machen Sie einen anderen guten Beitrag schnell zum eigenen. Keine Sorge, das ist nicht unethisch, ganz im Gegenteil, es ist gewünscht und freut denjenigen meistens besonders, bei dem Sie teilen. (2 Sekunden)

- **+1**

Es heißt nicht »Liken« (das ist bei Facebook), sondern »Plussen«. Aber Liken klingt leichter und hat sich als Begriff etabliert, sogar bei Google+. Das ist im Prinzip die gleiche Funktion wie das »Liken« mit dem Daumen bei Facebook. Wenn jemandem Ihr Beitrag gefällt, zeigt er das, indem er einfach hier draufklickt.

- **Teilen**

Auch diese Funktion dürfte Ihnen schon von Facebook bekannt sein. Wenn jemand Ihren Beitrag »teilt«, erscheint dieser auf der Seite oder dem Profil der Person. Ein Klick und fertig.

Perfekt Nutzen Sie das Plussen und Teilen, aber kommentieren Sie auch. Ein geschriebener Beitrag (Kommentar) ist zeitaufwendig und erfordert mehr Arbeit, aber genau deswegen erhält er auch deutlich mehr Aufmerksamkeit, nicht nur bei dem Seiteninhaber, sondern auch bei den »Lesern«. (2 Minuten)

- **Kommentar hinzufügen**

Hier können Sie selbst und Ihre Follower bzw. jeder, der diesen Beitrag sieht, einen Kommentar zu dem Beitrag schreiben.

Ein Kommentar auf einen Post von Ihnen kann auch eine Frage oder ein Lob sein, natürlich auch eine Kritik. Egal was davon, Sie müssen reagieren.

3.7 Google+-Seite – Auf einen Blick

Bei Google geht es neben den Beiträgen natürlich auch um Kreise, Veranstaltungen und vieles mehr, und genau diese Bereiche finden Sie in diesem Kapitel und bei Google+ auf der linken Seite im Menü oben.

Tipp: Sie sind unsicher, wie das, was Sie gerade auf Ihrer Google+-Seite eingestellt haben, für Ihre Patienten und Besucher aussieht? Dann wählen Sie einfach die Ansicht aus Sicht der Besucher und wechseln Sie zwischen »ich selbst« oder »öffentlich« gleich oben links, und zwar rechts neben dem Logo »Google+-Seite«.

3.7.1 Stream

Wenn Sie hier klicken, erscheint eine Übersicht Ihrer Beiträge, inkl. der Möglichkeit der Differenzierung (oben unter dem Hintergrundbild) nach Kreisen.

3.7.2 Personen

Jetzt kommen wir endlich zu den sogenannten »Kreisen«, für die Google+ bekannt ist. Mit Google+-Kreisen können Sie Ihre Online-Kontakte in Gruppen zusammenfassen, die den sozialen Gruppen aus Ihrem richtigen Leben entsprechen. Sie könnten beispielsweise die »Kreise« Patienten, Kollegen, Mitarbeiter oder Privat anlegen und in diese Kreise Ihre entsprechenden Kontakte einordnen. Mit Kreisen sorgen Sie also dafür, dass Ihre Follower genau die Inhalte erhalten, die sie sehen sollen.

> **Tipp des PR-Beraters**
>
> Ihre Follower können sie nun nach Alter und Geschlecht oder vielen anderen Dingen differenzieren – und somit sehr passgenau thematisch ansprechen. Und nicht nur das: Sie können, je nachdem wie das Alter ist, auch die Art der Ansprache verändern.

Ihre Beiträge teilen Sie dann ganz leicht mit Ihren Kreisen. So veröffentlichen Sie beispielsweise die Bilder des Firmenausfluges oder eine Fortbildung nur im Angestelltenkreis.

Google+ bietet Ihnen bereits vier Kreise an:
- »Following«: Für allgemeine Profile, die Ihrer Seite folgen
- »Customers«: In Ihrem Fall Patienten
- »VIPs«: Für besonders wichtige Kontakte (das könnten tatsächlich Privatpatienten sein oder auch Ihre »guten« Patienten)

- »Team Members«: Dort können Sie zum Beispiel Ihre Angestellten einordnen.

Kreise erstellen

Sie haben die Möglichkeit, eigene individuelle Kreise zu erstellen und diese so zu betiteln, dass diese besser zu Ihrer Arztpraxis passen.

Klicken Sie dazu einfach auf den grauen Kreis ganz links mit dem +. In dem Fenster, welches sich nun öffnet, können Sie Ihrem Kreis einen Namen geben, etwa »Berufliche Kontakte« oder »Implantat-Patienten« oder »Kinder« oder » Zuweiser«. Dann klicken Sie unten auf »Leeren Kreis erstellen«.

Sie haben nun einen individuellen Kreis, namens »Berufliche Kontakte«, der natürlich noch leer ist.

Kontakte hinzufügen

Um Personen zu finden, die Sie Ihrem Kreis zuordnen können, klicken Sie einfach oben auf »Personen suchen«. In dem entsprechenden Suchfeld links können Sie dann direkt einen Namen eingeben oder über eine Stadt, Schule, einen Arbeitgeber oder eine E-Mail-Adresse nach Kontakten suchen. Google+ zeigt Ihnen dann die entsprechenden Treffer an.

Klicken Sie dann auf den entsprechenden Namen. Es öffnet sich daraufhin das Profil der Person, indem Sie über den roten Button »zu Kreisen hinzufügen« fahren.

Sie sehen nun, dass Google+ Sie »fragt«, zu welchem Kreis das Profil hinzugefügt werden soll.

- **Ihre Profilinformationen für einzelne Kreise anpassen**

Sie entscheiden selbst, wer welche Angaben aus Ihrem Profil sieht. Ihre Kontaktdaten und Ihr Beziehungsstatus gehen vielleicht nur Ihren Freundeskreis etwas an, während Sie Ihren beruflichen Werdegang und Informationen zu Ihrer Ausbildung auch für den Kreis mit Ihren Studienfreunden sichtbar machen könnten.

Kontakte aus Kreisen entfernen

Haben Sie einen Kontakt versehentlich einem Kreis hinzugefügt? Dann können Sie das ganz einfach wieder rückgängig machen. Suchen Sie beispielsweise unter »Meine Kreise« über das Suchfenster nach dem entsprechenden Kontakt. Haben Sie ihn gefunden, klicken Sie den Kontakt mit der linken Maustaste an. Es öffnet sich ein kleines Fenster, in dem Sie sehen, in wie vielen Kreisen sich der Kontakt befindet. Fahren Sie mit dem Mauszeiger über die grüne Fläche, dann sehen Sie sofort, in welchen Kreisen sich der Kontakt befindet. Entfernen Sie das Häkchen aus dem versehentlich zugeordneten Kreis, und schon ist die Sache erledigt.

Kreise löschen

Um ganze Kreise wieder zu löschen, gehen Sie wieder zurück zur Ansicht »Meine Kreise«. Dort klicken Sie den entsprechenden Kreis an. Der Kreis wird grau, und Sie haben nun zwei Möglichkeiten: Über einen Klick auf den kleinen Stift können Sie den Namen des Kreises ändern. Um ihn komplett zu löschen, klicken Sie auf das Mülleimer-Symbol. Zur Sicherheit werden Sie gefragt, ob Sie den Kreis wirklich löschen möchten. Bestätigen Sie die Abfrage mit einem Klick auf »Kreis löschen«.

Ich in den Kreisen von anderen

Hier sehen Sie, wer Sie in seinen Kreisen aufgenommen hat.

Relevanz

Dieses Feld sehen Sie oben links, wobei »Relevanz« eine Grundeinstellung ist. Google+ bietet Ihnen hier die Möglichkeit, Ihre Kreise nach unterschiedlichen Kriterien zu sortieren. In Branchen, in denen eher das »Du« als das »Sie« verwendet wird, kann es zum Beispiel Sinn machen, nach Vornamen zu sortieren.

Entdecken

Sie sind auf der Suche nach Personen, die »ungewöhnlich« oder gerade »angesagt« sind? Klicken Sie hier auf Entdecken, und Google bietet Ihnen automatisch eine riesige Anzahl von Google+-Seiten.

> **Tipp des PR-Beraters**
>
> Ein paar ungewöhnliche oder bekannte Persönlichkeiten anzuklicken, kann Sie durchaus interessanter erscheinen lassen.

Foto
Hier gelangen Sie (wie oben bereits beschrieben) zu Ihren Fotos, die auch Relevanz bei den Suchergebnissen haben, wenn jemand unter Google nach Ihnen sucht.

Sammlung
Der Punkt wurde bereits beschrieben.

Communities
Der Grundgedanke von Social Media ist, dass sich Personen, die sich nicht kennen, aber ein gleiches Interesse haben, suchen und finden können, um sich dann auszutauschen. Genau das steckt in dem Punkt »Communities«. Dies kann zum Beispiel eine Gruppe von Zahnärzten sein.

Speed Überspringen (0 Sekunden)

Perfekt Suchen Sie oben rechts nach Communities und schließen Sie sich denen an; das schafft neue weitere Kontakte. (20 Minuten)

> **Tipp des PR-Beraters**
>
> Erstellen Sie eine eigene Community, und zwar Zahnärzte sowie Zuweiser in Ihrer Umgebung. Das ermöglicht einen guten Kontaktaufbau! (40 Minuten)

Veranstaltungen
Der Punkt wurde bereits beschrieben.

Hangouts
Dies sind Videochatkonferenzen, die Sie mit mehreren Personen führen können, wobei die Teilnehmerzahl auf zehn Menschen begrenzt ist. Im Rahmen einer Veranstaltung funktioniert dies allerdings nur, wenn es sich um eine reine »Online-Veranstaltung« handelt. Wie wäre es zum Beispiel mit einer Online-Sprechstunde? Sie könnten dazu gezielt zehn Patienten einladen und über ein bestimmtes Thema informieren. Oder Sie tauschen sich mit Kollegen aus.

> **Der Anwalt rät**
>
> Seien Sie hier aber vorsichtig. Die Berufsordnung verbietet bekanntlich Ferndiagnosen und rein elektronische Beratungen. Möglich ist eine allgemeine Information über medizinische Themen, aber vermeiden Sie, über die individuellen Krankheitsbilder der Teilnehmer zu sprechen oder spezifische Therapievorschläge zu machen.

Alle Seiten
Sie haben nicht nur Ihre Zahnarztpraxis, sondern nebenbei auch noch weitere Firmen? Dann haben Sie vermutlich auch weitere Seiten bei Google+ und die würden dann hier stehen.

Einstellungen

- **Wer kann mit mir und meinen Beiträgen interagieren?**

Hier aktivieren Sie in beiden Feldern »Alle«, damit Ihre Reichweite möglichst groß ist.

- **Benachrichtigungen**

Mit Google+-Benachrichtigungen werden Sie über Aktionen bezüglich Ihres Profils und Ihrer Beiträge informiert, wenn
  - man zu einem Kreis hinzugefügt wird,
  - man in einem Beitrag oder Kommentar erwähnt wird,
  - man auf einem Foto getaggt (markiert) wird,
  - ein Kommentar unter dem eigenen Beitrag erstellt wird,
  - ein weiterer Kommentar unter einem Beitrag erfasst wurde, den man selbst auch schon kommentiert hat,
  - man zu einem Hangout eingeladen oder per Messenger eingeladen wird,
  - eigene Fotos und Fotos, auf denen man getaggt wurde, kommentiert werden,
  - Fotos kommentiert werden, die man selbst getaggt hat,
  - ein Foto kommentiert wird, welches man selbst schon kommentiert hat.

Ihre Benachrichtigungen können Sie auch stets ganz oben auf Ihrer Seite über das Symbol mit der Glocke einsehen.

Klicken Sie bitte alles an, dann behalten Sie den Überblick.

- **Meine Kreise**

Hier bitte alles anklicken außer »Nur folgen«.

- **Fotos und Videos**

Hier aktivieren Sie bitte nur »Betrachter dürfen meine Fotos und Videos herunterladen«, damit Sie nicht unnötig viele Daten von sich preisgeben.

- **Profil**

Hier aktivieren Sie bitte alles außer »Kontaktaufnahme über mein Profil erlauben«, da die Kommunikation möglichst nur über Ihre Seite der Praxis geschehen soll.

- **Administratoren hinzufügen**

Im hektischen Praxisalltag kommen Sie als Arzt vielleicht nicht regelmäßig dazu, Ihre Google+-Seite zu pflegen. Dann kann es hilfreich sein, wenn sich noch ein oder zwei Angestellte mit um die Pflege der Seite kümmern, regelmäßig interessante Beiträge posten und die Einstellungen verwalten. Bei Google+ gibt es nur einen Seiteninhaber, das sind in diesem Fall Sie. Der Seiteninhaber besitzt alle Rechte und kann diesen Inhaberstatus ändern und die Seite löschen. Und er kann Administratoren hinzufügen, die bis auf die eben genannten Aktionen alle Funktionen der Seite ausführen können.

Admin hinzufügen Dieses Feld finden Sie unter Einstellungen oben in der Leiste. Es öffnet sich daraufhin ein Fenster, in dem Sie den aktuellen Seiteninhaber sehen (da müssten Sie jetzt zu sehen sein), und zudem ein blauer Button mit dem Namen »Administratoren hinzufügen«. An der Menüleiste links erkennen Sie, dass Sie diese Funktion über die »Einstellungen« erreichen. Das ist quasi eine Verknüpfung.

Klicken Sie nun auf »Administratoren hinzufügen«. Über das nächste Feld können Sie zukünftige Administratoren per E-Mail einladen. Wichtig: Die entsprechende Person muss ein eigenes Googlekonto haben, sprich: ein Profil auf Google+.

Sie können der jeweiligen Person zudem einen Status verleihen:

Administrator: Hat alle Rechte des Seiteninhabers, mit Ausnahme von Hinzufügen/Entfernen von Administratoren und dem Löschen der Seite.

Kommunikations-Administrator: Hat die gleichen Rechte wie Administratoren. Davon ausgenommen sind jedoch das Bearbeiten von Profilen, das Starten eines Hangout on Air oder das Verwalten von Videos auf Youtube.

Klicken Sie anschließend auf »einladen«. Der zukünftige Administrator erhält dann eine E-Mail, in der er den neuen Admin-Status bestätigen muss.

3.8 Und zum Schluss die Frage: Soll ich nun Google+ nutzen?

Auch wenn es jeder offiziellen Empfehlung von PR-Profis widerspricht, gibt es mit Blick auf Aufwand und Nutzen eine Empfehlung seitens der Autoren:

Melden Sie sich bei Google an, melden Sie sich auch bei Google My Business an und erstellen Sie eine professionelle Google+-Seite für sich privat und eine für die Praxis. Beide sollen und müssen vollständig bearbeitet sein, und: Das war´s!

Alleine durch die Präsenz einer professionellen Google+-Seite für Ihre Praxis und das korrekte Eingeben von Daten bei Google My Business haben Sie schon enorme Vorteile.

Ein privates Google+-Profil unterstreicht zudem den Eindruck, dass Sie Dinge nicht halbherzig tun – auch wenn das Profil nicht aktiv genutzt wird. Lieber eine professionelle, ungenutzte Seite bei Google+ als eine unprofessionelle, ungenutzte Google+-Seite.

Schreiben Sie auf Ihre Google+-Praxisseite, dass Sie sich freuen über den Besuch und dass auf dieser Google+-Seite auch viele Informationen angeboten werden; wer aber mehr aus der Praxis erfahren möchte, kann die Internetseite sowie den Facebook-Auftritt besuchen (und gleich den Link anbieten).

Es gilt der Grundsatz: Lieber weniger, aber das richtig! Konzentrieren Sie sich lieber auf ein einziges Social Network, und für Zahnärzte erscheint da Facebook zur Patientenabsprache derzeit oft besser geeignet.

Wenn Ihnen das zu viel Arbeit ist, geben Sie die Erstellung an eine Agentur, die machen das meistens zum Festpreis.

Und wenn Google+ plötzlich oder allmählich doch an Beliebtheit steigt, dann sind Sie stets gut aufgestellt und können sofort mitziehen.

Nicht zuvergessen ist bei den Googletreffern (wer Ihren Namen gezielt eingibt) gleich oben rechts auf der ersten Seite das Fenster, in dem deutlich sichtbar und informativ dann Ihre Praxis inkl. Fotos, Routenplaner, Bewertungen, Öffnungszeiten und vieles mehr präsentiert wird. Diese informativen Felder haben Sie sicherlich schon oft gesehen, oben rechts. Wer dies als Praxis anbietet, besitzt deutliche Vorteile bei der Darstellung gegenüber all denen, die es nicht nutzen, und: dieser Dienst ist kostenlos!

Literatur

Firsching J (2014) Google+ Nutzerzahlen: 359 Mio. aktive Nutzer & 56,2 % mobile Nutzer. (▶ http://www.futurebiz.de/artikel/google-nutzerzahlen-359-mio-aktive-nutzer-56-2-mobile-nutzer/). Zugegriffen: 09.07.2015

Redaktion HNA Online (2014) Beliebteste Netzwerke: Überraschung auf 4. Rang. (▶ http://www.hna.de/nachrichten/netzwelt/populaersten-sozialen-netzwerke-deutschland-alternativen-facebook-mehr-zr-3441481.html). Zugegriffen: 09.07.2015

Twitter

Marc Däumler, Marcus M. Hotze

4.1	Wer nutzt Twitter?	– 111
4.2	Anmeldung	– 112
4.2.1	Profil bearbeiten – 114	
4.2.2	Impressum – 116	
4.3	Einstellungen	– 116
4.3.1	Account – 116	
4.3.2	Sicherheit und Datenschutz – 117	
4.3.3	Passwort – 119	
4.3.4	Karten und Versand – 119	
4.3.5	Bestellprotokoll – 119	
4.3.6	Handys – 119	
4.3.7	E-Mail-Mitteilungen – 119	
4.3.8	Web-Mitteilungen – 120	
4.3.9	Freunde finden – 120	
4.3.10	Stummgeschaltete Accounts – 120	
4.3.11	Blockierte Accounts – 120	
4.3.12	Design – 120	
4.3.13	Apps – 121	
4.3.14	Widgets – 121	
4.4	Twittern	– 121
4.4.1	Foto twittern – 122	
4.4.2	Hashtag – 123	
4.4.3	Twitterwall – 123	
4.5	Startseite, Mitteilungen, Nachrichten	– 123
4.5.1	Startseite – 124	
4.5.2	Mitteilungen – 124	
4.5.3	Nachrichten – 125	

M. Däumler, M. M. Hotze, *Social Media für die erfolgreiche Zahnarztpraxis*, Erfolgskonzepte Zahnarztpraxis & Management, DOI 10.1007/978-3-642-45035-8_4, © Springer-Verlag Berlin Heidelberg 2016

4.6 **Pflege – 125**
4.6.1 Tweeten – 125
4.6.2 Retweeten – 125
4.6.3 Antworten – 126
4.6.4 Favorisieren – 126
4.6.5 Tweets melden – 126
4.6.6 Tweets einbetten – 127
4.6.7 Konkurrenz ausspionieren – 127
4.6.8 Redaktionsplan – 127
4.6.9 Wie den Überblick behalten? – 127
4.6.10 Listen – 127

4.7 **Twitterpflege delegieren – 129**
4.7.1 An wen delegieren? – 129
4.7.2 Wer sind geeignete Follower? – 129
4.7.3 Wie entferne ich einen Follower? – 130
4.7.4 Wem soll ich folgen? – 130
4.7.5 Suchfenster – 130

4.8 **Erhöhung der Follower-Anzahl – 130**
4.8.1 Wann soll man twittern? – 131
4.8.2 FollowFriday – 131

Literatur – 131

Es ist mit Twitter schon kurios, denn wohl jeder hat diesen Begriff schon einmal gehört und weiß, dass man damit kurze Nachrichten versenden kann und dass viele Prominente, Stars und Sternchen twittern. Doch wie Twitter eigentlich funktioniert bzw. wo man diese Nachrichten lesen kann, das wissen wenige. Dabei hat Twitter auch deshalb diesen großen Erfolg, weil es so einfach ist. Begriffe wie »Mikroblogging« und »digitale Echtzeit-Kommunikation« beschreiben zwar tatsächlich, was Twitter ist, aber eigentlich verwirren diese Begriffe den Einsteiger nur unnötig.

Der Name stammt, wie zu erwarten, aus dem Englischen und bedeutet »Gezwitscher«, was auch erklärt, warum das Twitterlogo ein Vogel ist. Mit Twitter versenden Sie kurze Nachrichten, quasi wie eine SMS oder wie einen Newsletter per Mail. So eine Nachricht heißt bei Twitter nicht einfach »Nachricht«, sondern »Tweet«. Und dieser Tweet darf auch nicht die Länge einer Doktorarbeit, sondern maximal 140 Zeichen haben. Diese Nachrichten können Sie nicht, wie bei einer Mail oder einer SMS, wahllos durch die weite Welt senden, auch wenn das im Ergebnis sicherlich geht; bei Twitter erhalten die Personen Ihren Tweet, die ihn quasi abonniert haben. Diese Personen, also Empfänger, heißen bei Twitter nicht »Empfänger« oder »Anhänger«, sondern »Follower«, denn sie »folgen« Ihren Tweets. Und wenn Sie gute Tweets schreiben, dann senden Ihre Empfänger (Follower) Ihren Tweet weiter, an deren Follower, das nennt man »Retweeten«. Damit ein Tweet zu einem bestimmten Thema gefunden werden kann, kann man einem Tweet ein Schlagwort geben, so etwas wie einen Suchbegriff. Wer also nach diesem Schlagwort sucht, erhält bei den Treffern dann den Tweet dazu. Das Schlagwort wird mit dem Rautezeichen # kombiniert, welches davor gesetzt wird; das ist dann ein »Hashtag«. Wer Twitter aktiv nutzt, der »twittert«. Der Verfasser eines Tweets wird »Twitterer«, selten auch »Tweeps« bezeichnet. »Tweeps« wird eher im Englischen verwendet und stammt aus der Wortkombination »twitter« und »people«. Das ist Twitter in Kurzform.

Twitter wurde im März 2006 gegründet, und nach firmeneigenen Angaben nutzten Ende 2011 schon rund 100 Millionen Personen und Unternehmen mindestens einmal im Monat Twitter zum Versenden einer Nachricht, Anfang 2015 waren es über 300 Mio. Beim Twitter-Börsengang 2013 schätzten Experten den Wert von Twitter schon auf über 15 Milliarden Dollar ein. In Deutschland gibt es derzeit etwa 825.000 Twitter-Accounts, von denen aus aktiv in deutscher Sprache getwittert wird. Manche Erhebungen gehen sogar von dem 10fachen aus, aber 1 Mio. scheint realistisch zu sein. Twitter unterliegt einem Phänomen: »Es gibt wenige Twitterer, die aber twittern ziemlich viel«. Wie viele Social-Media-User twittern, ist nicht nur von Staat zu Staat unterschiedlich; Unterschiede gibt es sogar bei der Bevölkerung innerhalb Deutschlands. So steht auf Platz 1 bei den Twitter-Bundesländern Berlin und auf dem letzten Platz das Saarland (Statista 2014).

Jeder kann einen Tweet lesen, jeder, also auch die Personen, die nicht bei Twitter angemeldet sind; vorausgesetzt, es sind »öffentliche« Tweets, aber dazu später mehr.

Twitter bietet, obwohl es nicht so umfangreich ist wie beispielsweise Facebook, dennoch erstaunlich viele Möglichkeiten. Kommentare oder Diskussionen hingegen sind nur möglich, wenn jemand bei Twitter auch mit einem Account angemeldet ist. Da Twitter aber für die Zahnarztpraxis nur eingeschränkt sinnvoll einsetzbar ist, beschränkt sich dieses Kapitel auf die aus Autorensicht relevanten Aspekte.

4.1 Wer nutzt Twitter?

Das Alter des typischen Twitterers sinkt übrigens tendenziell, ist aber mit 41,3 Jahren noch relativ hoch (Redaktion FOCUS Online 2013), und etwa jeder zweite (55%) User nutzt dafür ein mobiles Endgerät.

Etwa jeder zweite Twitterer stammt übrigens aus der Medien- oder Marketingbranche, und jeder Vierte ist eine Führungskraft oder ein Unternehmer.

> **Vorteile von Twitter für eine Zahnarztpraxis**
> — Die Kürze von 140 Zeichen, inkl. Freizeichen, spart Zeit beim Verfassen und Lesen, was in den engen Zeitplan einer Praxis gut passt.

- Das Tempo, mit dem sich aktuelle News verbreiten, ist meist höher als sämtliche offiziellen Nachrichtenkanäle, was bei medizinischen Skandalen genutzt werden kann, die die Patienten interessieren, und bei denen die Zahnarztpraxis sich informativ positionieren kann.
- Die einfache, reduzierte Bedienung ist ein sehr großer Vorteil bei der Nutzung.
- Durch das Twittern ergibt sich ein effektives Aufspringen bei medizinischen Trendthemen.
- Es gibt bisher nur ein relativ geringes Angebot an Arztpraxen, die twittern, also ist die Konkurrenz auch gering.
- Durch die Retweet-Funktion können sehr bequem und leicht sehr viele Patienten angesprochen werden, die auf herkömmlichen Wege nicht oder kaum erreicht würden.
- Wer twittert, gilt als modern, sympathisch und gut informiert und unterstützt die allgemeinen Ansprüche an eine moderne Zahnarztpraxis somit hervorragend.
- Twitter kann sogar bequem mit dem Smartphone aktiv genutzt werden, von unterwegs, zum Beispiel von medizinischen Kongressen.

In großen Zahnarztpraxen oder Praxen mit ungewöhnlicher Spezialisierung kann es sinnvoll sein, einen Presse-Twitteraccount einzurichten und damit gezielt Medien ansprechen. Die erhalten dann ausschließlich medizinische Neuigkeiten, wie neue Studien oder neue Geräte oder Verfahren, zu denen (sonst macht es keinen Sinn) diese Zahnarztpraxis auch weitere Auskunft geben kann, zum Beispiel durch ein Interview.

Nachteile von Twitter für eine Zahnarztpraxis
- Es ist eine anfangs schwierige Aufgabe, Tweets zu verfassen, die auch tatsächlich interessieren.
- Ist man kein Star, kann man erfahrungsgemäß von einer Lesequote von 1% ausgehen – nur jeder 100. Tweet wird also von den Followern gelesen.
- Hashtags bewirken nicht nur das Erhöhen der Erreichbarkeit der eigenen Tweets zu einem bestimmten Thema – sondern das aller Tweets, die diesen Hashtag gesetzt haben. Bei wirklichen Trendthemen ist das Angebot an Nachrichten oft zu groß, und man verschwindet in der Masse.
- Twitter ist männlich dominiert, das schränkt die Praxisthemen leider ein (kann aber auch die strategische Chance in der Lücke sein).
- Oft werden sinnlose Tweets gesendet, wie »Mache nun Mittagspause«.

4.2 Anmeldung

Die Anmeldung ist bei Twitter, wie alles bei Twitter an sich, sehr leicht: Gehen Sie auf ▶ www.twitter.com, tragen Sie bei »Neu bei Twitter? Registriere Dich!« Ihren vollständigen Namen ein, Ihre E-Mail-Adresse und Ihre Passwort. Nehmen Sie die Mail-Adresse, die Sie nutzen, also tatsächlich Ihre eigene Mail-Adresse. In unserem Beispiel ist es dr_stefan_beispiel@web.de. Sollten Sie jetzt schon wissen, dass Sie Twitter nicht selbst nutzen werden, sondern delegieren, tragen Sie eine allgemeine Praxisadresse ein. In unserem Beispiel wäre es die Adresse: Zahnarztpraxis.Dr.Beispiel@web.de. Jetzt bitte auf den gelben Button »Registriere Dich bei Twitter!« klicken n(❐ Abb. 4.1).

Hier sollte nun überall ein blauer Haken zu sehen sein, sonst ändern Sie an entsprechender Stelle einen Eintrag. Es kann zum Beispiel sein, dass Ihr gewähltes Passwort nicht sicher genug ist.

Bei »Nutzernamen« bitte beachten: Sie haben nur 15 Zeichen. Hier tragen Sie den Praxisnamen ein, in unserem Fall »Dr. Beispiel«, oder einen Eigennamen wie zum ZAPRABEI für ZAhnarztPRAxis Dr. med. Stefan BEIspiel (falls Sie einen eigenen Praxisnamen kreiert haben).

Wählen Sie besser nicht den eigenen Arztnamen, denn der steht schon sichtbar auf Ihrem Profil, und ohnehin ist beides sichtbar bei dem Tweet.

Klicken Sie dann auf »Registrieren«.

4.2 · Anmeldung

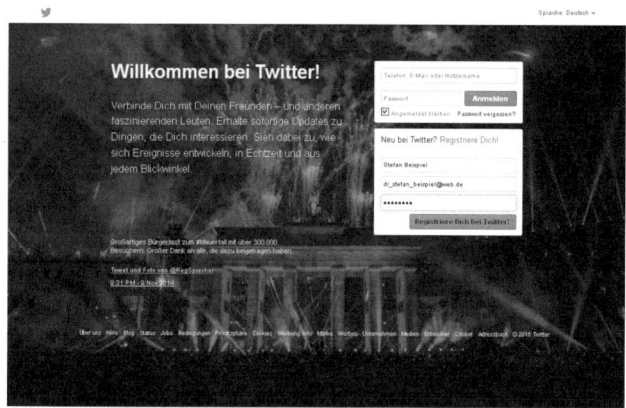

Abb. 4.1 Registrierung bei Twitter

Der Anwalt rät
Mit dem Klicken dieses Buttons akzeptieren Sie die Nutzungsbedingungen und die Datenschutzbestimmungen von Twitter. Da diese Ihr Verhältnis zu Twitter (übrigens nach ausländischem Recht) regeln, sollten Sie diese sorgfältig durchlesen. Beachten Sie insbesondere die gesondert abrufbaren »Twitter-Regeln«, die inhaltliche Einschränkungen der Nutzung und Vorgaben an Profilerstellung, geteilte Inhalte und Nutzung der Funktionalitäten enthalten.

Als nächster Schritt folgt »Telefonnummer eingeben«. Dieser Schritt erscheint aber nur dann, wenn Sie den Twitteraccount nicht über E-Mail bestätigt haben. Überspringen Sie diesen Punkt also.

Jetzt sehen Sie »Wir freuen uns, dass Du hier bist, Stefan Beispiel!« Oben links sehen Sie die Anmeldeschritte. Sie sind jetzt bei Schritt 1.

Mit einem Klick auf »Los geht's« geht's los. Twitter fragt Sie nach Ihren Interessen.

Speed Klicken Sie einfach auf »Weiter«. (2 Sekunden)

Perfekt Wählen Sie einige der Themen aus. Keine Sorge, diese können Sie später noch wechseln oder löschen. (2 Minuten)

Je nachdem, ob Sie in dem vorherigen Schritt auf »Weiter« geklickt haben oder einige Themen gewählt haben, bietet Ihnen Twitter nun einige Accounts an, die zu Ihrer bisherigen Auswahlentscheidung passen.

Sie können nun die Accounts auswählen, die Sie interessieren und deren Nachrichten (Tweets) Sie regelmäßig lesen wollen oder einfach oben auf »40 folgen & fortfahren« klicken.

Speed Oben auf »40 folgen und fortfahren« klicken. (2 Sekunden)

Perfekt Klicken Sie einzelne Accounts an, die Sie interessieren oder thematisch zu Ihrer Praxis passen könnten. Und klicken Sie dann oben auf »folgen & fortfahren«. (5 Minuten)

Nun sehen Sie: »Passe Dein Profil an.« Dort können Sie nun ein Foto von sich hochladen (**Abb. 4.2**).

Dann auf »Weiter« klicken.

Als nächstes bietet Ihnen Twitter an, Personen auf Twitter zu finden, die Sie womöglich kennen.

Speed Klicken Sie auf »Diesen Schritt überspringen«. (2 Sekunden)

Perfekt Wählen Sie einen der vier angegebenen E-Mail-Dienste, um Ihren Kontakten eine Nachricht zu schicken. (10 Minuten)

Wir empfehlen diesen Schritt hier zu überspringen. Warum: Erstellen Sie erstmal einen professionellen, also fertigen Twitteraccount, dann erst sollten Sie mit Ihrem aktiven Marketing starten und Personen darauf aufmerksam machen.

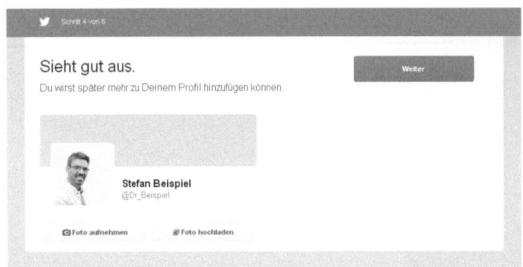

Abb. 4.2 Profilbild

Als nächstes kommen Sie zu »Wir haben Personen gefunden, die Du kennst«. An dieser Stelle macht Twitter Ihnen noch einmal Vorschläge von Personen, die Sie kennen (ob Sie diese Personen wirklich kennen, sei mal dahingestellt). Entfernen Sie auch hier wieder die Häkchen bei den Accounts, denen Sei nicht folgen wollen. Klicken Sie nun auf »Weiter«

Als nächstes öffnet sich bereits Ihr Twitter-Account (Abb. 4.3).

Ganz oben sehen Sie die Information, dass Twitter Ihnen eine E-Mail geschickt hat, die Sie bestätigen müssen, um alle Features nutzen zu können. Bitte bestätigen!

Wenn Sie dies getan haben, eröffnet sich erneut ein Fenster mit Ihrer Startseite. Links sehen Sie nun Ihren bestätigten Account, den Sie mit einem Klick darauf öffnen. In diesem arbeiten wir nun weiter (Abb. 4.4).

4.2.1 Profil bearbeiten

Unter »Profil bearbeiten« rechts können Sie nun weitere Einstellungen vornehmen.

- **Fotos**

Als erstes können Sie Ihrem Account nun ein Hintergrundbild (Header) hinzufügen. Klicken Sie dazu einfach auf den entsprechenden Bereich und laden Sie ein Bild hoch. Durch hoch- und runterschieben können Sie das Bild noch anpassen. Wenn Sie zufrieden sind, klicken Sie einfach auf »Anwenden« und dann auf »Änderungen speichern«. Nun das Profilbild: Anklicken, Foto auswählen, mit der Maus korrigieren, fertig.

Was für ein Foto? Für das Hintergrundbild können Sie ein Foto Ihrer Praxis wählen, das Team mit Ihnen geht auch, oder auch ein Foto der Stadt, in der Sie tätig sind. Als Profilbild gilt folgende einfache Regel: Haben Sie eine eher kleine Praxis oder sind Sie der einzige Arzt in der Praxis, dann sollte hier ein Foto des Arztes zu sehen sein. Ist es aber eine große Praxis mit angestellten Ärzten, dann empfiehlt sich das Logo der Praxis (stets mit maximal 2 MB).

> **Der Anwalt rät**
> Auch bei einer Verwendung von Fotos oder anderen Inhalten auf Twitter sind natürlich unter anderem das Urheberrecht und Persönlichkeitsrechte zu beachten. Sorgen Sie also insbesondere bei nicht selbst erstellten Fotografien dafür, über die erforderlichen Rechte zur Nutzung des Fotos in sozialen Medien zu verfügen, und prüfen Sie, ob Rechte abgebildeter Personen berührt sein könnten. Kümmern Sie sich insbesondere bei der Abbildung von Patienten oder Mitarbeitern um die erforderlichen Einwilligungserklärungen – aus Dokumentations- und Nachweisgründen bestenfalls schriftlich.

- **Bio**

Unter Ihrem Profilfoto sehen Sie nun »Bio«, »Standort« und »Webseite«. »Bio« ist eine kurze Vorstellung von 160 Zeichen, in denen Sie sich (also die Zahnarztpraxis) vorstellen können. Dies ist wichtig, um bei Google gefunden zu werden, es sind also Keywords gefragt. Außerdem steht der Text,

4.2 · Anmeldung

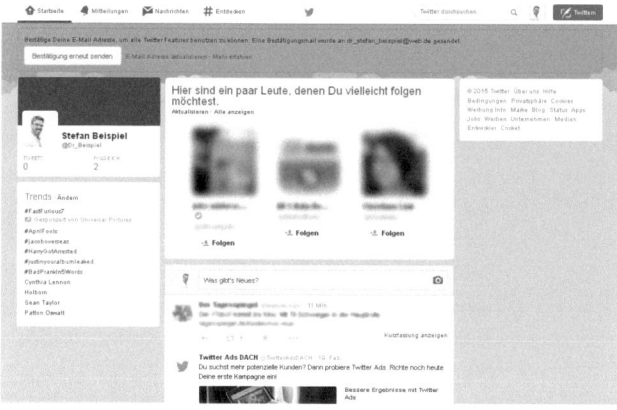

Abb. 4.3 Twitter-Account

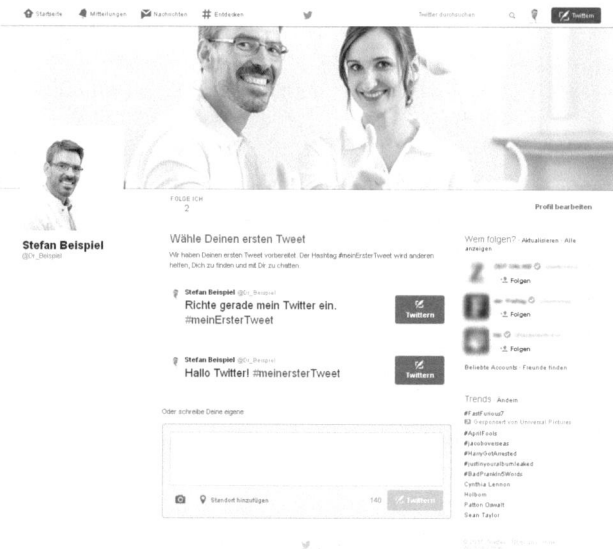

Abb. 4.4 Startseite

den Sie hier einfügen, unter Ihrem Foto in Ihrem Twitter-Account.

Beispiel: Die Zahnarztpraxis Dr. Stefan Beispiel ist seit 2007 in Berlin ansässig. Wir behandeln Jung und Alt.

> **Tipp des PR-Beraters**
>
> Schreiben Sie darunter auch Ihre Ihnen wichtigen Dienstleistungen, wie zum Beispiel Implantate. Google erkennt das bei der Suche.

- **Standort und Website**

Beim Standort und der Webseite tragen Sie bitte die entsprechenden Informationen ein. Darunter können Sie sogar Ihre »Design-Farbe« wechseln. Sie haben die Wahl zwischen einem fertigen Farbton, den Twitter Ihnen anbietet, können aber auch die Nummer Ihrer eigenen Farbe angeben. Fragen Sie dazu bitte Ihren Grafiker/Webmaster. Wir empfehlen Ihnen nicht den Aufwand der eigene Farbcodierung, obwohl es somit wirklich perfekt wäre.

● Abb. 4.5 Twitter Impressum

Fertig? Dann klicken Sie bitte oben rechts wieder auf »Änderungen speichern«. Die Angaben stehen nun unter Ihrem Profilbild.

4.2.2 Impressum

Auch bei Twitter benötigen Sie ein Impressum. Die schwierige Frage ist: Wohin gehört das Impressum? Hier bietet Ihnen Twitter eigentlich nur eine Möglichkeit, nämlich das Textfeld »Bio«. Kopieren Sie den Link, der zu Ihrem Impressum auf Ihrer Website führt, und setzen Sie nun diesen Link hinter den verfassten Text in »Bio«. Sie sollten davor immer das Wort »Impressum« setzen (● Abb. 4.5).

> **Der Anwalt rät**
> Die Impressumspflicht gilt für alle werblichen Auftritte in Telemedien, also auch für solche auf Twitter. Das bedeutet, dass ein den formalen und inhaltlichen Anforderungen des § 5 TMG genügendes Impressum (wie in ▶ Kap. 2 beschrieben) vorgehalten werden muss. Da Twitter für die Pflichtangaben wenig Platz bietet, empfiehlt sich ein entsprechend gekennzeichneter Link auf das Impressum Ihrer Website; dieser Link kann auch verkürzt werden, sollte aber hin und wieder auf seine Funktionsfähigkeit überprüft werden.
> Haben Sie kein oder nur ein unzureichendes Impressum bei Twitter, drohen kostenpflichtige Abmahnungen. In der Praxis ist dies noch immer ein beliebter »Sport«. Dieses Geld können Sie anders aber sinnvoller einsetzen.

4.3 Einstellungen

Mit einem Klick oben rechts auf Ihr Logobild erscheint ein kleines Menü, und hier bitte auf Einstellungen klicken; nun erscheint links eine Reihe von Punkten.

4.3.1 Account

Klicken Sie oben rechts auf das kleine Profilbild von Ihnen (● Abb. 4.6).

Gehen Sie in dem Menü zunächst auf »Einstellungen«.

»Nutzername« Hier sehen Sie den Namen, unter dem Sie Twitter benutzen, also Ihren Accountnamen. Darunter zeigt Twitter Ihnen auch gleich die URL, also Internetadresse, Ihres Accounts an.

»E-Mail« Hier steht Ihre E-Mail-Adresse, mit Sie sich angemeldet haben.

»Sprache« Wählen Sie aus, in welcher Sprache Sie Twitter nutzen, also in Deutsch.

»Zeitzone« Passend zur Sprache wählen Sie hier eine Zeitzone aus, in unserem Fall »(GMT + 02:00) Berlin«.

- Inhalt

»Land« Hier müsste bereits korrekt »Deutschland« stehen.

»Medien twittern« Hier können Sie zwei Dinge bestimmen:
1. Keine Information vor dem Anzeigen von Medien, die sensible Inhalte beinhalten könnten.
    - Es gibt wohlmöglich Tweets, die Bilder oder Videos enthalten, die Sie nicht ohne »Vorwarnung« sehen wollen? Zum Beispiel kön-

4.3 · Einstellungen

Abb. 4.6 Profil bearbeiten

nen Sie kein »Blut sehen«, und der Anblick von nackten Menschen schockt Sie? Dann können Sie hier ein Häkchen setzen und werden bei »sensiblen Themen« wie zum Beispiel Nacktheit oder Medizin vorher auf den Inhalt hingewiesen.
– Setzen Sie kein Häkchen.
2. Meine Medien als Material, das sensible Inhalte beinhalten könnte, markieren.
   – Sie möchten andere Follower vor Ihren Bildern oder Videos in Ihren Tweets warnen? Dann setzen Sie hier natürlich ein Häkchen. Aber ehrlich: Wenn Sie andere vor Ihren Tweets warnen müssen, machen Sie hier etwas falsch.
   – Auch hier also bitte kein Häkchen setzen!

»**Tweet übersetzen**« Wenn Sie hier ein Häkchen setzen, können Sie sich fremdsprachige Tweets übersetzen lassen, das ist sinnvoll, deshalb bitte Häkchen setzen.

»**Dein Twitter-Archiv**« Hier können Sie wieder zwischen den Varianten Speed und Perfekt wählen:

Speed Dies ist noch nicht notwendig, weil es noch keine Tweets gibt.

Perfekt Klicken Sie es an, und Sie erhalten an Ihre Mail-Adresse eine Mail mit dem Link »Jetzt hingehen«, dort klicken Sie, und es öffnet sich ein neues Fenster mit »Dein Twitter Archiv«, in dem aber nun noch nichts zu sehen ist. Später, wenn dort einige Tweets zu sehen sind, bitte auf »Herunterladen« klicken. Nun öffnet sich eine externe Datei, und diese sofort speichern. Fertig. (30 Sekunden)

»**Meinen Account deaktivieren**« Hier können Sie Ihren Account löschen.

Wenn Sie fertig sind, dann gehen Sie bitte auf »Änderungen Speichern«. Hier müssen Sie zudem Ihr Passwort angeben.

4.3.2 Sicherheit und Datenschutz

Sicherheit

- **Anmeldebestätigung**

Klicken Sie »Anmeldungsanfragen nicht bestätigen« an. Die Anmeldebestätigung verfolgt das Ziel, für mehr Sicherheit zu sorgen, also in diesem Fall mit einer weiteren Kontrolle sicherzustellen, wer sich dort anmeldet. Die Anmeldebestätigung verlangt zusätzlich zu einem Passwort noch eine Mobiltelefonnummer zum Einloggen.

In einem global tätigen Aktienunternehmen oder bei Regierungsinstitutionen kann es sicher nicht genug Sicherheitskontrollen geben, aber mal im Ernst: Bei einer Arztpraxis reicht eine Sicherheitsinstanz, nämlich das Passwort, aber das sollten Sie auch sicher verwalten.

> **Der Anwalt rät**
> Wie immer hat das Angebot derartiger Sicherheitstools durch Anbieter zwei Seiten: Zum einen ist es natürlich vorteilhaft, ein zusätzliches Sicherheitsfeature zu erhalten und selbst entscheiden zu können, mit welcher Lösung man durch den Twitter-Alltag geht. Zum anderen kann aber rechtlich Folgendes drohen: Haben Sie das Häkchen aktiviert und kommt es dann zu einem von Ihnen nicht

veranlassten Tweet in Ihrem Namen, der rechtswidrig ist und Ihnen zugerechnet wird, könnte schlimmstenfalls in der unterbliebenen Nutzung des kostenlos angebotenen Sicherheitstools eine vermeidbare Pflichtverletzung gesehen werden. In der Praxis wird das für Sie aber eher nicht relevant werden. Bewerten Sie das individuelle Risiko und entscheiden Sie, welche Absicherung Sie benötigen.

- **Passwort zurücksetzen**

Hier kann nur dann ein Passwort geändert werden, wenn neben dem korrekten Einloggen auch eine korrekte Telefonnummer oder E-Mail-Adresse angegeben werden. Bitte Häkchen setzen bei »Persönliche Informationen zum Zurücksetzen meines Passwortes erforderlich«.

Das ist schon wichtig, denn somit stellen Sie sicher, dass nicht jeder, der Zugang besitzt, plötzlich das Passwort ändert, und Sie die Twitter-Account-Hoheit komplett verlieren. Stellen Sie sich vor, Ihre Mitarbeiterin wird in Kenntnis des Passwortes gekündigt, will sich mal richtig bei Ihnen »revanchieren« und twittert übelste Beleidigungen – und Sie können nichts löschen. Klar, die Dame kann man wohl juristisch heranziehen, aber die Tweets sind dennoch gesendet.

> **Der Anwalt rät**
> Achten Sie immer darauf, dass es klare Vorgaben an Mitarbeiter und Dienstleister gibt, wie der Twitter-Account genutzt werden darf. Vereinbaren Sie schriftlich, dass Weisungen und Vetos zu beachten und Herausgabeverlangen betreffend die Passwörter unverzüglich und ohne jedes Zurückbehaltungsrecht zu erfüllen sind. Ändern Sie bei Mitarbeitern, die aus Ihrer Praxis ausscheiden, so schnell wie möglich das Passwort – nur so vermeiden Sie faktisch, dass der Twitter-Account missbraucht oder von dem ausgeschiedenen Mitarbeiter blockiert werden kann. Handeln Sie schnell!

- **Mit Code anmelden**

Hier haben Sie zwei Möglichkeiten, »Erlaube meinem Account, sich entweder mit einem Passwort oder Anmeldecode anzumelden« sowie »Passwort zum Anmelden immer erforderlich«; wählen Sie die zweite Variante.

Privatsphäre

Foto-Markierungen Wählen Sie hier bitte zunächst »Nur Leuten, denen ich folge, erlauben, mich in Fotos zu markieren«. So haben Sie eine gewisse Kontrolle über diese Funktion.

Tweet-Sicherheit Hier können Sie festlegen, ob Ihre Tweets öffentlich sind, also jeder diese lesen kann, auch die Personen, die gar nicht bei Twitter sind. Setzen Sie hier kein Häkchen, denn Sie wollen schließlich, dass möglichst viele, also möglichst »alle«, Ihre Tweets lesen können, ganz gleich, ob sie bei Twitter sind oder etwas über eine Suchmaschine wie Google suchen.

Standort twittern Wenn Sie hier aktivieren, dann setzt Twitter gleich den Standort dazu, von wo Sie gerade twittern. Da Twitter oft von Mobiltelefonen aus genutzt wird, ist dies prinzipiell zwar ein wichtiger Aspekt, vermutlich aber wird eine Arztpraxis lediglich von Kongressen twittern. Bei jedem Tweet, den Sie senden, zum Beispiel von Ihrem Mobiltelefon von einem Kongress, wird jedes Mal der Ort mitgeteilt, wo Sie gerade sind bzw. wo sich dieses Handy gerade befindet. Da aber vermutlich die meisten Tweets direkt aus der Praxis kommen, brauchen Sie das nicht; keinen Haken setzen.

Bei einem Außenminister oder Popstar ist es sicherlich spannend, wo er gerade ist. Sollten Sie als Arzt auf vielen ausländischen medizinischen Kongressen sein, in manchen medizinischen Fachrichtungen kommt das vor, kann das tatsächlich Eindruck auf die Follower ausüben.

> **Der Anwalt rät**
> Bedenken Sie, dass Sie durch diese Form der selbst gewählten Offenlegung Ihres Aufenthaltsortes ein transparentes Bewegungsprofil

hinterlassen. Jeder kann sehen, dass Sie sich nicht in der Praxis und auch nicht zu Hause befinden. Das kann sowohl die Finanzverwaltung als auch potentielle Einbrecher durchaus interessieren. Hier gilt es – weniger aus rechtlichen, eher aus tatsächlichen Überlegungen –, sehr bewusst mit dieser Möglichkeit der Kommunikation umzugehen.

Feststellbarkeit Wenn Personen Ihre Mail-Adresse in der Suchfunktion bei Twitter eingeben, dann finden diese auch automatisch Ihren Twitter-Account, auch dann, wenn der Twitter-Account nicht bekannt ist.

Wer Ihre Mailadresse kennt, der kann Sie ruhig darüber finden können, denn schließlich wollen Sie, dass Ihr Twitter-Account aufgerufen wird.

Gesponserter Inhalt Hier kein Häkchen setzen, es sei denn, Sie interessiert Werbung.

Twitter für Teams Hier wählen Sie: »Jedem erlauben, mich zu dessen Team hinzuzufügen«; somit können andere Twitterer Ihnen das Recht einräumen, auf deren Account normalerweise nur Administratoren zugängliche Funktionen zu nutzen. Das wird in der Realität kaum vorkommen, aber kann strategisch mal interessant werden, wenn zum Beispiel ein Verband, bei dem Sie Mitglied sind, Sie dazu einlädt.

Direktnachrichten Setzen Sie ein Häkchen bei »Erhalte Direktnachrichten von jedem«. Sie wollen schließlich, dass Sie über Twitter auch erreicht werden können.

4.3.3 Passwort

Hier können Sie Ihr Passwort ändern.

4.3.4 Karten und Versand

Hier sind Ihre Zahlungen und registrierten Karten hinterlegt.

4.3.5 Bestellprotokoll

Dieser Service ist derzeit nur in den USA möglich.

4.3.6 Handys

Sicherlich ein guter Service, per SMS stets über neue Funktionen bei Twitter informiert zu werden, aber diese Funktion ist nur interessant, wenn Sie tatsächlich intensiv twittern. Ansonsten aktivieren Sie diesen Dienst besser nicht.

Unter Mobile-App können Sie sich die Twitter-App für Ihr Handy herunterladen, was sicher sinnvoll ist und wir Ihnen empfehlen.

4.3.7 E-Mail-Mitteilungen

Dies ist ein kostenloser E-Mail-Service, der Sie jederzeit informiert, wenn es Neuigkeiten auf Ihrem Twitter-Account gibt, zum Beispiel, ob ein Tweet von Ihnen retweetet – also geteilt – wurde oder ob Sie eine Antwort auf einen Tweet erhalten haben. Hier bitte zunächst nichts verändern und alle Häkchen aktiviert lassen.

Am Anfang ist es spannend und hilfreich, über jede Aktion und Reaktion bequem per Mail informiert zu werden. Je mehr Tweets Sie gesendet haben und je mehr Nutzer Ihnen folgen, desto mehr E-Mails werden Sie entsprechend erhalten. Entscheiden Sie selbst, wann es Ihnen zu viel wird. Gegebenenfalls können Sie dann das Häkchen entfernen.

Wenn Sie alle Häkchen aktiviert haben, können Sie nun bei einigen Aktivitäten entscheiden, ob Twitter Ihnen nur »maßgeschneiderte« Infos über die Neuigkeiten auf Ihrem Account liefert oder ob Sie grundsätzlich immer informiert werden wollen, also auch ganz allgemeine Mitteilungen erhalten möchten.

»Maßgeschneidert« bedeutet, dass Sie nur relevante E-Mails erhalten. Sie erhalten dann möglicherweise nicht bei jeder Aktivität, die mit Ihnen und Ihren Tweets in Verbindung stehen, eine E-Mail. Twitter probiert dabei ständig Neues in diesem Bereich aus, damit Sie im richtigen Maße auf dem Laufenden gehalten werden. Am besten stellen Sie auf »Für Dich maßgeschneidert«, denn so laufen Sie nicht Gefahr, von E-Mails überflutet zu werden.

4.3.8 Web-Mitteilungen

Hier verhält es sich ähnlich wie bei dem Schritt davor. Sie entscheiden hier, welche Mitteilungen Sie direkt in Ihrem Webbrowser erhalten. Wir empfehlen Ihnen auch hier, zunächst alle Häkchen aktiviert zu lassen und »Für Dich maßgeschneidert« auszuwählen.

4.3.9 Freunde finden

Hier können Sie mit Zugriff auf Ihre Kontakte und Mailadressen Ihnen bekannte Personen einladen. Wir empfehlen das nicht, denn Sie wollen mit Ihrem Twitteraccount zuerst einmal Patienten und potentiellen Patienten gewinnen, und nicht Freunde oder Kollegen.

4.3.10 Stummgeschaltete Accounts

Wenn Sie ausgewählte Accounts »stummschalten«, werden die Tweets dieser Accounts in der Timeline ausgeblendet. Ein anderer Zahnarzt, der (leider) strategisch für Sie wichtig ist, erscheint bei Ihnen mit seinen Tweets auf Ihrer Timeline? Ärgerlich! Also Ausblenden mit »stumm schalten«!

4.3.11 Blockierte Accounts

Sie wollen keine Tweets von einem anderen Twitterer auf Ihrer Timeline, weil Ihnen diese Firma oder diese Person nicht behaglich ist? Seit 2014 ist es bei Twitter möglich, dass auf Ihrer Timeline Tweets anderer erscheinen – automatisch. In dem Fall können Sie hier diese blockierende Funktion aktivieren: Auch Tweets dieser Accounts werden Ihnen nicht mehr in der Timeline gezeigt. Außerdem können Ihnen diese Accounts nicht folgen und auch Ihre Tweets nicht sehen.

4.3.12 Design

Wie sieht Ihr Hintergrund aus auf Ihrem Twitter-Account? Professionelle Twitteraccounts präsentieren sich nicht nur durch die Inhalte individuell, sondern auch durch das individuelle Erscheinungsbild, also orientiert am Logo oder Corporate Design. Also sollte im Idealfall ein Hintergrund gewählt werden, der farblich oder als Foto einen Bezug zur Praxis darstellt.

Speed Überspringen, tun Sie hier nichts, Sie können auch ohne einen guten Auftritt twittern. Erfahrungsgemäß besuchen wenige Follower auch tatsächlich den Auftritt der Twitterers, aber perfekt ist es natürlich nicht. (2 Minuten)

Perfekt Sie kreieren Ihren eigenen, individuellen Hintergrund für Ihren Account, quasi vergleichbar mit einem kleinen Internetauftritt, damit alle Personen, die auf Ihren Account für mehr Informationen klicken, auch gleich einen perfekten und informativen Auftritt sehen.

Über »Erstelle Deinen eigenen Hintergrund« können Sie nun ein Bild von Ihrer Festplatte hochladen; klicken Sie dazu auf »Hintergrund ändern« und in dem Fenster, welches sich nun öffnet, auf »vorhandenes Foto auswählen«.

Das Foto kann rechts oder links auf Ihrem Account eingefügt werden, zentriert (dann würde man es allerdings kaum sehen). Wir empfehlen: Setzen Sie das Bild links ein, dort wirkt es am besten.

Damit das Bild gut platziert ist, sollte es eine Größe von 2 MB nicht überschreiten, bzw. bis 1.500 × 500 Pixel groß sein. Wie das Foto auf Ihrem Account von Twitter platziert wird, also weiter oben oder unten, und was am besten aussieht, hängt auch damit zusammen, wie Ihr Logo gestaltet ist. Hier hilft tatsächlich nur ausprobieren, und denken Sie stets daran, dass es nicht zu poppig wird. (1–2 Stunden)

Wenn Sie entsprechende Dateien haben oder das Know-how dazu, dann können Sie einen Teil Ihres Logos herauslösen und nur die »Welle« als Hintergrundbild auswählen. Wenden Sie sich an die Agentur, die Ihr Logo erstellt hat, und bitten um eine entsprechende und geeignete Bild-Datei für Ihren Twitter Account, das wird wahrscheinlich kostenlos geschehen. Mit solchen kleinen Stilelementen können Sie ein äußerst professionelles Erscheinen erreichen – professionelle Grafiker arbeiten so.

Neben dem Hintergrundbild sollten Sie auch die Farben auf Ihrem Account ändern und anpassen, genauer gesagt: die Hintergrundfarbe und die Design-Farbe (damit ist die Beschriftung gemeint).

Klicken Sie dazu einfach in das entsprechende Feld und wählen Sie den Farbton, der Ihnen zusagt.

Tipp des PR-Beraters

Wählen Sie die Farben Ihrer Praxis! Und noch ein Tipp: Wenn Sie den Cursor in dem Feld mit den Farben nach ganz oben, ganz rechts, ziehen, kehren Sie zu »weiß« zurück.

4.3.13 Apps

Das Angebot ist riesig, aber sicherlich nicht immer sinnvoll, und letztlich für eine Arztpraxis auch überschaubar, zumindest am Anfang. Eine App ist ein Zusatzprogramm, das Sie nutzen können. Klingt kompliziert, ist aber ganz einfach. Sie wollen wissen, welche Themen gerade bei Twitter besonders angesagt sind oder wer gerade weltweit die meisten Follower hat oder aus welchem Land die meisten Tweets gerade kommen? Die verschiedenen Apps geben hier Aufschluss, auch wenn sich tatsächlich die Frage stellt, ob einen das weiterbringt. Sicherlich ist die Auswahl von Arzt zu Arzt individuell, aber ein paar Apps sind durchaus für alle zu empfehlen. Dazu rufen Sie einfach die Internetseite der App auf und stimmen mit einem Klick zu, meistens ein »Sign up«, fertig.

- **Checkliste: Sinnvolle Apps**
- Twittercounter.com (Dieses Programm bereitet grafisch anschaulich die Statistik auf, wie sich die Follower in den letzten Tagen, Wochen und Monaten entwickelten.)
- Twitaholic.com (Hier werden die erfolgreichsten Twitteraccounts in einem Ranking aufgelistet.)
- bitly.com (Hier können lange Links, die vielleicht über 140 Zeichen gehen, in deutlich kürzere umgewandelt und damit versendet werden.)

4.3.14 Widgets

Widgets sind Zusatzprogramme, die Sie auf Ihrer Website integrieren können. Diese Widgets gibt es von verschiedenen Anbietern mit verschiedenen Funktionen, zum Beispiel auch von Twitter. Ihre Patienten sehen dann auf Ihrer Website ein kleines Twitter-Fenster mit den neusten Tweets.

Es ist also ein Newsfenster auf Ihrer Internetseite, in dem Ihre neuesten Tweets erscheinen, bzw. Tweets, die Sie als Favorit oder mit einem Hashtag markiert haben, zum Beispiel #Sonnenbrandgefahr.

Klicken Sie rechts auf Widget und dann auf den Button »Neu erstellen«.

Nun wählen Sie die Quelle Ihres Widgets aus:
- »Benutzer Timeline«: Das ist Ihr eigener Account
- »Favoriten«: Die Accounts, die Sie als Favorit markiert haben
- »Liste«: Twitter-Nutzer, denen Sie bereits folgen, können Sie in bestimmte Themen/Rubriken zusammenfassen
- »Suchen«: Nach Begriffen/Namen suchen: zum Beispiel #Karies

Dann unten auf Widget erstellen klicken. Allerdings gehört dies doch eher in die Obhut eines Entwicklers.

4.4 Twittern

Ihr Account ist eingerichtet und sieht gut aus? Dann kann es jetzt losgehen!

Wie Sie sehen, hat Twitter bereits zwei Tweets in Ihrem Namen getwittert. Diese verschwinden, wenn Sie Ihre eigene erste Nachricht verfassen.

Oben, ganz rechts befindet sich ein Symbol mit einer Feder. Wenn Sie darauf klicken, öffnet sich ein Fenster. In dieses können Sie jetzt Ihre erste Nachricht, also Ihren ersten Tweet schreiben.

Die Länge eines Tweet ist beschränkt auf 140 Zeichen, das ist nicht viel und entspricht etwa einem Satz. Und jetzt stellt sich die große Frage: »Was soll man tweeten?«

Beim Thema des ersten Tweets gehen die Meinungen auseinander. Die einen meinen, man stellt sich mit einer Begrüßung vor, schließlich tritt nun ein neuer Teilnehmer der Community bei. Die anderen meinen, es geht bei Twitter nur um Fakten, und Begrüßungen sind keine Fakten.

»Wer sind Sie eigentlich?« Wer einen Raum betritt, stellt sich vor, ganz gleich, ob es ein echter oder ein virtueller Raum ist. Am besten ist es, Sie machen erst einmal auf sich und Ihre Praxis aufmerksam. In etwa so: »Ab sofort informieren wir hier über Neuigkeiten aus der Zahnarztpraxis Dr. Stefan Beispiel aus Berlin.«

Dieser Satz besitzt übrigens 109 Zeichen – Sie sehen, wie kurz ein Tweet gefasst sein muss.

Speed Dann klicken Sie unten auf den Button »Twittern«. Und schon ist Ihr erster Tweet gesendet! Gratulation! Sie sehen, twittern dauert wenige Sekunden. (3 Minuten)

Ihren Tweet sehen Sie nun auf Ihrer Profilseite und in der Timeline Ihrer Startseite. Dort sehen Sie auch die neusten Tweets der Accounts, denen Sie folgen.

Perfekt Sie wollen bei Ihrem ersten Tweet gleich ein oder mehrere Fotos mitsenden? Dann nehmen Sie doch zum Beispiel ein Foto von Ihrem Team, mit Ihnen zusammen. (5 Minuten)

4.4.1 Foto twittern

Wenn Sie möchten, können Sie auch ein Foto twittern. Dazu klicken Sie unten auf »Foto hinzufügen«. Es öffnet sich Ihre Festplatte, über die Sie nun ein Bild hochladen können, welches inhaltlich zu Ihrem Tweet passt.

Je größer ein Unternehmen ist oder je bekannter ein Unternehmen oder eine Person ist, desto mehr »Interna« werden in den Tweets von den Followern erwartet. Je kleiner ein Unternehmen ist, desto weniger interessiert es Menschen, was es dort an Interna gibt. In dem Fall müssen weitere externe Themen genutzt werden.

- **Checkliste: Twitterthemen**
- Positive und/oder allgemeine News aus der Medizin, die bei Patienten ein Informationsbedürfnis wecken oder eine Faszination ausüben (zum Beispiel: »Aktuelle Studie: Neues Medikament bei Krebsbehandlung erfolgreich getestet« [mit Link])
- Positive, spannende News aus Ihrem medizinischen Fachbereich
- Positive News zu einem aktuellen medizinischen Trendthema (zum Beispiel: »Grübchen-OP in Asien voll im Trend« [mit Link auf Ihre oder eine andere Seite])
- Positive News aus der Praxis (zum Beispiel: »Dr. Stefan Beispiel heute auf der Bleachy-Messe in Sydney«)
- Informative News zum Thema »Weiße Zähne«
- Neujahrswünsche
- Neue Verfahren, die nun in der Praxis eingesetzt werden (zum Beispiel: »neuer 3-D-Scanner« oder »neues Verfahren gegen Knirschen« oder »neues schonendes Verfahren zum Bleaching ab sofort auch in der Zahnarztpraxis Dr. Stefan Beispiel«)
- News, auch schlechte, zu einem aktuellen Skandal in den Medien (zum Beispiel: »Implantat-Skandal mit minderwertigen Materialien in den USA – auch Europa betroffen« [mit Link])
- Gravierende Änderungen in der Praxis (zum Beispiel: »Umzug«)
- Außergewöhnliche Anlässe der Praxis (zum Beispiel: »Patientenveranstaltung am 3. Juni zum Thema Zahnimplantate in der Zahnarztpraxis Dr. Stefan Beispiel«)
- Geeignete Termine für Weisheitszahn-OP oder ähnliche Eingriffe

> **Der Anwalt rät**
> Beachten Sie natürlich auch bei allen Twitter-Aktivitäten die rechtlichen Rahmenbedingungen, also insbesondere das Berufsrecht und das HWG. Hierzu hatten wir bereits in ▶ Kap. 2 einige Ausführungen vorgenommen. Zusammengefasst: Im Mittelpunkt der Tweets muss die sachliche, berufsbezogene Information

stehen. Verzichten Sie bei aller Kürze auf anpreisende, irreführende, herabsetzende oder vergleichende Werbeaussagen.
Bei Skandalen oder Trendthemen empfiehlt sich immer ein Hashtag. Überlegen Sie sich, zu welchen aktuellen Themen Menschen gerne möglichst aktuell informiert werden möchten, und überprüfen Sie, ob Sie hier Informationen liefern können.

4.4.2 Hashtag

Hashtags, also Schlagworte, die mittels des Rautenzeichens (#) als potentielle Suchbegriffe markiert werden, dürften Ihnen schon aus dem Kapitel über Facebook bekannt sein. Bei Twitter gibt es diese schon länger.

Bei Twitter fungieren Hashtags auch als Themenfilter. So kann sehr einfach festgestellt werden, welche Twitter-Themen gerade besonders beliebt sind, indem man analysiert, welche Begriffe häufig gehashtagt werden. Diese Begriffe werden dann als sogenannte Trending-Topics auf der Twitter-Startseite angezeigt. Diese Analyse kann über externe Dienste, also Apps, angewandt werden.

Der Anwalt rät
Hashtags werden oft genutzt, um auf eigene Leistungen hinzuweisen oder für Aufmerksamkeit zu sorgen. Achten Sie bei dem Einsatz von Hashtags darauf, dass diese nicht gegen fremde Marken- oder Namensrechte verstoßen. Vermeiden Sie also den Einsatz von fremden Marken oder Namen als Hashtag, wenn hierdurch der unzutreffende Eindruck entstehen könnte, es bestehe ein Kooperationsverhältnis oder sie würden sich das herausragende Image einer bekannten Marke ohne jeden berechtigten Anlass zu eigen machen. Zulässig ist es natürlich, fremde Marken als Hashtag einzusetzen, wenn Sie die entsprechenden Waren oder Dienstleistungen selbst anbieten bzw. der Rechteinhaber seine Einwilligung erteilt hat. Beachten Sie wie immer das Berufs- und Heilmittelwerberecht (also kein »#BesterDentistInBerlin«) und vermeiden Sie auch unter wettbewerbsrechtlichen Gesichtspunkten irreführende Hashtags (»#ÄltesteZaharztpraxisAmPlatz«, zumindest, wenn das falsch ist).

4.4.3 Twitterwall

Eine Twitterwall ist ein Monitor bzw. ein Projektor, auf dem Twitter-Nachrichten zu einem bestimmten Thema live bei einer Veranstaltung auf einer Großbildleinwand eingeblendet werden. Die Tweets beziehen sich auf einen vorher bestimmten einheitlichen Hashtag. Bei einem Kongress für Zahnärzte mit Namen »Dentica 2015« würde der Hashtag #dentica2015 lauten, und jeder wüsste, dass sich der Tweet mit diesem Hashtag auf eben genau diesen Kongress bezieht. Um den gefilterten Nachrichtenstrom automatisch in regelmäßigen Abständen (zum Beispiel jede Minute) erneuert anzeigen zu lassen, gibt es kostenlose Programme auf Websites wie Twitterwall.me. Gibt man die Internetadresse ▶ www.twitterwall.me/*suchbegriff* ein, erscheint automatisch eine Twitterwall zu dem gesuchten Begriff. Twitterwalls können dazu genutzt werden, den Teilnehmern einer Podiumsdiskussion ein direktes Feedback zu geben. Auf diese Weise entsteht ein Austausch zwischen den Gesprächsteilnehmern und dem Publikum auf der Veranstaltung und den am Thema interessierten Twitterern, die nicht live dabei sein können. Eine Twitterwall gibt ein unmittelbares Feedback darauf, ob eine Veranstaltung spannend oder langweilig ist.

4.5 Startseite, Mitteilungen, Nachrichten

Nachdem Sie nun Ihren ersten Tweet gesendet haben und Ihre Profilseite nicht mehr ganz so leer ist, können wir uns die Twitter-Menüleiste anschauen.

Dort sehen Sie oben links: »Startseite«, »Mitteilungen« und »Nachrichten«.

4.5.1 Startseite

Hier sehen Sie:

Tweets Die Anzahl Ihrer Tweets, die Sie versendet haben.

Folge ich Die Anzahl, von wie vielen Twitterern Sie Tweets erhalten bzw. von wie vielen Sie Follower sind.

Follower Die Anzahl Ihrer Follower, also wie viele Personen Ihre Nachrichten erhalten und (hoffentlich auch) lesen. Das Ziel ist, dass diese Zahl möglichst hoch ist. Denn Sie erstellen Ihren Account für Ihre Patienten und für Leute, die sich für die Themen Ihrer Praxis interessieren.

Jede dieser Zahlenangaben können Sie anklicken, und es öffnen sich die weiteren Informationen dazu.

Lassen Sie sich nicht von angeblichen Experten verunsichern, wenn Sie hören, es kommt nur auf die Followerzahl an. Tatsächlich schauen die meisten zuerst auf genau diese Zahl, und je höher die ist, desto besser. Aber es ist nur eine Zahl, die nicht viel Auskunft gibt über die Qualität Ihrer Tweets, denn schließlich kann man Follower auch kaufen, oder es gibt Follower, die reinste Karteileichen sind. Es ist wie mit den Fans bei Facebook oder den Kontakten bei Xing oder den Klicks bei Youtube: Die meisten schauen zuerst darauf, aber Profis wissen, dass diese Zahlen nicht wirklich etwas über die Qualität des Auftritts sagen.

- **Wem folgen**

Auf der rechten Seite sehen Sie das Fenster »Wem folgen?«. Hier zeigt Twitter Ihnen Accounts an, denen Sie folgen könnten. Es sind lediglich Vorschläge, die sich aus den Daten Ihres Accounts ergeben, also zum Beispiel Medizinthemen. Wenn Sie in der Liste ein Unternehmen oder eine Person, sprich einen Account, interessant finden und regelmäßig die Tweets erhalten möchten, dann klicken Sie auf den Button »Folgen«.

Zu Beginn ist es sinnvoll, hier einigen zu folgen, aber später können und sollten Sie hier »etwas aufräumen«.

- **Bekomme mehr von Twitter**

Hier bietet Ihnen Twitter mit einem Klick Ihre Kontakte an, um die auf Ihren Twitteraccount aufmerksam zu machen und einzuladen.

> **Der Anwalt rät**
> Seien Sie auch hier vorsichtig, wenn es um die Ansprache von tatsächlichen oder potentiellen Patienten oder Mitarbeitern geht. Nach § 7 UWG ist die elektronische Kontaktaufnahme mit Dritten zu Werbezwecken über E-Mails und andere elektronische Post ohne deren vorherige Einwilligung unzulässig. Zwar gibt es gewisse Ausnahmeregelungen, die ebenfalls in § 7 UWG genannt sind, doch ist deren Praxisrelevanz (bezogen auf Twitter) eher gering. Achten Sie bei der werblichen Erstansprache von Patienten darauf, dass diese ihre Einwilligung in den Erhalt von elektronischer Post erklärt haben.

- **Trends**

Im nächsten Fenster darunter sehen Sie »Trends«. Das sind Themen, die Twitter anhand Ihrer Follower, Ihres Standortes und Ihrer Interessen bei Twitter ermittelt. Wenn Sie auf einen dieser Begriffe klicken, gelangen Sie zu den neuesten Tweets genau zu diesem Thema.

Es empfiehlt sich, hier die Themen auszuwählen, die tatsächlich etwas mit Ihrer Fachrichtung zu tun haben.

- **Tweets**

In dem großen Feld in der Mitte sehen Sie auf einen Blick die aktuellsten »Tweets« der Accounts, denen Sie folgen. Das ist der Twitter Stream, das Herzstück Ihres Accounts.

Machen Sie hier den Selbsttest, wo Ihr Auge »hängenbleibt«! Es sind Fotos, also tweeten Sie bitte zukünftig auch Fotos, wenn es passt. Mit jedem neuen Tweet, der oben erscheint, »wandert« die Liste »nach unten«.

4.5.2 Mitteilungen

Unter »Mitteilungen« finden Sie Infos zu Ihren »Erwähnungen«, das sind Tweets, in denen Sie namentlich auftauchen. Schauen Sie hier regelmäßig, einmal die Woche, hinein – besser häufiger.

- **Sie sind ohne Ihr Einverständnis in einem Tweet genannt?**

Das kann passieren. Ist es ein guter, positiver Tweet, dann freuen Sie sich darüber! Ist es ein negativer Tweet über Sie? Dann nehmen Sie am besten direkt Kontakt mit diesem Twitterer auf, um zu erfahren, ob er tatsächlich Sie meint, und wenn ja, warum er negativ twittert. Es könnte ein unzufriedener Patient sein, dann müssen Sie schnell erfahren, warum er unzufrieden ist, und lösen Sie das Problem mit ihm! Hilft das nicht, dann melden Sie den Tweet.

> **Der Anwalt rät**
> Prüfen Sie, ob der Inhalt des Tweets nur »störend« oder wirklich rechtswidrig ist. »Dr. Beispiel ist nicht mein Fall. Ein Arzt, der mich nicht versteht!« ist sicherlich anders zu bewerten als »Pfuscher Dr. B. macht pro Tag mehr Behandlungsfehler als ich Zähne habe!«. Sollte tatsächlich eine Rechtsverletzung vorliegen, also etwa widerrechtlich durch unwahre Tatsachenbehauptungen oder Beleidigungen in Ihr Persönlichkeitsrecht eingegriffen werden oder seitens eines Konkurrenten eine wettbewerbswidrige Handlung gegeben sein, sollten Sie nach Konsultation eines spezialisierten Rechtsanwalts hiergegen zivilrechtlich vorgehen. Schmähkritiken und unwahre Tatsachenbehauptungen müssen Sie nicht dulden; weigert sich Ihr Gegner, nach einer Abmahnung, den negativen Tweet zu löschen oder seine Äußerung zu unterlassen, können Sie auch im Eilverfahren Rechtsschutz in Anspruch nehmen. Vergessen Sie außerdem nicht, Twitter über rechtsverletzende Einträge zu informieren und zur Löschung aufzufordern. Verstoßen Tweets gegen die Nutzungsbedingungen von Twitter, geht das bisweilen sehr schnell.

4.5.3 Nachrichten

Hierunter finden sich »Direktnachrichten. Das sind private, ebenfalls maximal 140 Zeichen lange Nachrichten, die Sie an jeden senden können, der Ihnen bei Twitter folgt. Dazu klicken Sie einfach auf »Neue Nachricht«, geben einen Namen ein, gehen auf »Weiter« und können dann einen kurzen Text verfassen und an diese Person schicken.

4.6 Pflege

Die Pflege besteht bei Twitter in der regelmäßigen kontrollierten Aktion, also dem Tweeten oder Retweeten oder Antworten. Doch was ist bei der Pflege zu beachten, und was ist möglich, damit der Praxisalltag auch noch reibungslos funktioniert?

Speed Schreiben Sie 2-mal die Woche einen Tweet und kontrollieren Sie dabei auch Ihren Account auf Nachrichten oder Followerzahlen. (30 Minuten im Monat)

Perfekt Tweeten Sie alle zwei Tage. Schauen Sie sich regelmäßig die Tweets derer an, denen Sie folgen, und bleiben Sie am Ball in Bezug auf neue Twitter-Funktionen. Twittern Sie hin und wieder auch Fotos und Videos und retweeten Sie interessante Tweets. (30 Minuten je Woche)

4.6.1 Tweeten

Siehe ▶ Abschn. 4.4.

4.6.2 Retweeten

Das, was bei Facebook »Teilen« ist, heißt bei Twitter »Retweeten«. Angenommen, Sie sehen einen Tweet von einem Twitter-Nutzer, dem Sie folgen, und denken, dass dieser Tweet sicher auch für Ihre Patienten interessant sein könnte. Dann klicken Sie unter dem Tweet auf »Retweeten«. Der Tweet erscheint nun unter Ihren eigenen Tweets, und alle Ihre Follower können diesen lesen, weil sie ihn erhalten. Sie haben den Tweet somit an Ihre Patienten gesandt, also weitergeleitet, mit denen Sie bei Twitter verbunden sind. Genauso können Ihre Follower natürlich auch Ihre Tweets retweeten und damit verbreiten. Je unterhaltsamer, aktueller und informativer Ihr Tweet ist, desto mehr wird er sich verbreiten, weil Ihre Follower den Tweet dann retweeten, also an das eigene »Netzwerk« ebenso versenden. Und genau das ist die Idee hinter Twitter und sozialen Netzwerken!

> **Der Anwalt rät**
> Passen Sie bei Retweets ein bisschen auf! Nach einer Entscheidung des Landgerichts Frankfurt kann der Versender eines Retweets unter Umständen für den Inhalt eines fremden, rechtswidrigen Tweets als Verbreiter verantwortlich gemacht werden – dann nämlich, wenn er sich diesen zu Eigen gemacht hat. In dem entschiedenen Fall hatte der Betroffene einen Tweet retweetet, der inhaltlich angreifbar war und Dritte in ihren Rechten verletzte. Weil der Betroffene den Tweet nicht nur weitergeleitet hatte, sondern zustimmend kommentierte, ist das Gericht von einem aktiven Zueigenmachen ausgegangen. Teilen Sie und retweeten Sie also nur Inhalte, die für Sie nicht offensichtlich rechtswidrig sind oder sonstige erkennbar problematische Inhalte haben. Sorgen Sie im Übrigen für eine eher distanzierende Kommentierung, die nicht nahelegt, dass Sie den Inhalt des Tweets so wie einen eigenen unterstützen. »Genau so ist es!« als Begleittext zu einem Retweet ist sicherlich problematischer als »So sieht das übrigens Dr. X:...«

4.6.3 Antworten

Sie lesen einen Tweet und meinen, Sie müssen darauf antworten, als Ergänzung oder zur Korrektur oder zum Lob? Klicken Sie dazu unter einem Tweet auf »Antworten«, dann sieht nur der Verfasser des Tweets Ihre Nachricht (Antwort) sowie dessen Follower.

Jeder freut sich über einen positiven Kommentar, also können Sie das auch mal machen. Sie haben eine sinnvolle Ergänzung oder wollen, dass auch Ihre eigenen Follower diese Nachricht sehen? Dann müssen Sie diesen retweeten.

> **Tipp des PR-Beraters**
> Es geht auch um die Geste! Bedanken Sie sich für einen neuen Follower persönlich und bedanken Sie sich für ein Lob – mit stets dem gleichen Text. Das fällt nicht auf, wenn er gut formuliert ist, und spart sehr viel Zeit.

4.6.4 Favorisieren

Gefällt Ihnen ein Tweet besonders gut, dann können Sie diesen Tweet »favorisieren«. Das entspricht etwa dem »Liken« bei Facebook. Klicken Sie dazu unter dem entsprechenden Tweet auf »das Sternchen«. Nun erscheinen dieser Tweet in Ihrer Timeline, aber mit dem sichtbaren Hinweis, dass Sie diesen favorisieren, also hervorheben.

4.6.5 Tweets melden

Enthält ein Tweet Belästigungen oder verstößt er gegen Gesetze oder gar die guten Sitten, können Sie dies melden. Dazu klicken Sie unter dem Tweet auf die drei Punkte und dort bei »melden« und wählen dann eine der unten stehenden Optionen. Dann klicken Sie auf »Absenden« bzw. auf »Weiter« wenn Sie einen Missbrauch melden.

> **Der Anwalt rät**
> Machen Sie von dieser Möglichkeit Gebrauch! Sie haben ebenso wie andere Nutzer von Twitter deren Nutzungsbedingungen akzeptiert und sich neben den allgemeinen gesetzlichen Anforderungen auch den Spielregeln von Twitter unterworfen. Diese sehen bestimmte Kommunikationsformen als nicht zulässig an. Es liegt also im Interesse von Twitter, von entsprechenden Verstößen Dritter gegen die Nutzungsbedingungen (und gesetzliche Bestimmungen) in Kenntnis gesetzt zu werden, um die erforderlichen Schritte vornehmen zu können. Erfahrungsgemäß reagiert Twitter sehr schnell, wenn eine Rechtsverletzung offensichtlich ist – das hilft Ihnen im Konfliktfall häufig

mehr als ein anwaltliches Vorgehen mit Abmahnung und nachfolgendem Gerichtsverfahren. Hierzu bleiben Sie aber im Fall von Rechtsverletzungen natürlich ebenfalls berechtigt.

4.6.6 Tweets einbetten

Sie können Tweets auf Ihrer Website einbetten/einbinden, also ein Fenster auf Ihrer Internetseite integrieren, in dem jeder Besucher auch gleich Ihre Tweets sieht. Dies gehört in die Hände eines Programmierers oder von jemandem mit Kenntnissen. Dazu klicken Sie unter dem Tweet auf »Mehr« (gekennzeichnet durch drei Punkte) und dann auf »Tweet einbetten«; es öffnet sich ein Fenster: »Diesen Tweet integrieren«. Darunter finden Sie nun einen html-Code, den Twitter für Sie generiert, und unter dem Code sehen Sie eine Vorschau. So sieht der Beitrag auf Ihrer Internetseite aus, zum Beispiel im Newsbereich. Den Code lassen Sie bitte von Ihrem Admin bzw. der Person, die Ihre Website pflegt, auf der Praxis-Seite einpflegen.

4.6.7 Konkurrenz ausspionieren

Ihr Konkurrent hat deutlich mehr Follower? Dann schauen Sie doch mal nach, woran das liegt! Schauen Sie in seine Tweets: Wie oft twittert er, wann twittert er und welche Themen werden getwittert? Allein daran können Sie schon sehr viel sehen und davon ableiten.

Es geht mit dem Ausspionieren der Konkurrenz auch professioneller und das legal: Versuchen Sie die App Tweepi, um alle Follower-Details auf einer Seite zusammengefasst mit Informationen zu Biographie, Ort, Anzahl der Follower und Updates und letzter Tweet-Zeitpunkt zu sehen. Und versuchen Sie auch SocialBro, um zum Beispiel zu schauen, wer die einflussreichsten Follower sind.

4.6.8 Redaktionsplan

Viele Themen sind vorhersehbar und damit planbar.

Ziele des Redaktionsplans
- Kontinuität der Tweets
- Qualität der Tweets
- Aktualität der Tweets
- Geringerer Zeitaufwand
- Sicherheit, keine relevanten Themen zu übersehen
- Befindet sich der Angestellte, der den Account pflegt, im Urlaub oder ist erkrankt, dann kann problemlos ein Kollege für einspringen.

Dazu tragen Sie in Ihren Kalender einfach die Themen ein, die vorhersehbar sind.

- **Checkliste: Themen im Redaktionsplan**
- Teilnahme an medizinischen Kongressen (News)
- Große medizinische Kongresse, an denen der Arzt nicht teilnimmt (News)
- Saisonale Themen (Zähne und Winter, gute Vorsätze zu Jahresbeginn, feste Tage der Gesundheit [Tag des Kindes, Tag des Zahnes, usw.])
- Interne Themen (Jubiläen der Praxis, Patientenveranstaltungen, Urlaub)

4.6.9 Wie den Überblick behalten?

Irgendwann werden Sie vermutlich den Überblick verlieren, wem Sie eigentlich folgen und wer Ihnen folgt, und genau dafür bietet ▶ www.friendorfollow.com eine Lösung. Geben Sie dort einfach den eigenen Twitternamen ein, und es werden drei Gruppen übersichtlich angezeigt:
1. Wer von meinen Followern folgt auch mir?
2. Wer von meinen Followern folgt mir nicht?
3. Welche Follower habe ich, denen ich nicht folge?

4.6.10 Listen

Oben rechts mit einem Klick auf Ihr Logosymbol erscheint ein Menü, und dort finden Sie »Listen«.

Unter »Liste« versteht man eine Gruppe von Twitter-Nutzern, die Sie selbst erstellen können. Sie können dabei eigene Listen erstellen, aus den Accounts, denen Sie folgen, oder auch die Listen anderer Nutzer abonnieren. Wenn Sie die Timeline einer Liste aufrufen, werden nur die Tweets der Nutzer auf dieser Liste angezeigt.

Das Senden von direkten Tweets, die nur von den Mitgliedern einer Liste empfangen werden, also das direkte Auswählen von Personen, die Ihre Tweets erhalten, ist nicht möglich.

So erstellen Sie eine Liste:
1. Gehen Sie auf die Seite Listen. Dies geschieht über das Dropdown-Menü mit Ihrem Profilbild rechts oben in der Navigationsleiste.
2. Klicken Sie auf »Listen«.
3. Klicken Sie rechts auf »Liste erstellen«
4. Nun öffnet sich ein Fenster, indem Sie der Liste einen thematisch passenden Namen geben können, zum Beispiel »Medizin-News« oder »Zahnarzt-News«, wenn Sie dort Personen bzw. Accounts zusammenstellen, von denen Sie per Tweet die interessanten Neuigkeiten aus der Medizinwelt erhalten.
5. Geben Sie den entsprechenden Namen Ihrer Liste ein, zum Beispiel »Implantat-News«, und eine kurze Beschreibung, und legen Sie fest, ob die Liste privat (nur Sie haben Zugriff) oder öffentlich (jeder kann die Liste abonnieren) sein soll.
6. Klicken Sie unten auf den Button auf »Liste speichern«.
7. Stellen Sie Ihre Listen auf »öffentlich«, das erhöht die Chance, dass andere auf Sie aufmerksam werden.

Personen zu Ihren Listen hinzufügen oder entfernen:
1. Klicken Sie im Profil eines Nutzers neben der Funktion »Folgen« auf das Dropdown-Menü mit dem Zahnrad-Symbol.
2. Wählen Sie »Den Listen hinzufügen oder daraus entfernen« (Sie müssen dem Nutzer nicht folgen, um ihn zu Ihrer Liste hinzuzufügen).
3. Es wird ein Pop-up mit »Deine Listen« angezeigt. Setzen Sie ein Häkchen bei der Liste, zu der Sie den Nutzer hinzufügen möchten. Möchten Sie einen Nutzer von der Liste entfernen, dann entfernen Sie ganz einfach das Häkchen.
4. Um zu überprüfen, ob der von Ihnen hinzugefügte Nutzer sich jetzt tatsächlich auf der gewünschten Liste befindet, gehen zum Tab »Listen« auf Ihrer Profilseite, klicken auf die gewünschte Liste und dann auf Mitglieder, dort sehen Sie es sofort.
5. Stehe ich auf einer Liste bei jemandem? Wenn Sie wissen möchten, ob Sie sich auch auf einer Liste befinden, tun Sie Folgendes: Klicken Sie oben in »Account« und dann auf »Listen«. Unter »Mitglied von« sehen Sie nun, auf welchen Listen Sie sich befinden, wer diese erstellt hat und wie viele Mitglieder diese Liste hat.

So sehen Sie die Tweets einer Liste:
1. Klicken Sie auf das Tab »Listen« in Ihrem Account.
2. Klicken Sie auf die Liste, die Sie aufrufen möchten.
3. Dort sehen Sie nun eine Tweet-Timeline der Nutzer, die sich in der Liste befinden.
4. Mit einem Klick auf die entsprechende Liste in der Ansicht »Listen« können Sie diese auch bearbeiten (Name, Beschreibung und Privatsphäre-Einstellung ändern) oder löschen.
5. Nutzen Sie für sich die Arbeit, die sich andere schon machten, und abonnieren oder folgen Sie einfach den Listen anderer Personen. Klicke Sie auf »Listen«, wenn Sie sich auf dem Profil einer anderen Person befinden, wählen Sie die Liste aus, die Sie abonnieren möchten, und klicken Sie drauf. Nun sehen Sie die aktuellsten Tweets der Nutzer aus dieser Liste. Klicken Sie auf der Listenseite auf »Abonnieren«, um der Liste zu folgen. Sie können Listen folgen, ohne dabei den einzelnen Nutzern der Liste zu folgen.

Der Vorteil von Listen:
Sie müssen sich nicht durch viele verschiedene Accounts durchklicken, sondern sehen sofort das, was Sie interessiert, indem Sie die entsprechende Liste anklicken. Durch das Abonnieren sparen Sie sich viel Zeit, selbst nach interessanten Accounts suchen zu müssen.

4.7 Twitterpflege delegieren

Im Praxisalltag ist es selbstverständlich, dass der Arzt Aufgaben delegiert, unabhängig davon, ob dies aus zeitlichen oder fachlichen Gründen geschieht, also ob es das Öffnen der Post ist oder die Erstellung der Einkommensteuer. Und Twitter, von der Erstellung bis zur Pflege, kann selbstverständlich auch delegiert werden.

4.7.1 An wen delegieren?

Es sollte grundsätzlich eine Person sein, die in der Lage ist, schnell zu reagieren. Wenn Ihr Sohn oder Ihre Tochter oder Ihr Neffe oder Schwiegervater auch noch so engagiert sein mögen bei Twitter, so müssen diese Personen dann, wenn es darauf ankommt, auch schnell »einsatzfähig« sein, und meistens lassen mit der anfänglichen Begeisterung auch die Erreichbarkeit und das Engagement nach.

- **Checkliste: An wen delegieren?**
- Externer Berater (zum Beispiel PR-Agentur) oder
- angestellte Person, die Ihr volles Vertrauen genießt
    - und die rechtlichen Rahmenbedingungen der Arztwerbung kennt
    - und eine Affinität zum Medium besitzt
    - und über eine gute Rechtschreibung verfügt
    - und die Zeit dafür eingeräumt bekommt
    - und sich der Verantwortung bewusst ist
    - und möglichst eine Vollzeitstelle besitzt
    - und die Praxis gut kennt
    - und ein medizinisches Verständnis besitzt
    - und bei Twitter oder im Social Web selber seriös auftritt.

Diese Person erhält dann das Passwort.

> **Der Anwalt rät**
> Achten Sie darauf, mit allen Personen, die Sie mit der Pflege Ihres Twitter-Accounts beauftragen, eine (zumindest kurze) schriftliche Vereinbarung zu treffen. Darin sollte festgelegt werden, welche Aufgaben die entsprechende Person übernimmt und dass Weisungen und Vetos Ihrerseits jederzeit zu beachten sind. Auch sollten Sie festlegen, welche Handlungen die Person selbst vorzunehmen berechtigt ist und wie die Kommunikationslinie in strittigen Fällen aussieht. Handelt es sich bei der beauftragten Person um einen externen Dritten, könnten Sie sich zusichern lassen, dass Ihr Auftragnehmer dafür einsteht, dass durch seine Tweets und die von ihm verbreiteten Inhalte Rechte Dritter nicht verletzt werden. Aufzunehmen wäre dann auch Ihre Freistellung von allen etwaigen Ansprüchen Dritter.
> Eine solche Vereinbarung macht insbesondere bei Agenturen oder anderen Personen Sinn, die Sie als Dienstleister beschäftigen. Achten Sie auch auf eine Regelung, wie bei Beendigung des Vertragsverhältnisses zu verfahren ist. Hierbei ist insbesondere dafür Sorge zu tragen, dass Sie sämtliche von der Person erstellten Inhalte auch weiterhin nutzen dürfen bzw. die der Person zur Verfügung gestellten Zugangsdaten unverzüglich herausgegeben werden. Im Zweifel sorgen Sie bei Vertragsende schnell und praktisch dafür, das Passwort zu ändern, um der bislang beauftragten Person den Zugriff auf Ihren Twitter-Account abzuschneiden.

Wenn diese Mitarbeiterin auf ihrem Namensschild auch die Funktion »Social Media Verantwortliche« oder »Twitter-Verantwortliche« stehen hat, erhöht das sowohl die Bedeutung dieser Aufgabe als auch die Motivation der Mitarbeiterin und die Aufmerksamkeit der Patienten.

4.7.2 Wer sind geeignete Follower?

Achtung: Freuen Sie sich nicht über jeden Follower. Stellen Sie sich vor, Sie haben den Follower »Verein für kompromisslose Tierversuche« oder »Krebsheilung durch Schnaps« oder Ähnliches, so wird schnell assoziiert, dass es eine Sympathie, vielleicht sogar mehr gibt zwischen Ihnen und diesem Follower. In dem Fall sollten Sie sich von diesem Follower verabschieden.

4.7.3 Wie entferne ich einen Follower?

Natürlich wollen Sie, dass Ihnen bei Twitter möglichst viele Personen »folgen«, also möglichst viele Patienten und Interessierte die Tweets über Sie und Ihre Praxis lesen. Aber es kann sein, dass sich darunter auch ungebetene Gäste befinden, mit denen Sie Ihre Neuigkeiten nicht teilen möchten oder von denen Sie vielleicht schon einmal eine negative Antwort erhalten haben. Sie sind diesen Personen bei Twitter natürlich nicht ausgeliefert. Nein, Sie können diese Personen blockieren und damit als Follower entfernen. Bei Twitter sind die Begriffe »blockieren« und »entfernen« als Synonyme zu verstehen.

Dazu gehen Sie auf den Account des entsprechenden Followers. Neben dem »Folgen-Button« ist ein Zahnrädchen, welches Sie nun anklicken müssen. Dort klicken Sie auf den »Blockieren«-Button. Der Follower wird nun blockiert und ist damit kein Follower mehr; Sie selbst können dem Profil auch nicht mehr folgen. Dort, wo vorher der »Follow«-Button war, steht nun »Geblockt«. Natürlich können Sie das Ganze auch rückgängig machen, indem Sie einfach erneut auf den Button klicken.

Schauen Sie sich regelmäßig an, wer Ihnen folgt, und entscheiden Sie dann. Politische Accounts sind genauso wie religiöse immer etwas genauer zu beurteilen. Folgt Ihnen ein Konkurrent? Super, eine größere Anerkennung können Sie nicht von ihm erhalten.

4.7.4 Wem soll ich folgen?

Achtung: Klicken Sie nicht unüberlegt irgendwo drauf, und folgen Sie dem Account auch dann nicht, wenn er Ihnen empfohlen wird. Schauen Sie sich immer genau an, wem Sie da folgen – ausgenommen sind bekannte, seriöse und offizielle Accounts. Fragwürdige politische Institutionen oder religiöse Randgruppen färben selbstverständlich ab auf Sie.

- Checkliste: Wem soll ich folgen?
— Ärzten und Praxen anderer Fachrichtungen auch bundesweit
— Kliniken im Ort
— Krankenkassen
— Zuweisern
— Bei guten Tweets auch Zulieferern
— Seriösen und guten themennahen Accounts wie Ärztekammer
— Medien wie beispielsweise »Spiegel« oder »Focus«, die einen speziellen Medizintwitter anbieten
— Verbänden, die verständlich und interessant für Patienten tweeten

Folgen Sie eher nicht Ihren Mitarbeitern und Patienten; es sollte andersrum sein. Und folgen Sie nur dann Ihrem Konkurrenten im Ort, wenn Sie sich tatsächlich »super« verstehen oder tatsächlich ergänzen, ansonsten sorgen Sie lieber dafür, dass Sie sich mit Ihrem Twitter ein bisschen qualitativ und imagefördernd von ihm absetzen.

4.7.5 Suchfenster

Die Suchfunktion bei Twitter scheint auf den ersten Blick etwas verwirrend zu sein.

Aber keine Sorge, eigentlich ist es ganz simpel:
1. Geben Sie eine Suchanfrage in das **Suchfeld** oben auf der Seite ein, zum Beispiel den Begriff »Zahnkrone«, und drücken Sie »Enter« oder klicken Sie daneben auf die kleine Lupe.
2. Nun erscheinen in dem großen Feld in der Mitte alle Treffer dazu, sortiert nach »Top«, »Live«, »Accounts«, »Fotos«, »Videos« und »Weitere Optionen«. Sie können nun auf »Alle« gehen und sich anschauen, was Twitter Ihnen da alles so anbietet, oder Sie filtern die Ergebnisse.

Um nach Tweets zu suchen, die einen Nutzer erwähnen, geben Sie den jeweiligen Nutzernamen mit vorangestelltem @-Symbol in das Suchfeld oben auf der Seite ein.

4.8 Erhöhung der Follower-Anzahl

Es ist bei Twitter schnell auf den Punkt gebracht, was das Ziel ist: Viele Follower! Denn all die Follower lesen Ihre Mitteilungen und geben diese, im Idealfall, weiter, also retweeten.

- **Checkliste: Erhöhung der Follower**
- Kärtchen und Flyer dazu auslegen
- Poster dazu aufhängen
- Auf der Internetseite auf Twitter hinweisen
- Auf jeder Broschüre auf Twitter hinweisen
- In der E-Mail-Signatur auf Twitter hinweisen
- Bei Facebook (oder Xing usw.) auf Twitter hinweisen
- In Newslettern und in der Praxiszeitung auf Twitter hinweisen
- Auf Onlinearztportalen in der Beschreibung auf Twitter als Besonderheit oder Kontaktmöglichkeit hinweisen
- Aufkleber, Stempel
- Auf medizinischen Kongressen in der Präsentation als Kontaktmöglichkeit
- Mündlich die Patienten auf Twitter hinweisen
- Schaffen Sie ein aussagekräftiges Profil, inkl. Foto und Beschreibung.
- Verfassen Sie interessante, unterhaltsame, aktuelle oder zum Nachdenken anregende Tweets
- Es ist zu empfehlen, Tweets zu unterschiedlichen Themen zu verfassen und so für Abwechslung zu sorgen.
- Ihre Tweets werden außerdem interessanter, wenn Sie sie mit Bildern, Videos oder Audio-Clips aufpeppen.
- Veröffentlichen Sie Ihre Tweets regelmäßig und zu den richtigen Tageszeiten.
- Verwenden Sie Hashtags.
- Twittern Sie für alle Altersgruppen unter Beachtung der werberechtlichen Vorgaben.

4.8.1 Wann soll man twittern?

Die Frage nach dem richtigen Zeitpunkt wird oft von Experten diskutiert. Sicherlich ist es am besten, dann zu twittern, wenn die meisten Menschen aktiv sind, also auch in der Lage sind, die Tweets zu lesen. Einige Experten meinen, der beste Zeitpunkt wäre morgens, wenn die Nutzer entweder beim Frühstück sind oder in der Bahn oder im Bus sitzen und sich vor Arbeitsbeginn auf den neuesten Stand bringen wollen. Andere sagen, der beste Zeitpunkt wäre am Abend, wenn beim Feierabend auch Ruhe und Zeit zum Lesen da ist und nach Zerstreuung gesucht wird. Wiederum andere behaupten, dass am Wochenende die beste Zeit wäre, da die meisten Twitterer dann die meiste Zeit haben. Oft wird aber auch darauf hingewiesen, dass in Zeiten des mobilen Internets eigentlich jeder Nutzer zu jeder Zeit online ist und diese Ratschläge per se hinfällig sind.

Was nützt die beste Zeit zum Twittern, wenn »alle« twittern und das Angebot immens ist? Nichts! Denn dann sind Sie einer von vielen. Versuchen Sie es mit Randzeiten, also etwas eher als die anderen und etwas später als die anderen. In dem Fall also so um 7 Uhr morgens und 10 Uhr morgens sowie 16 Uhr und 19 Uhr.

Die Zeiten richten sich auch nach Ihren Themen und damit nach Ihrer Zielgruppe; tatsächlich ist die am stärksten wachsende Nutzergruppe bei Twitter zwischen 55 und 64 Jahren alt!

4.8.2 FollowFriday

Unter Insidern ist der Name »FollowFriday« ein fester Begriff und auch mit »ff« abgekürzt verwendet. Es geht lediglich darum, bei der unglaublichen Vielzahl von Twitterern die zu empfehlen, die wirklich sinnvoll, spannend, interessant, also einfach empfehlenswert sind.

Dazu wird vorne im Tweet ein Hashtag gesetzt sowie das FollowFriday, es geht auch einfach ein »ff«. In unserem Fall würde Folgendes twittern, wenn Sie die Tweets der Süddeutschen Zeitung empfehlen möchte: #FollowFriday@sueddeutsche.de

Wie der Name schon vermuten lässt, werden diese Tweets grundsätzlich freitags versendet.

Literatur

Redaktion FOCUS Online (2013) Soziale Netzwerke »vergreisen« – Nur Twitter-Nutzer werden jünger. ▶ http://www.focus.de/digital/computer/facebook-user-werden-immer-aelter-soziale-netzwerke-vergreisen-nur-twitter-nutzer-werden-juenger_aid_946009.html. Zugegriffen: 09.07.2015

Statista (2014) Anteil der Nutzer von Twitter an allen Social Media-Nutzern in den einzelnen Bundesländern im Jahr 2013. ▶ http://de.statista.com/statistik/daten/studie/243708/umfrage/nutzung-von-twitter-in-deutschland-nach-bundeslaendern. Zugegriffen: 09.07.2015

Youtube

Marc Däumler, Marcus M. Hotze

5.1 Anmeldung – 134

5.2 Kanal einrichten – 135

5.3 Video hochladen – 138

5.4 Pflege – 141
5.4.1 Kreativ-Tools – 142
5.4.2 SEO bei Youtube – 143

Youtube ist mehr als einer der populärsten Social-Media-Kanäle. Nach Google zählt Youtube zur zweitgrößten Suchmaschine der Welt! Der Name setzt sich zusammen aus »tube«, also eine Röhre (TV-Gerät), und »you«, also »Du«, was zusammen so viel bedeutet wie »Du sendest«. 2005 wurde es von drei jungen Kollegen in den USA gegründet und im darauf folgenden Jahr für mehr als 1 Milliarde Dollar an Google verkauft.

Nach eigenen Angaben besuchen mehr als 1 Milliarde einzelner Nutzer jeden Monat dieses Portal, laut dem Online-Portal mashable.com liegt das Durchschnittsalter der Youtube-Nutzer bei über 27 Jahren, wobei 20% über 35 Jahre alt sind. In Deutschland nutzen etwa 40 Millionen Menschen Youtube, vor allem zum Anschauen von Videos. Youtube benötigt etwa 10% der gesamten Internet-Datenleistung der Erde. Die tatsächliche Anzahl der Videos insgesamt bei Youtube ist nicht offiziell bekannt, wobei grobe Schätzungen von über einer viertel Milliarde Videos ausgehen.

- **Wie funktioniert Youtube?**

Sie kennen Youtube noch nicht oder kaum? Dann machen Sie den Test! Rufen Sie die Internetseite ▶ www.youtube.com auf, und oben sehen Sie ein Eingabefeld, rechts daneben das Symbol einer Lupe. Jetzt geben Sie einen Begriff dort oben ein, der Sie interessiert, ganz gleich, ob Ihr Lieblingsfußballverein oder der Name Ihrer Stadt, der Name einer gesellschaftlichen Persönlichkeit oder eine medizinische Behandlungsmethode, die Sie interessiert, und klicken auf die Lupe. Mit hoher Wahrscheinlichkeit findet Youtube Videos zu diesen Themen.

> **Tipp des PR-Beraters**
>
> Da Youtube von der Sprache Englisch geprägt ist, kann es sein, dass sich Ihre Trefferquote bei bestimmten Themen deutlich verbessert, wenn Sie den »englischen« Begriff wählen.

Der Vorteil für eine Zahnarztpraxis ist evident: Durch das Hochladen von Filmen über die Praxis stellt sich die Praxis nicht nur modern dar. Über einen Film lassen sich Botschaften leichter, unterhaltsamer und attraktiver senden. Dass Sie ein freundlicher Arzt sind, ist nun nicht nur sichtbar, sondern sogar hörbar, und wie bei Ihnen ein Beratungsgespräch stattfindet, ist so genau zu sehen, als wäre man als Patient dabei. Die gesamte Vorstellung der Praxis ist so deutlich ansprechender und lebendiger als über Fotos auf Ihrer Website.

Youtube ist grundsätzlich kostenlos, auch wenn es dort schon Dienste gibt, die wie beim Pay-TV kostenpflichtig sind. Die Idee war, selbst gedrehte Videos hier hineinzustellen, aber natürlich finden sich hier mittlerweile auch genauso professionelle Videos, wie Musikclips zum Beispiel. Sollten Sie einen Imagefilm für die Praxis produziert haben, dann stellen Sie ihn hier hinein! Das Thema Medizin jedenfalls ist bereits bei Youtube angekommen.

Es sind beispielsweise beim Suchbegriff »Patientengespräch« zwar zur Zeit »nur« etwa 600 Videos mit exakt diesem Titel zu finden, aber manche dieser Videos haben mehrere Tausend Klicks: Mehrere Tausend Personen haben sich dieses Video also angesehen!

Falls Sie sich fragen, wer wohl bei Youtube Filme zum Thema »Seniorenheim« oder »Pflegeheim« anklickt, stellen Sie sich einfach die Frage, wer Heime für die Angehörigen aussucht! Es sind nicht die Betroffenen, sondern die Kinder oder Enkel, und die nutzen Social Media selbstverständlich, in diesem Fall Youtube. Die gleiche Frage stellt sich, wer den Zahnarzt aussucht, der sich auf Kinderbehandlung spezialisiert hat. Es sind die Eltern, und die nutzen sehr wahrscheinlich auch Youtube.

5.1 Anmeldung

Gehen Sie auf die Seite ▶ www.youtube.com und klicken Sie oben rechts auf den blauen Button »Anmelden«. Es öffnet sich daraufhin ein Fenster von Google. Dies hängt damit zusammen, dass Youtube seit 2006 zu Google gehört. Sie müssen also zunächst ein Google-Konto einrichten, um alle Dienste von Google – auch Youtube – nutzen zu können. Schlagen Sie dazu bitte das Kapitel zu Google My Business auf.

Wenn Sie schon ein Google-Konto haben, über das Sie sich zum Beispiel bei google+ ein-

Abb. 5.1 Login

loggen, dann können Sie jetzt hier einfach Ihre Google-Mail-Adresse und Ihr Passwort eingeben ( Abb. 5.1).

> **Der Anwalt rät**
> Mit der Registrierung erklären Sie sich mit den Nutzungsbedingungen von Google und auch von Youtube einverstanden. Diese Nutzungsbedingungen, die Sie über den angegebenen Link einsehen können, stellen Ihre Geschäftsgrundlage für alle Aktivitäten auf Youtube dar und sollten daher von Ihnen durchgelesen werden. Nehmen Sie zur Kenntnis, dass sich das Rechtsverhältnis nach ausländischem Recht bestimmt – und schauen Sie, ob die Regelungen der Nutzungsbedingungen mit der von Ihnen vorgesehenen Verwendung kompatibel sind. Nur wer die Spielregeln der Plattform kennt, kann prüfen, ob diese zu ihm passt. In der Regel bestehen hier für Zahnarztpraxen aber keine Bedenken.
> Insbesondere bei Youtube liegt auf der Hand, dass das Thema »Urheberrecht« eine besondere Bedeutung hat. Stellen Sie sicher, dass Sie alle für die Nutzung von Videos (neudeutsch: »Bewegtbild-Content«) auf Youtube erforderlichen Rechte erworben haben (nicht zuletzt, weil auch Sie Youtube eine weltweite, unentgeltliche und nichtexklusive Lizenz an den eingestellten Inhalten einräumen) und von Ihnen eingestellter Content Rechte Dritter nicht verletzt.

5.2 Kanal einrichten

Bevor Sie ein Video hochladen können, müssen Sie einen Kanal einrichten. Vergleichen Sie das mit einem TV-Sender, den brauchen Sie auch, bevor darüber ein Film läuft.

Ihr Youtube-Kanal ist quasi Ihre Website bei Youtube. Hier finden sich alle Ihre öffentlichen Videos, und jeder sieht Ihre persönlichen Angaben (Name, Alter, Beitrittsdatum). Darüber hinaus können Sie Ihren Kanal individuell gestalten und beispielsweise das Titelbild ändern, den Titel des Kanals ändern und Module wie Playlists hinzufügen und löschen. Eine Playlist ist eine Sammlung von eigenen und fremden Videos, die automatisch in einer Reihenfolge nacheinander abspielen.

Nochmal zur Vereinfachung:

Wenn Sie Youtube als Zahnarztpraxis nutzen wollen, um dort Videos hochzuladen und Ihren Patienten anzubieten, benötigen Sie zwei Dinge:

1. Ein privates Google-Konto (Das brauchen Sie, um die Google-Dienste, wie Youtube, überhaupt nutzen zu können. Es entsteht automatisch, wenn Sie sich eine Google-Mailadresse anlegen. Wie das geht, steht im Kapitel Google

Abb. 5.2 Youtube-Kanal erstellen

Abb. 5.3 Verknüpfung Youtube-Kanal und Google+

my Business; vielleicht haben Sie schon eine Google-Mailadresse, und damit auch schon ein Google-Profil. Damit melden Sie sich bei Youtube an, um Youtube als Privatperson aktiv nutzen zu können, zum Beispiel um Kommentare abzugeben. Videos anschauen können Sie jederzeit ohne Anmeldung. Doch Sie möchten den Kanal als Zahnarztpraxis professionell nutzen, deshalb benötigen Sie noch mehr, nämlich das Unternehmensprofil.)

2. Ein Unternehmensprofil bei Google (Das ist notwendig, wenn Sie als Unternehmen agieren wollen, also als Zahnarztpraxis. Sie erhalten es, wenn Sie sich bei Google my Business ein Unternehmenskonto einrichten, was sehr schnell geht. Dazu gehen Sie auf die Internetseite ▶ www.google.com/business und tragen dort Ihr Unternehmen ein. Ausführliche Anleitung finden Sie dazu im Buchkapitel Google My Business.

Sie rufen also nun die Youtubeseite im Internet auf, melden sich an und nach dem Login erscheint oben rechts Ihr privates Google-Profilbild. Bitte klicken Sie nun darauf und wählen Sie Ihre Praxis aus, denn Sie wollen den Kanal ja für Ihre Praxis erstellen. Sie handeln nun also im Namen Ihrer Praxis und nicht als (privater) Arzt. Haben Sie bereits Ihr Unternehmensprofil eingerichtet, werden Sie in einem kleinen Fenster in der Bildschirmmitte gefragt, ob Sie Youtube mit Ihrem Privat-Account oder mit Ihrem Unternehmenskonto nutzen möchten. Hier wählen Sie dann Ihr Zahnarztpraxiskonto aus (◘ Abb. 5.2).

Klicken Sie hier auf »OK«. Nun öffnet sich ein Fenster mit einem sehr wichtigen Schritt: »Dein Kanal und deine Google+-Seite werden verknüpft.«

Das bedeutet: Sie nutzen Ihre Google+-Seite und den Youtube-Kanal unter demselben Namen und demselben Profilbild. Auf Ihrer Google+-Seite wird automatisch Ihr Youtube-Kanal eingebunden und die Administrationsrecht gelten für beide Plattformen. Hier klicken Sie wieder auf »OK« (◘ Abb. 5.3).

Herzlichen Glückwunsch, Sie haben nun einen Youtube-Kanal (◘ Abb. 5.4)!

Als nächstes können Sie nun damit beginnen, ein Hintergrundbild hochzuladen. Klicken Sie dazu oben auf den blauen Button »Kanalbilder hinzufügen«. Unter »Meine Fotos« finden Sie nun die Bilder, die Sie Ihrer Google+ Seite schon hinzugefügt hatten. Die Anforderung der Pixel an ein Hintergrundbild ist bei Youtube allerdings eine andere (2560 × 1440), es kann auch sein, dass Sie ein neues Bild hochladen müssen. Klicken Sie in dem Fall auf »Fotos hochladen«.

Das Titelbild auf Youtube muss nicht wie bei Facebook regelmäßig ausgewechselt werden, auch wenn das Vorteile hat. Es reicht, wenn Sie dort ein gutes Foto präsentieren, das Sie mit Ihrem Team oder Sie am Behandlungsstuhl zeigt, und es geht auch ein gutes Foto Ihrer Räume, wobei ein Zahnarztstuhl hier als Hauptmotiv nicht geeignet ist. Wichtig ist, dass es ein professionelles Foto ist, das auch Professionalität ausstrahlt.

> **Der Anwalt rät**
> Die Liberalisierung des ärztlichen Werberechts hat dazu geführt, dass Sie einen größeren Spielraum bei der Auswahl Ihres Fotos haben. So ist eine Abbildung in Arztkleidung nunmehr erlaubt. Auch dürfen Sie Praxisfotos oder Fotos bei der Behandlung von Patienten

5.2 · Kanal einrichten

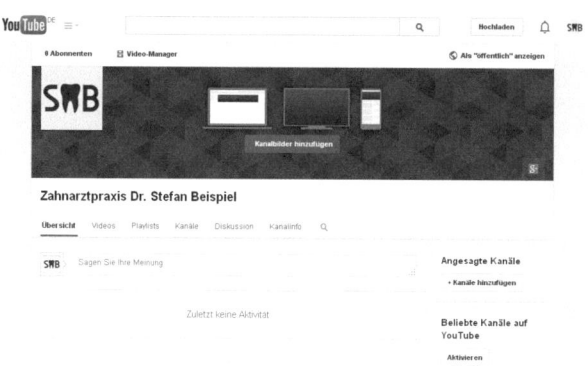

Abb. 5.4 Youtube-Kanal Startseite

zeigen (vorausgesetzt natürlich, die entsprechenden Patienten haben einer solchen Bildnisverwendung auch zugestimmt). Vergessen Sie nicht, die erforderlichen Nutzungsrechte für eine Verwendung der Fotos bei Youtube vom Fotografen oder einem anderen Rechteinhaber zu erwerben. Treffen Sie hierfür zu Dokumentationszwecken am besten eine schriftliche Vereinbarung. Mehr dazu finden Sie im Anhang.

Im Reiter »Kanalinfo« können Sie Ihren Kanal nun genauer beschreiben.

Jetzt sehen Sie »Kanalbeschreibung und erforderliche Anbieterinformationen«, auf das Sie klicken.

Speed Überspringen. (0 Sekunden)

Perfekt Nehmen Sie sich die Zeit, denn es dauert nicht lange, und Sie stellen sich somit professionell dar. Hier beschreiben Sie kurz sich und Ihre Praxis, und was für Videos Sie auf Youtube zeigen wollen. Nutzen Sie dazu auch passende Keywords. (10 Minuten)

In unserem Beispiel sieht das so aus:
»Die Zahnarztpraxis Dr. med. Stefan Beispiel ist seit 2007 in Berlin ansässig. In unserem Youtube-Kanal wollen wir Ihnen die neusten Aktivitäten unserer Praxis zeigen.«

> **Tipp des PR-Beraters**
>
> Hier müssen die für Sie wichtigen Keywords fallen, also Praxisname und Praxisschwerpunkte, denn vergessen Sie nicht: Youtube gehört zu Google, und auch diese Keywords hier haben Einfluss auf die Googlesuche.

Darunter tragen Sie die E-Mail-Adresse für Ihre Praxis ein.

Unten links sehen Sie die Verlinkung zu Ihrer Google+-Seite. Wenn Sie mit der Maus in das Feld fahren, erscheint rechts ein Stiftsymbol. Mit einem Klick darauf öffnet sich ein Fenster, indem Sie noch mehr Links zu anderen Netzwerken eintragen können. Wenn Sie beispielsweise bei Twitter aktiv sind, dann tragen Sie dies hier ein (◘ Abb. 5.5).

Mit einem Klick auf »Hinzufügen« öffnet sich die entsprechende Zeile. In die erste Zeile tragen Sie bitte Ihr Impressum ein und zwar zunächst den Linktitel »Impressum« und dann die URL, die zu Ihrem Impressum auf Ihrer Website/Internetseite führt.

Darunter klicken Sie nun erneut auf »Hinzufügen« und geben den Link zu Ihrer Facebookseite an. Gemeint ist hier Ihre Facebookseite, nicht Ihr Facebookprofil. Genau wie oben wieder erst den Linknamen und dann die URL einfügen (◘ Abb. 5.6).

Wenn Sie jetzt Ihr Titelbild ansehen, sehen Sie die entsprechenden Links und nun wird auch klar, warum wir Ihnen empfohlen haben, beim ersten

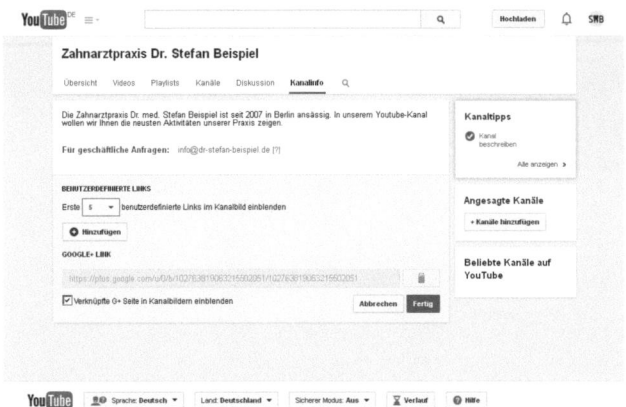

● Abb. 5.5 Youtube-Links hinzufügen

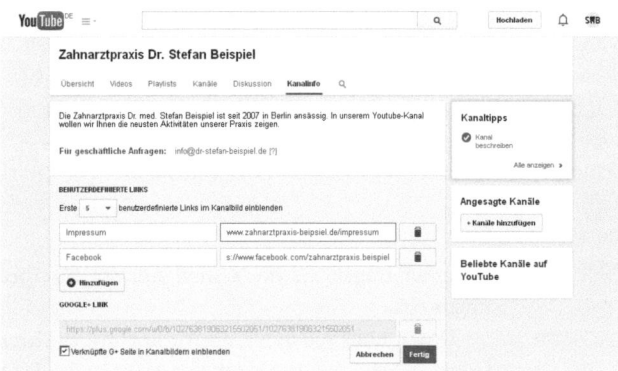

● Abb. 5.6 Verlinkung mit Facebookseite

Link das Impressum auszuwählen. Denn nur beim ersten Link wird der Linkname übernommen. Die Impressumspflicht nach § 5 Telemediengesetz besteht bei Youtube genauso wie bei anderen Telemedienangeboten. Das bedeutet, dass ein den formalen und inhaltlichen Anforderungen genügendes Impressum (wie in ▶ Kap. 2 beschrieben) auch bei Youtube vorgehalten werden muss.

Unter Ihrem Kanal sehen Sie verschiedene Einstellungsoptionen:

»Sprache« und »Land«: Hier lassen Sie natürlich »Deutsch« und »Deutschland« stehen, denn Sie wollen Youtube in »Deutsch« nutzen, und Ihr Standort ist Deutschland.

Dahinter folgt die Funktion »Sicherer Modus«. Wir empfehlen Ihnen, diese mit »An« zu aktivieren. Das bedeutet, dass Videos mit unangemessenen Inhalten, die von Nutzern gemeldet oder vom System erkannt wurden, ausgeblendet werden.

5.3 Video hochladen

Nachdem Sie nun Ihren Kanal eingerichtet haben, können Sie Ihr erstes Video hochladen. Eventuell gibt es bereits einen Imagefilm über Ihre Praxis. Ein Video bei Youtube hochzuladen, ist ganz einfach. Dazu klicken Sie ganz oben rechts auf »Hochladen« (● Abb. 5.7).

Sie können hier auswählen, ob Ihr Video
- »öffentlich« ist, also von jedem gesehen werden kann,

5.3 · Video hochladen

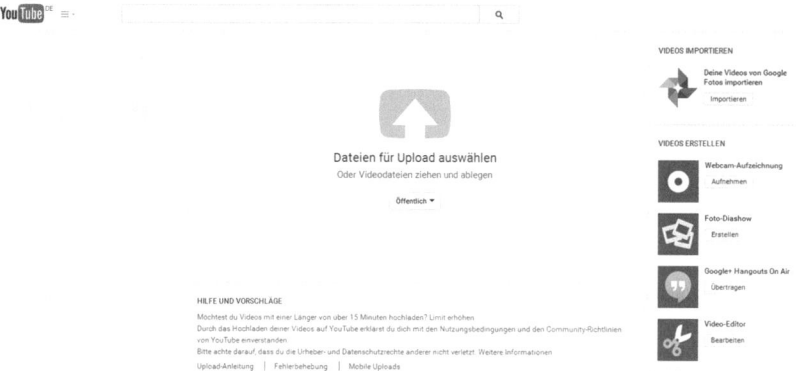

◘ Abb. 5.7 Dateien für Upload auswählen

— »nicht gelistet« ist, also nur von Nutzern angesehen werden kann, die den Link zu dem Video von Ihnen erhalten haben, oder
— »privat« ist, also nur für Sie und die von Ihnen ausgewählten Benutzer sichtbar ist. Das Video erscheint dann nicht auf Ihrem Kanal oder in den Suchergebnissen und ist für andere Benutzer unsichtbar. Wer Ihr »privates« Video sehen will, braucht – anders als bei einem »gelisteten Video« – ein Google-Konto.

Klicken Sie auf »Öffentlich«, denn Sie verfolgen ausschließlich nur ein Ziel: Menschen auf sich aufmerksam zu machen, ohne jegliche Einschränkung. Eine Ausnahme kann sein, wenn Sie detaillierte Operationsszenen für Kollegen hochladen, dann schalten Sie auf »Privat«, denn die möchte nun wirklich kein Patient sehen.

Wenn Sie eine der Einstellungen ausgewählt haben, klicken Sie auf den großen Pfeil. Darüber gelangen Sie auf Ihre Festplatte.

Speed Doppelklick auf das Video, fertig. (30 Sekunden)

Perfekt Geben Sie Ihrem Video einen richtigen Namen. Dazu ändern Sie vor dem Hochladen den Namen mit einem Klick in den Namen des Videos. Dieser Name soll das kurz beschreiben, was zu sehen ist, also zum Beispiel:
— Beratungsgespräch Parodontose

— Impressionen unserer Praxis
— Das Praxisteam stellt sich vor

Das Video wird nun hochgeladen. Wenn der Vorgang abgeschlossen ist, können Sie dem Video eine Beschreibung zufügen, etwa: »Hier sehen Sie einen Imagefilm der Zahnarztpraxis Dr. med. Stefan Beispiel. Wir sind seit 2007 in Berlin ansässig und behandeln in unserer Praxis Jung und Alt. Unsere Behandlungsschwerpunkte sind Implantate und Angstpatienten.« Unter »Tags« können Sie kurze Schlagwörter eingeben, mit denen User Ihr Video besser finden können, zum Beispiel »Zahnarztpraxis«, »Zahnarzt« und »Berlin-Kreuzberg«. (2 Minuten)

> **Tipp des PR-Beraters**
>
> Schreiben Sie ruhig einen ausführlichen Text, denn dies wird von Google erkannt. Zudem können Sie hier Links einfügen, wie zum Beispiel einen Link zu Ihrer eigenen Zahnarztpraxis-Internetseite, was sicherlich auch strategisch sinnvoll ist.

Über »Erweiterte Einstellungen« können Sie nun Ihrem Video noch mehr Funktionen hinzufügen:

Kommentare zulassen Hier »Alle« auswählen, ebenso darunter bei den Bewertungen ein Häkchen setzen, denn Sie wollen Interaktion ermöglichen.

Lizenzen und Eigentumsrechte Hier bitte die Voreinstellung lassen (Standard-Youtube-Lizenz).

Untertitelzertifikat Hier brauchen Sie nichts zu tun. Die Funktion bezieht sich auf Inhalte, die im US-amerikanischen Fernsehen ausgestrahlt wurden. Wir gehen jetzt mal davon aus, dass das bei Ihrem Imagefilm nicht zutrifft.

Verbreitungsoptionen Hier bitte die Einstellung übernehmen, damit Ihr Video eine möglichst große Reichweite erfährt.

Altersbeschränkung Hier sollten Sie keine Einschränkung vornehmen. Es sei denn, Sie zeigen einen OP-Eingriff.

Kategorie Hier wählen Sie eine Kategorie aus, die zu Ihrem Video passt. Wir empfehlen »Leute & Blogs«.

Aufnahmeort Wo wurde das Video aufgenommen? Fügen Sie den Ort hinzu.

Aufnahmedatum Wann wurde das Video aufgenommen? Fügen Sie ein Datum hinzu.

3-D-Videos Hier übernehmen Sie die Voreinstellung. Es sei denn, Sie laden ein Video in 3-D-Qualität hoch.

Videostatistik Auch hier können Sie die Voreinstellung übernehmen. Dann sehen Sie sofort die Statistik Ihres Videos.

Nun klicken Sie ganz oben rechts auf den blauen »Fertig«-Button, und Ihr Video wird hochgeladen.

Youtube zeigt Ihnen nun die URL-Adresse, unter der Ihr Video zu sehen ist. Klicken Sie doch einmal drauf! Nun öffnet sich die Youtube-Ansicht mit Ihrem ersten Video! Herzlichen Glückwunsch! Unter »Mein Kanal« und »Videos« ist Ihr Video nun gespeichert.

Wenn Sie unter dem »Video-Manager« klicken, können Sie Ihr Video bearbeiten und zum Beispiel entscheiden, dass es »öffentlich« sein soll.

Perfekt Um es perfekt anzubieten, haben Sie außerdem die Möglichkeit, Ihrem Kanal einen Namen zu geben. Klicken Sie dazu unter dem Video auf »Kanaleinstellungen« und dann klicken Sie hinter Ihrem Namen »Ändern«.

Sie gelangen nun zu Ihrem Google+-Konto und können darüber einen neuen Namen eingeben, der auch mit Ihrem Youtube-Kanal verbunden ist. In unserem Fall: »Zahnarztpraxis Dr. Stefan Beispiel«. So können Patienten Sie noch leichter finden.

Haben Sie Geduld! Es kann einige Minuten dauern, bis Youtube diese Einstellung von Google+ übernimmt.

Unter dem Video haben Ihre »Zuschauer« nun die Möglichkeit, Kommentare zu dem Video zu schreiben, und Sie selbst können das Video natürlich auch kommentieren.

- **Name des Videos ändern**

Nun kann es sein, dass die Produktionsfirma des Videos genau diesem Video einen internen Namen gegeben hat, in Form einer Nummer oder Ähnlichem. Deutlich besser wäre es natürlich, wenn das Video auch einen entsprechenden Namen besitzt, wie zum Beispiel »Praxisvorstellung«. Dazu gehen Sie oben rechts auf das Drop-Down-Menü. Klicken Sie nun auf »Mein Kanal«. Im nächsten Schritt klicken Sie auf den Reiter »Video«. Der Reiter befindet sich unter Ihrem »Kanalbild«. Klicken Sie auf »Videos«, dann auf das entsprechende Video, dann erscheint rechts neben dem Video ein Stiftsymbol. Dort bitte klicken, und nun können Sie den Namen ändern.

- **Checkliste: Themen für ein Video bei Youtube**
  – Praxisvorstellung
  – Beratungsgespräch
  – Aufklärung/Information zu einem aktuellem Thema (zum Beispiel ein Zahnimplantat-Skandal, der die Öffentlichkeit verunsichert, weshalb nun Menschen nach Informationen suchen)
  – Vorstellung von bestimmten Behandlungen oder medizinischen Geräten, dies freilich unter Beachtung der Vorgaben des ärztlichen Werberechts
  – Tag der offenen Tür

- **Checkliste: Eigenschaften eines professionellen Videos**
— Maximal 4 Minuten, ideal 2–3 Minuten
— Bei Themen, die länger als 4 Minuten dauern, mehrere Videos anbieten (Teil 1 und Teil 2, ideal als Playlist)
— Professionelle Qualität in Ton und Bild
— Bildauflösung: 1280 × 720 (Verhältnis 16:9 HD)
— Am Ende des Videos wird Ihre Internetadresse eingeblendet, idealerweise mit Logo.

Ein Video ist tatsächlich auch mit einem Smartphone schnell gemacht, aber als Arzt unterliegen Sie der Erwartung, dass das, was Sie tun, stets absolut einwandfrei und professionell ist. Ein selbst gedrehtes Video, auch mit einer Profikamera, sieht meistens unprofessionell aus, weil Aufbau, Ton, Licht, Perspektive und Schnitt in die Hände eines Profis gehören. Investieren Sie lieber in einen Imagefilm, der von Profis realisiert wird, das kostet etwa zwischen 4.000 und 15.000 €, aber überzeugt auch Patienten – und das ist Ihr Ziel; den Film können Sie dann auch auf Ihrer Internetseite sehr gut platzieren.

Der Anwalt rät
Bewegtbilder, also Videos, sind als Filmwerke oder Laufbilder eigentlich immer urheberrechtlich geschützt. Lediglich der Urheber oder die Person, die entsprechende Rechte übertragen bekommen hat, darf über die entsprechenden Videos verfügen. Haben Sie das Video selbst anfertigen lassen oder Dritte mit der Anfertigung beauftragt, ist in den Vereinbarungen mit Dritten dafür Sorge zu tragen, dass im Hinblick auf die von Ihnen beabsichtigte Nutzung alle erforderlichen Rechte auch tatsächlich an Sie übertragen werden. Achten Sie hier vor allem auf örtliche, zeitliche oder sachliche Einschränkungen, etwa im Hinblick auf die konkrete Verwendungsform. Sofern Sie das Material nicht nur für einen Youtube-Channel verwenden wollen, sondern zum Beispiel auch für Praxis-TV, sollte dies in der entsprechenden Vereinbarung mit Dritten ausdrücklich beschrieben werden. Ein Rechtsanwalt hilft Ihnen dabei, eine sachgerechte Lizenz- und Nutzungsvereinbarung zu formulieren, die Ihren Interessen im Einzelfall entspricht.
Von Personen, die im Video erscheinen, sollten Sie schriftliche Einwilligungserklärungen einholen. Dies dokumentiert, dass Ihnen die Bildnisverwendung von den Rechteinhabern gestattet wurde. Prüfen Sie im Vorfeld besonders sorgfältig, ob Sie durch das Video eventuell Patientendaten veröffentlichen oder gegen berufsrechtliche Werbeverbote verstoßen.

5.4 Pflege

Youtube ist einerseits ein gigantischer Social-Media-Kanal, und der muss natürlich kontinuierlich gepflegt werden. Andererseits gibt es bei Youtube tatsächlich deutlich weniger Interaktionen als beispielsweise bei Facebook, auf die Sie dann achten und reagieren müssen. Um es einmal platt zu formulieren: Das Video kommt gut an, viele Klicks und viele gute Bewertungen? Toll, dann ändern Sie nichts, und viel tun müssen Sie nun auch nicht. Das Video wird nicht angeklickt oder erhält eher negative Bewertungen oder gar schlechte Kommentare? Dann ändern Sie die Keywords, daran kann es auch liegen, oder löschen Sie es.

Speed Rufen Sie einfach regelmäßig Ihr Video auf (einmal im Monat reicht) und beobachten Sie die Veränderungen, also Aufrufe, Bewertungen und Kommentare. (5 Sekunden)
Sollten Sie bei Youtube eine eher umstrittene medizinische Methode »thematisch behandeln«, dann liegt die Wahrscheinlichkeit deutlich höher, einen Kommentar zu erhalten, als wenn Sie dort einen Imagefilm über Ihre Praxis einstellen. Bei sensiblen Themen sollten Sie schon zweimal pro Woche schauen, was es dort für Reaktionen gibt.

Perfekt Gehen Sie oben rechts auf den runden Button, in dem entweder Ihr Logo zu sehen ist, oder ein blauer runder Punkt steht. Jetzt auf »YouTube Studio« klicken. Nun erscheint eine neue Ansicht. Klicken Sie nun auf »YouTube Studie« und dann links auf »Analytics«.

Jetzt sehen Sie auf der linken Seite eine ganze Reihe von Informationsangeboten zu Ihren Videos, beginnend bei »Berichte zu Aufrufen«, »Aufrufe« und »Demografie« über »Geräte« und »Abonnenten« bis hin zu »Teilen« und »Anmerkungen«. Diese Punkte gehen Sie durch, im Idealfall mindestens einmal pro Woche, um auf Kommentare reagieren zu können. (5 Minuten)

Ähnlich wie bei Facebook gibt es auch bei Youtube einen Statistikbereich, über den Sie regelmäßig Einblicke über den Erfolg Ihres Kanals und der eingestellten Videos erhalten.

Die Statistik hat nur eine bestimmte Aufgabe für Sie: Herauszufinden, ob die Videos »ankommen«, und woran es liegt, dass Ihre Videos ankommen – oder warum eben nicht. Sie erhalten hier Informationen zu den Aufrufen Ihrer Videos, darüber, wie alt Ihre Zuschauer sind, und wo sich diese befinden. Außerdem sehen Sie auf einen Blick, wie die Interaktion mit Ihren Zuschauern ist: Welche Videos werden wie oft kommentiert oder »geliked«?

> **Tipp des PR-Beraters**
>
> Sie haben ein Video eines Konkurrenten bei Youtube vor sich? Dann klicken Sie doch mal unter dem Video auf »Mehr«, und auf »Statistik«. Manchmal ist dies nicht freigegeben, meistens aber schon. Und nun sehen Sie, wann dieses Video angeklickt wurde und wie es sich in der Beliebtheit entwickelt hat. Wenn Sie feststellen, dass dieses Video des Konkurrenten genau von der Zielgruppe oft angeklickt und gut bewertet wird, die Sie auch ansprechen wollen, zum Beispiel zum Thema Bleeching oder Zahnimplantate, dann produzieren Sie doch ein ähnliches, denn sicher ist: Dieses Video kommt gut an!

Die Bedeutung der einzelnen Analytics-Informationen variiert nun sehr von Praxis zu Praxis und auch bei den unterschiedlichen Videos. So ist es sicherlich interessant zu sehen, ob bei einem allgemeinen Thema, zum Beispiel einem Interview zu einem Skandal, dieses Video von Personen aufgerufen wird, die in Ihrer Nähe wohnen, oder ob Sie damit eher Personen in ganz Deutschland oder womöglich in der ganzen Welt ansprechen. Und wird vielleicht ein älteres Video plötzlich viel häufiger angeklickt? Woran liegt das? Ist das Thema gerade angesagt, oder wurde Ihr Video geteilt oder irgendwo, zum Beispiel bei Facebook, vorgestellt?

- **Abonnieren**

Es gibt bei Youtube einen Anbieter, also jemanden, der entweder Videos einstellt, die Sie interessieren, oder es ist jemand, bei dem Sie stets wissen möchten, was er für Videos gerade wieder einstellt? Vielleicht zur Konkurrenzbeobachtung, also zum Schauen, was der Zahnarzt nebenan für Videos einstellt? Dann abonnieren Sie diesen Kanal und erhalten stets Nachrichten, wenn dieser Teilnehmer wieder Videos hochlädt.

> **Checkliste: Erste Kriterien für ein erfolgreiches Video**
> - Anzahl der Klicks (wie oft wurde das Video angeklickt?)
> - Wie oft wurde es positiv mit »Mag ich« bewertet?
> - Gibt es Kommentare und sind diese positiv?
> - Wurde das Video geteilt? (Das sehen Sie unter »Analytics«)

Diese Kriterien haben zudem Einfluss auf das Youtube-Ranking, also an welcher Stelle das Video erscheint, wenn ein Suchbegriff eingegeben wird, und ob es mehrere Treffer gibt (vergleichbar mit dem Google-Ranking). Dazu zählen des Weiteren: Jahre, seit wann der Video-Einsteller bei Youtube angemeldet ist sowie das Verhältnis zwischen »Mag ich« und Gesamtklicks.

5.4.1 Kreativ-Tools

Es gibt zahlreiche kostenlose Tools im Internet, die den Unterhaltungswert Ihrer Videos erhöhen sollen und können, wie zum Beispiel Schnittprogramme oder kostenlose Hintergrundmusik. Wenn Sie für die Praxis Videos einstellen, dann können und sollten dies nur professionelle Videos sein, die eine Individualität besitzen. Aus einem kostenlosen Tool selbst eingespielte Hintergrundmusik verbessert sicherlich nicht die Videoqualität. Tun Sie es besser nicht.

5.4.2 SEO bei Youtube

Youtube arbeitet eigentlich wie eine Suchmaschine. Jemand gibt einen Suchbegriff ein, und ein Such-Algorithmus »findet« dann alle relevanten Videos dazu, ausgewählt anhand der Titel der Videos, der Beschreibung, der Tags sowie der Anzahl derer, die das Video ansahen oder Bewertungen dazu abgaben. Wie beim Googleranking spielt es eine Rolle, in der Liste »oben« zu stehen. Richtig umgesetzt, erscheinen dann bei der normalen Googlesuche nach bestimmten Begriffen auch diese Videos als Treffer, was natürlich besonders effektiv ist. Eine gute Beschreibung mit den richtigen Begriffen ist einfach umzusetzen.

Geben Sie doch einmal relevante Suchbegriffe ein und schauen bei der Konkurrenz, wo die im Ranking stehen, wie viele Klicks die haben und wie deren Beschreibung ist.

- Sinnvoller Titel des Videos aus Patientensicht. Beispiel: Der Patient mit Parodontitis gibt vermutlich eher den Begriff »Parodontose« ein, und dieser Begriff muss somit auch im Titel stehen.
- Beschreibung des Videos: Google kann das Video selber nicht inhaltlich analysieren, also ist die Beschreibung dessen, was zu sehen ist, von tragender Bedeutung. Hier beschreiben Sie den Inhalt, und setzen mehrfach in dem Text die entscheidenden Keywords (Parodontose, Implantate oder Bleaching).

Bewertungsportale

Marc Däumler, Marcus M. Hotze

6.1 Lohnt sich eine Premiummitgliedschaft? – 146

6.2 Wer gibt eigentlich Bewertungen ab? – 147
6.2.1 Wonach »bewerten« die meisten Patienten? – 149
6.2.2 Was tun, wenn es negative Bewertungen oder Kommentare gibt? – 149
6.2.3 Wie bekommt eine Praxis eine gute Bewertung? – 151

6.3 Welche Portale sind relevant? – 151

6.4 Bewertungen kaufen – 152

6.5 Foren – 152

Was zählt mehr als eine gute Empfehlung? Es gibt etwa 30 relevante Arztbewertungsportale, auf denen Patienten »ihren« Arzt bewerten, also empfehlen können. Die Idee ist, dass Patienten ihren Arzt nach einer Behandlung bewerten, entweder mit Noten oder Sternen oder sogar mit Kommentaren. Und diese Bewertungen können andere Patienten einsehen und ebenfalls kommentieren und somit denen bei der Arztsuche und Entscheidung helfen, die einen guten Arzt suchen. Eigentlich ist dies eine hervorragende Möglichkeit für Patienten und Ärzte, genau den richtigen Arzt zu finden, denn der beste Arzt setzt sich durch. Perfekt! Theoretisch.

Nach einer Umfrage (Ärzte-Zeitung, 13.09.2013) hat sich etwa jeder Zweite (52%) derjenigen, die Arztbewertungsportale für die Arztsuche nutzen, aufgrund einer Bewertung schon gegen einen Arzt entschieden.

Bei Jameda, einem der populärsten Portale, suchen laut eigenen Angaben monatlich etwa 4,5 Millionen Menschen nach einem Arzt, bei Portalen wie Yoodoc kann nach Preisen für kostenpflichtige Behandlungen sortiert und ausgewählt werden und bei Portalen wie estheticon sind zahlreiche Fachbeiträge der Ärzte möglich.

Patienten bewerten aus nachvollziehbaren Gründen eher subjektiv, denn sie sind keine Mediziner. Die Entscheidung von Personen, die einen Arzt auf einem Portal auswählen, ist ebenso subjektiv geprägt – und genau das kann von einer Arztpraxis genutzt werden. Denn nicht nur die Kommentare oder die Bewertung allein ist entscheidend, ebenso die Praxisdarstellung, also mit oder ohne Foto und welche Qualität hat das Foto, bis zu der Art der Praxisbeschreibung (verständlich und zielgruppenkonform?).

Die meisten Portale bieten neben einem kostenlosen Basiseintrag auch eine Premiummitgliedschaft an; die ist dann kostenpflichtig, bietet aber auch mehr Möglichkeiten der Darstellung. Dazu zählen dann Fotos, direkte Kontaktmöglichkeiten, Fachbeiträge, Teilnahme an Foren und die ausführliche Beschreibung der Leistungen, gelegentlich sogar eine Möglichkeit der Online-Terminvergabe. Wer also einen »ansprechenden Auftritt« als Praxis auf den Portalen bietet, nutzt einen Vorteil gegenüber denen, die dort ohne Foto und lediglich mit Namen zu sehen sind. Damit wird schon klar, dass diese Portale auch ein eigenes wirtschaftliches Interesse verfolgen, was ihre Aussagekraft in Frage stellt: Wer mehr zahlt als Arzt, kann sich besser darstellen und wird somit von den Patienten auch besser wahrgenommen und damit eher ausgewählt. Entscheidend aber ist die Bedeutung bei der Zielgruppe: Patienten suchen in den Portalen nach Zahnärzten und treffen auch dort Entscheidungen, und somit ist es für Arztpraxen relevant. Es gibt zahlreiche Aspekte, die gegen diese Portale sprechen, vor allem, was die Aussagefähigkeit betrifft. Aber am Ende müssen Sie dort sein, wo die Patienten sind, ganz gleich, ob Ihnen das Portal überzeugend zusagt oder nicht. Was nützt Ihnen ein Arztbewertungsportal, das aus Arztsicht hervorragende Kriterien in der Qualitätsbewertung verwendet, aber die Patienten nutzen es nicht?

Einige Portale bieten die Möglichkeit an, die Benotung in die eigene Internetseite einzubauen. Bei guten Benotungen ist das zu empfehlen, und zwar direkt auf der Startseite, da die Glaubwürdigkeit der Portale hoch ist.

- **Google-Relevanz**

Was oft unterschätzt wird, ist die Googlerelevanz, also die Auswirkung auf die Suchergebnisse. Öffnen Sie einmal eine Online-Suchmaschine, zum Beispiel Google, und geben Sie dort eine Behandlung ein, zum Beispiel »Karies« oder »Zahnimplantat« oder »Weisheitszahn«; ebenso geben Sie doch mal später den Namen eines Zahnarztes ein, der bei einem großen Arztbewertungsportal gelistet ist; das kann auch Ihr Name sein. Das Ergebnis wird sicherlich so sein: Auf der ersten Googleseite finden Sie zu diesen Begriffen und zu Ihrem Namen Arztbewertungsportale. Hier sehen Sie, welche virale Marketingbedeutung diese Arztbewertungsportale bereits eingenommen haben. Nun ist es nicht schwer zu analysieren, was die suchenden Patienten auf dieser ersten Googletrefferseite anklicken werden: Arztbewertungsportale.

6.1 Lohnt sich eine Premiummitgliedschaft?

Das hängt von der Fachrichtung ab. Ein Beispiel: Ein niedergelassener Ästhetisch-Plastischer Chirurg ohne Kassenzulassung muss sich anders darstellen als ein Radiologe mit Praxis und Kassenzulassung. Das liegt daran, dass Personen, die sich für eine Brustvergrößerung interessieren, anders nach »ihrem« Arzt suchen als nach einem Arzt für eine Kernspinuntersuchung. Beim »Schönheitschirurgen« vertrauen die Patienten stark der eigenen Meinung, der Empfehlung von Freunden, den Presseberichten und dem Social Web. Bei einem Radiologen zählen vor allem die Empfehlung des überweisenden Arztes und die möglichst nahe Terminvergabe, also trägt hier eher das Zuweisermarketing Bedeutung. Trotzdem hat der Radiologe, der hier attraktiv präsent ist, Vorteile gegenüber den Kollegen, die hier nicht oder schlecht dargestellt sind.

- **Und was braucht der Zahnarzt?**

In einem kleinen Dorf, in dem es neben Ihnen noch einen weiteren zahnärztlichen Kollegen gibt, besitzt ein Arztbewertungsportal keine wirkliche Bedeutung, denn Ihre Zielgruppe kennt Sie und auch Ihr Angebot. Hier reicht tatsächlich eine kostenlose Darstellung. In einer anonymen Großstadt ist der Konkurrenzkampf natürlich anders geprägt. Wer hier als Zahnarzt bei der Arztsuche von Patienten nicht gefunden oder schlecht bewertet wird, oder sich unprofessionell und ohne Fotos und weitere Informationen darstellt, ist aus dem Rennen bei der Neukundengewinnung. Patienten suchen dann schließlich nicht nur nach »Zahnarzt«, sondern auch direkt dazu nach den gewünschten Eingriffen, und dann wird verglichen, vor allem, wenn es um Leistungen geht, die privat gezahlt werden müssen.

Seien Sie grundsätzlich bei allen relevanten Portalen registriert, das erhöht Ihre Auffindbarkeit durch die Suchmaschinen, auch wenn es nur eine Basiseintragung ist. Wählen Sie nicht 20 Portale aus sondern zwei, auf denen Sie als kostenpflichtiges Premiummitglied präsent sein wollen, und testen Sie den Erfolg. Wenn Sie dort Premiummitglied sind, dann pflegen Sie diesen Auftritt konsequent.

- **Checkliste: Anforderungen an eine Präsenz**
- Gutes Foto
- Keine Rechtschreibfehler
- Verständliche Beschreibungen Ihrer Dienstleistungen und Eingriffe (keine Fachbegriffe)
- Auflistung Ihrer Leistungen
- Öffnungszeiten
- Besonderheiten der Praxis
- Kontaktmöglichkeit
- Fragen beantworten
- Auf Kritik reagieren

Am besten schauen Sie zweimal wöchentlich in die zwei oder drei wirklich »großen« Portale hinein, und dort, wo Sie Premiumkunde sind. Und wenn es die Möglichkeit gibt, dann verfassen Sie dort auch Fachbeiträge (Beispiel: »Was ist ein Implantat« oder »Knirschen – was ist das und was hilft«) und nehmen an den Fragen in den Foren teil, wenn dort von Patienten Fragen gestellt werden. Diese Aufgaben können auch delegiert werden.

6.2 Wer gibt eigentlich Bewertungen ab?

Im Idealfall geben »echte« Patienten mit ihrer tatsächlichen Mail-Adresse eine »ehrliche« Bewertung ab. Die Bewertungen können allerdings auch anonym oder mit rasch erstellten Zweit- oder Dritt-Mailadressen abgegeben werden, und ob ein Patient tatsächlich in der Praxis zur Behandlung war, ist dann schwer nachzuprüfen. In erster Linie geben natürlich reale Patienten die Bewertungen ab, so ist es auch gewollt, aber es gibt zwei weitere Gruppen, die hier »aktiv« sind:

- **Der konkurrierende Arzt**

Eine vernichtende Bewertung des Konkurrenten im Ort ist sicherlich »viel wert« und »treibt« die Patienten in die eigene Praxis. Was liegt da strategisch näher, genau dem Konkurrenten anonym eine Note 6 zugeben, und am besten gleich auf die »eigene« Praxis lobend zu verweisen. Die Gefahr besteht tatsächlich.

Tipp des PR-Beraters
Tun Sie das niemals, denn wenn das publik wird, ist Ihr Ruf unter Kollegen (und auch bei den Patienten) irreparabel beschädigt.

Der Anwalt rät
Artikel 5 des Grundgesetzes schützt umfassend die Meinungsfreiheit. Das Äußerungsrecht in Deutschland ist davon geprägt, Meinungsäußerungen (also solche Äußerungen, die durch wertende Stellungnahmen geprägt sind) ganz weitgehend zuzulassen. Subjektive Bewertungen von Praxen sowie Ärzten oder Behandlungen sind also grundsätzlich zulässig. Auch die namentliche Nennung eines Arztes auf einem Bewertungsportal ist grundsätzlich zulässig und hat im Regelfall bei einer Äußerung im beruflichen Kontext keine unzulässige Prangerwirkung. Wird mit einem Kommentar ohne jeden Sachbezug die (allerdings hohe) Grenze zu einer lediglich auf Diffamierung zielenden Schmähkritik überschritten oder stellt der Bewertende unwahre Tatsachenbehauptungen über Sie und Ihre Praxis auf, können Sie sich aber dagegen wehren. Dies ist im Einzelfall bezogen auf jede inkriminierende Äußerung individuell zu prüfen.
Anspruchsgegner ist zunächst derjenige, der eine negative Äußerung über Sie getätigt hat. Er kann u. a. auf Unterlassung der Äußerung in Anspruch genommen werden. Problem: Häufig bleibt er anonym und nicht zu ermitteln. Ein Auskunftsanspruch gegen den Plattformbetreiber besteht im Regelfall nicht. Insofern bleibt Ihnen nur die Möglichkeit, den Plattformbetreiber von der Rechtsverletzung in Kenntnis zu setzen und die Löschung des angegriffenen Eintrags zu verlangen. Liegt eine Rechtsverletzung vor, muss der Betreiber diese unterbinden. Tut er das nach Ihrem Hinweis nicht, können sodann u. a. Unterlassungsansprüche geltend gemacht werden, auch gegen den Betreiber.
Im Übrigen: Unsachliche Kritik an der Behandlungsweise oder dem beruflichen Wissen eines Kollegen sowie herabsetzende Äußerungen sind auch berufswidrig und können von der Ärztekammer verfolgt werden.

- **Der Arzt selbst**

Es ist schon auffällig, wenn der Patient (also Laie) ganz selbstverständlich »komplizierte medizinische Fachbegriffe« in einer Bewertung locker beherrscht und der Zahnarzt in einer sehr langen Beschreibung am Ende »der beste Zahnarzt der Welt« ist, weil ja alles so wunderbar war. Besonders auffällig wird es, wenn Begriffe wie »Wurzelspitzenresektion« genannt werden, also Begriffe, die ein Patient absolut sicher nicht verwendet. Als Erstes merken die eigenen Mitarbeiter, dass dies wohl kein echter Eintrag ist, denn die haben einen Einblick in die Praxis. Und wenn die es wissen, wissen es auch deren Angehörige, und nun weiß es jeder. Als Zweite erkennen die Leser schnell, wenn ein Beitrag ganz offensichtlich übertrieben lang und zu positiv ist.

Ein guter Arzt hat das nicht nötig – und auch hier gilt: Wird das publik, ist Ihr Ruf schwer belastet, und womöglich werden Sie sogar noch aus dem Portal verbannt.

Der Anwalt rät
Wer sich (verdeckt) selbst bewertet, der täuscht unter anderem die Patienten. Da eine solche Handlung im Regelfall zu Wettbewerbszwecken vorgenommen wird, könnten Konkurrenten unter wettbewerbsrechtlichen Gesichtspunkten wegen Täuschung und Irreführung der angesprochenen Verkehrskreise gegen den Arzt vorgehen. In diesem Fall drohen kostenpflichtige Abmahnungen und Unterlassungsaufforderungen. Auch berufsrechtlich wäre diese verdeckte und irreführende Werbemaßnahme seitens der zuständigen Aufsicht angreifbar.
Zudem dürfte bei dieser Form der Bewertung meist ein Verstoß gegen die Nutzungsbedingungen der Plattformbetreiber vorliegen. Diese könnten daher, je nach Ausgestaltung, den Arzt von der weiteren Nutzung der Plattform ausschließen und sein Profil löschen.

6.2.1 Wonach »bewerten« die meisten Patienten?

Wenn bekannt ist, nach welchen Kriterien die Patienten bewerten, kann eine Praxis genau auf diese Kriterien verstärkt Wert legen. Die Frage nach einem kostenlosen Kaffee, nicht zur Selbstbedienung, sondern persönlich von der Assistentin in den Behandlungsraum gebracht, um die lange Wartezeit zu verkürzen, kommt immer sehr gut an. Und die Frage, ob man denn einen guten Parkplatz bekommen hat, hat ebenfalls wenig mit der Behandlungsqualität zu tun, aber es zeigt Interesse und Wertschätzung – und dauert fünf Sekunden. Einen Patienten ausreden zu lassen, mag zwar manchmal schwerfallen, aber es beeinflusst auch erheblich die positive Wahrnehmung, wie ernst der Patient wahrgenommen wird.

- **Checkliste: Bewertungskriterien der Patienten**
- Wartezeit
- Terminvergabe
- Freundlichkeit
- Erreichbarkeit
- Ausstattung der Praxis
- Sauberkeit und Ordnung in der Praxis
- Organisation in der Praxis
- Kommunikation überhaupt mit dem Patienten (Verständlichkeit, Mitgefühl usw.)
- Tätigkeitsschwerpunkte
- Wahrgenommene Kompetenz
- Findet überhaupt eine Untersuchung statt?
- Liegen im Wartezimmer adäquate Zeitungen oder Zeitschriften?
- Parkplatzsituation

6.2.2 Was tun, wenn es negative Bewertungen oder Kommentare gibt?

Keine Panik, auch wenn Sie garantiert alles bis zum guten Behandlungsergebnis richtig gemacht haben, gibt es immer Patienten, die nicht zufrieden sind. Erfahrungsgemäß überwiegen die guten Noten auf den Portalen, und wenn Sie tatsächlich überwiegend bis ausschließlich schlechte Noten erhalten, dann sollten Sie dies auch als Chance sehen, daran etwas zu ändern, frei nach dem Motto: »Kenne Deine Stärken, und Du wirst stark sein. Kenne Deine Schwächen, und Du wirst unbesiegbar sein.« Schließlich kann es sein, dass die Patienten Recht haben mit der Kritik!
Beispiele:

- Sie erhalten starke Kritik wegen fehlender Parkmöglichkeiten, denn Ihre Zahnarztpraxis liegt entweder an einer Hauptstraße, an der es kaum Parkplätze gibt, oder wohlmöglich noch mitten in einer Fußgängerzone. Nennen Sie auf Ihrer Internetseite und auf den Arztbewertungsportalen die nächsten Möglichkeiten des Parkens. Das verändert nicht die Parkplatzsituation, aber Sie zeigen Verständnis und bieten eine Lösung.
- Das Personal ist unfreundlich. Es kann sein, dass Ihre Praxisleiterin zu Ihnen extrem freundlich ist, aber nicht zu den Patienten. Führen Sie Mitarbeitergespräche durch, um die Ursache zu finden. Und somit erhalten Sie durch die Bewertungen einen Hinweis auf ein Problem, von dem Sie sonst nichts erfahren hätten.
- Und schauen Sie besonders aufmerksam in die Kommentare, denn wer sich die Zeit nimmt, einen Kommentar zu schreiben, besitzt eine besonders große Motivation, und das sollten Sie auch besonders ernst nehmen.

Es gibt eine schlechte Bewertung? Dann haben Sie meist die Chance, mit einem Kommentar zu reagieren: Schreiben Sie, dass Sie die Unzufriedenheit bedauern und dass Sie nicht nur möchten, dass sich Ihre Patienten gut behandelt fühlen, sondern auch gut behandelt werden. Bieten Sie an, sich dafür einen Termin in der Praxis geben zu lassen, um darüber zu sprechen, das sei Ihnen sehr wichtig. Ob sich die Person tatsächlich meldet, ist eher unwahrscheinlich. Dieser Patient ist strategisch gesehen auch nicht Ihr Fokus, sondern all die Menschen, die das dann lesen! Denn jeder liest, dass Sie Kritik ernst nehmen, und das wiederum schafft Sympathie und Glaubwürdigkeit. Aber bitte bleiben Sie souverän, und beleidigen Sie nicht die Person oder rechtfertigen Sie ein beanstandetes Verhalten. Reagieren Sie allerdings gar nicht, dann überlassen Sie hier dem Kritiker kampflos das Feld, und jeder sieht, dass es Ihnen völlig egal ist, was Ihre Patienten denken.

> **Der Anwalt rät**
> Prüfen Sie sehr genau, ob die Sie belastende Äußerung wirklich justiziabel ist. Aufgrund der in Deutschland weit verstandenen Meinungsfreiheit ist nicht alles verboten, was von Ihnen als Beleidigung oder Ungehörigkeit aufgefasst wird. Die Rechtsprechung geht hier mitunter sehr großzügig vor. Sprechen Sie unbedingt mit einem äußerungsrechtlich erfahrenen Rechtsanwalt, wenn Sie eine Einschätzung zur Rechtswidrigkeit Sie belastender Äußerungen benötigen. Eindeutiger sind übrigens die Fälle, in denen jemand nachweislich unwahre oder kreditgefährdende Tatsachen über Sie behauptet – hier verbieten die Gerichte beim Nachweis der Unwahrheit entsprechende Äußerungen recht zeitnah im Wege von Eilverfahren.
> Vergessen Sie parallel zu einem Vorgehen gegen den Schädiger nicht, auch den Betreiber der Plattform durch rechtzeitige Information über Inhalt und Umfang der Rechtsverletzung in die Pflicht zu nehmen und zur Löschung aufzufordern. Handelt er nicht innerhalb angemessener Zeit, besteht unter Umständen dann auch ein direkter Anspruch gegen ihn auf Unterlassung. Machen Sie von dieser Möglichkeit also Gebrauch!

- **Eine negative Bewertung hat auch Vorteile!**

Kennen Sie noch die Mitschüler, die »nur die Note 1 hatten«? Die waren schon etwas seltsam. Und dass ein Zahnarzt nur eine Note 1 bekommt, also kein Patient eine Behandlung mit der Note 2 bewertet, und es auch niemanden gibt, der eine Behandlung mal mit 3 oder 4 bewertet, ist nicht nur ungewöhnlich, sondern auffallend; ganz besonders bei hohen Bewertungszahlen. Eine negative oder mittelmäßige Bewertung lässt das Gesamtergebnis viel glaubwürdiger erscheinen.

- **Das Bewertungstal**

Es gibt ein Phänomen bei den Bewertungen: das Bewertungstal. Das bedeutet, ein Zahnarzt hat viele Bewertungen im Bereich 1 und 2, keine Bewertungen der Note 3 und 4, und viele Bewertungen der Note 5 und 6. Erfahrungsgemäß lässt dies folgenden Schluss zu: Die zahlreichen negativen Bewertungen sind echt. Um die auszugleichen, »sorgt« der Arzt engagiert für viele gute und sehr gute Bewertungen, und so entsteht ein Bewertungstal. Normal ist eine Gaußsche Normalverteilung mit wenigen Ausreißern; Bewertungstäler sind stets »verdächtig«. Verdächtig ist übrigens auch, wenn die »guten« Bewertungen in einem erstaunlich engen Zeitfenster stattfanden, die negativen Bewertungen hingegen über einen längeren Zeitraum.

- **Nur negative Bewertungen**

Auch das kann es geben und wer auf den Portalen sucht, findet viele Ärzte, bei denen tatsächlich eine Durchschnittsnote 5 steht, und das gelegentlich sogar bei hohen Bewertungszahlen.

Sie haben wenige Bewertungen, und die sind schlecht? Dann sprechen Sie sofort Ihre »liebsten« Patienten an, und bitten Sie die um eine gute Bewertung, damit Ihre Note rasch mindestens »gut« ist, denn mit der Note 5 werden Sie kaum neue Patienten gewinnen.

Sie haben viele Bewertungen, und dennoch eine katastrophale Benotung? Dann brauchen Sie Hilfe, denn ganz offensichtlich bieten Sie nicht das an, was Ihre Patienten erwarten.

> **Der Anwalt rät**
> Bewertungen sind im Regelfall Meinungsäußerungen, die einem weitgehenden rechtlichen Schutz unterfallen. Achten Sie also insbesondere darauf, ob nachweislich unwahre Tatsachenbehauptungen über Sie oder Ihre Praxis aufgestellt und somit zur Grundlage einer Benotung gemacht werden. Informieren Sie die Plattform entsprechend unter Darlegung Ihrer Sachverhaltsbewertung und verlangen Sie Korrektur bzw. Löschung. Reagiert der Anbieter nicht, kontaktieren Sie einen spezialisierten Rechtsanwalt und prüfen Sie, ob ein zivilrechtliches Vorgehen sinnvoll ist.

Tipp des PR-Beraters

Bei vielen Portalen können Sie, wenn Sie Premiumkunde sind, eher eine Löschung eines negativen Beitrages und Kommentares erreichen, als wenn Sie ein beitragsfreies Mitglied sind, denn die Portale finanzieren sich nicht von den suchenden Patienten, sondern vornehmlich durch die zahlenden Premiumärzte. Doch beachten Sie Folgendes: Der Kommentar kann auch juristisch unterstützt gelöscht werden, dennoch verbleibt immer eine Spur! Irgendwo, meist unten, findet sich meistens ein Bereich, in dem Kommentare und Bewertungen aufgelistet sind, die gelöscht wurden. Tatsächlich wurde der Kommentar gelöscht, aber nicht die Überschrift. Wenn in der Überschrift also noch steht »Nie wieder diese Zahnärztin«, dann nützt Ihnen die Löschung des Kommentars darunter auch nicht wirklich viel. Außerdem wird der Kommentar gelöscht, die bewertende Note bleibt! Achten Sie also darauf, auch diesbezüglich mit dem Portalanbieter eine befriedigende Handhabung zu vereinbaren.

6.2.3 Wie bekommt eine Praxis eine gute Bewertung?

Natürlich erst einmal durch eine gute Behandlung und durch Patienten, die wissen, wie man eine Bewertung eigentlich abgibt. Lassen Sie kleine Kärtchen drucken, die ein oder zwei Arztbewertungsportale auflisten, auf denen Sie bewertet werden können. Geben Sie diese Karte dem (zufriedenen) Patienten nach der Behandlung in die Hand und sagen Sie, Sie würden sich freuen, wenn dieses tolle Behandlungsergebnis bewertet würde. Wenn Ihnen das zu »aggressiv« erscheint, dann legen Sie die Karten am Tresen aus, versehen mit: »Wir freuen uns auf Ihre Bewertung!«.

Tipp des PR-Beraters

Sie haben einen Patienten erfolgreich behandelt, und der Patient ist erleichtert und glücklich und »sitzt« nun bei Ihnen? Dann nutzen Sie genau diesen Moment! Geben Sie ihm ein Tablet-PC, rufen Sie schon die entsprechende Bewertungsseite auf und sagen Sie ihm, Sie würden sich freuen, wenn dieses auch in Ihren Augen schöne Behandlungsergebnis kurz bewertet würde.

Wenn Sie dies nur einmal pro Woche tun, haben Sie Ende des Jahres etwa 50 reale hervorragende Bewertungen!

6.3 Welche Portale sind relevant?

Hier ist zu beachten, dass es Portale gibt, die sich ausschließlich auf eine Fachrichtung konzentrieren, wie beispielsweise Ästhetik oder Diabetes oder Rheuma, aber die meisten bieten quasi alles unter einem Dach an. Neben den klassischen Arztbewertungsportalen gibt es Foren und Portale, in denen zwar nicht bewertet werden kann, aber dennoch die Möglichkeit besteht, sich an Fachdiskussionen zu beteiligen oder rein mit einer Präsenz zu erscheinen.

- **Checkliste: Eine Übersicht an Arztbewertungsportalen**
  - ▶ www.arzt.weisse-liste.de
  - ▶ www.docinsider.de
  - ▶ www.esando.de
  - ▶ www.imedo.de
  - ▶ www.estheticon.com
  - ▶ www.jameda.de
  - ▶ www.medfuehrer.de
  - ▶ www.onmeda.de
  - ▶ www.gofeminin.de
  - ▶ www.sanego.de
  - ▶ www.yoodoc.com
  - ▶ www.topmedic.de
  - ▶ www.all-about-esthetics.com
  - ▶ www.yourfirstmedicus.de
  - ▶ www.bessereaerzte.de
  - ▶ www.aerztebewertungen.com

Wo kann noch bewertet werden?

Bewertungsportale boomen und vielen ist nicht klar, dass Ärzte nicht nur auf Arztbewertungsportalen bewertet werden. Beispiele:

Yelp Yelp kaufte qype auf und ist ein typisches Bewertungsportal, auf dem alles bewertet werden kann, neben Restaurants und Werbeagenturen auch Ärzte. Wichtig ist hier, dass die möglichen Daten eingepflegt werden. Das Interessante an Yelp ist, dass das Eintragen aller Daten kostenlos und gebührenfrei ist, und wenn Sie mal Yelp eingeben und dort nach einem Zahnarzt in Ihrer Stadt suchen, werden Sie feststellen, dass Yelp schon stark genutzt wird, auch von Ihrer Konkurrenz. Yelp ist in den USA äußerst populär mit über 100 Mio Nutzern und will nun Europa erobern.

Facebook Natürlich können Sie auch bei Facebook bewertet werden, und zwar auf Ihrer eigenen Facebookseite.

Google Wenn Sie ein Google+-Konto haben, können Sie dort bewertet werden; das sind die »Google Bewertungen«. Das hat einen enormen Vorteil: Wer nach Ihnen sucht und Sie bei Google findet, sieht in dem Google Places Fenster rechts auch den Bereich Google Bewertungen und dazu die Zahl der Bewertungen. Mit einem Klick kann der Googlesuchende sogleich Bewertungen samt Kommentar über Sie erfahren. Bei guten Bewertungen hat das enorme Vorteile, sofort einen guten Eindruck schon bei der Googlesuche zu hinterlassen.

- **Was steht wo über mich?**

Wissen Sie eigentlich, was über Ihre Praxis irgendwo im Internet auf irgendwelchen Portalen oder in irgendwelchen Foren geschrieben wird? Nein? Dann sollten Sie sich darüber informieren, damit Sie dem nicht ausgeliefert sind. Dazu gibt es drei Möglichkeiten:
— Sie geben Ihren Praxisnamen (sowie danach auch Ihren eigenen Namen) bei Google (oder einer anderen Suchmaschine) ein und werten die Ergebnisse aus. Womöglich können Sie die Ergebnisse präzisieren, wenn Sie noch »Bewertung« oder »Meinung« im Suchfenster hinzugeben.
— Sie geben bei »Google Alert« Ihren Praxisnamen ein und erhalten zukünftig regelmäßig Nachricht, wenn etwas im Internet über Sie erscheint.
— Die sicherste Variante ist, da die Suchmaschinen auch nicht jedes Forum genau durchleuchten, wenn Sie eine Recherche beauftragen; in dem Fall werden von einer Agentur auch die Foren und Blogs gezielt durchleuchtet, und Sie erhalten eine Auswertung dessen, wann was wie und wo über Sie geschrieben wurde. Dies kostet etwa zwischen 500 und 3.000 €.

6.4 Bewertungen kaufen

Es ist wie bei Facebook oder Twitter oder Youtube: Man kann alles kaufen – Freunde, Fans, Klicks, Sterne oder gute Bewertungen. Ein guter Arzt braucht das nicht, und bedenken Sie dabei immer, dass es publik werden kann. Dann wäre der Ruf der gesamten Praxis ruiniert. Zudem stellt das unter Umständen eine Irreführung oder eine Verschleierung von Werbemaßnahmen dar und ist wettbewerbswidrig. Also lassen Sie das lieber.

6.5 Foren

Sie sind die Expertin oder der Experte, und in den Foren suchen sich interessierte Patienten guten Rat und zuverlässige Information, weil sie der Meinung sind, dort neutral und ehrlich informiert zu werden. Überlassen Sie diese Informationsmöglichkeit nicht anderen Patienten oder »Möchte-gern-Experten«, sondern nehmen Sie dort als seriöser Experte teil. Beantworten Sie medizinische Fragen oder nehmen Sie einfach teil an Diskussionen. Es ist eine nahezu perfekte Situation für Sie: Dort sind Patienten, die sich informieren wollen, vielleicht einen Experten suchen, und Sie sind als Experte dort präsent.

Xing

Marc Däumler, Marcus M. Hotze

7.1 Anmeldung – 154

7.2 Foto – 156

7.3 Profildetails – 156

7.4 Portfolio – 158

7.5 Weitere Profile im Netz – 158

7.6 Pflege – 158

7.7 Newsmeldungen – 160

7.8 Gruppen – 160

M. Däumler, M. M. Hotze, *Social Media für die erfolgreiche Zahnarztpraxis*, Erfolgskonzepte Zahnarztpraxis & Management, DOI 10.1007/978-3-642-45035-8_7, © Springer-Verlag Berlin Heidelberg 2016

Xing klingt zwar etwas »chinesisch«, und tatsächlich existiert dieses Wort auch im Chinesischen (»es funktioniert«), aber der Begriff stammt aus dem Angelsächsischen und ist die Abkürzung für »Crossing«, was für die Zusammenführung von Kontakten steht. Laut gängiger Meinung können Sie als Person mit jeder gewünschten Person auf der Erde über sechs Personenkontakte dazwischen direkt in Kontakt treten. Sie möchten einen Arzt für Mund-Kiefer-Gesichtschirurgie in der östlichen Tiefebene der Tundra in einem bestimmten Ort ansprechen? Unmöglich! Aber Sie kennen bestimmt jemanden, der wiederum jemanden kennt, der beruflich mit Personen aus dieser Gegend zu tun hat, und von denen kennt jemand einen, der kennt Leute aus der Tundra, und einer von denen kennt jemanden aus dem Ort, und der kennt diesen Arzt. Es ist möglich! Das Problem ist: Wie soll wer wissen, wen er ansprechen kann? Xing wüsste das (theoretisch). Sie geben dort einen Namen ein, und Xing sucht die Personen, die genau diese Kette ergeben. Die meisten Personen aber nutzen Xing wie eine persönliche, sich selbst aktualisierende Adressdatenbank, in der die Personen, mit denen man in Kontakt steht, aufgelistet sind, mit einigen persönlichen Informationen und Details, die eine konkrete Ansprache erleichtern, wie dem Lebenslauf oder Interessen.

Xing bietet eine kostenlose Basismitgliedschaft an sowie eine kostenpflichtige Premiummitgliedschaft. Der Vorteil der Premiummitgliedschaft liegt vor allem in drei Punkten:
- Sie können ohne Einschränkungen jedes Xing-Mitglied über Xing anschreiben.
- Sie haben mehr Möglichkeiten, sich bei Xing darzustellen.
- Mit einem erweiterten Filtern finden Sie gezielter Personen.

In der Klinikwelt besitzt Xing einen komplett anderen Stellenwert, denn die Personalwelt arbeitet sehr intensiv mit Xing und spricht über Xing konkret Fachpersonal an, da dort auch Lebensläufe sehr anschaulich dargestellt sind. Monatlich nutzen in Deutschland etwa 3 Millionen Menschen Xing, und es sind dort fast 8 Millionen Menschen registriert.

Wie kann ein Praxisarzt Xing nutzen, um strategische Vorteile für die Praxis zu erhalten oder damit direkt Patienten zu gewinnen? Zwar können berufliche Kontakte bei Xing sehr gut gepflegt und organisiert werden, doch in diesem Buch steht im Vordergrund, welchen spezifischen Nutzen Zahnarztpraxen aus Xing ziehen können.

Um es vorwegzunehmen: Patienten werden und sollen nicht über Xing mit Ihnen oder der Zahnarztpraxis kommunizieren. Der Austausch von Informationen zwischen Ärzten wird auch selten über Xing laufen, obgleich es hier zahlreiche sogenannte Gruppen gibt. Eine Bewerbung, zum Beispiel aufgrund einer dort gesetzten Stellenausschreibung der Praxis, kann tatsächlich über Xing erfolgreich sein. Sie haben auf einem Kongress interessante Kollegen kennengelernt und Visitenkarten getauscht, und nun? Wahrscheinlich werden diese Visitenkarten abgeheftet oder in eine Box gelegt. Suchen Sie lieber genau diesen Arzt bei Xing, und fügen Sie diesen Arzt zu Ihren Kontakten hinzu, und nun wissen Sie stets, wo Sie ihn »finden«, nämlich bei Xing, inkl. aller aktuellen Kontaktdaten.

7.1 Anmeldung

Gerade für junge Zahnärzte mit Praxis ist es hilfreich, schnell bei den überweisenden Ärzten in Erscheinung zu treten. Ein Brief, eine Einladung oder ein Besuch sind sicherlich sehr persönliche und gute Wege, sind aber auch zeitaufwändig, und eventuell wird es auch als aufdringlich angesehen. Xing als Social-Media-Kanal bietet hier große Vorteile. Erstellen Sie Ihr persönliches Profil als Zahnarzt, suchen Sie dann gezielt bei Xing nach Ärzten, die für Sie relevant sind. Denen senden Sie eine Kontaktanfrage. Der Vorteil liegt darin, dass Sie sich professionell vorstellen und somit dezent auf sich aufmerksam machen. Gleichzeitig verdeutlichen Sie auf dem Portal Ihre Kompetenz, inkl. der Möglichkeit, dass diese Ihnen antworten oder Ihre Internetseite besuchen können.

Mit einer Basisanmeldung sind Sie immerhin auffindbar, und tatsächlich erhöht auch diese Xing-Präsenz Ihre Suchmaschinenergebnisse, wenn nach Ihnen gesucht wird.

Rufen Sie die Internetseite ▶ www.xing.de auf und geben Sie unter »Registrieren« folgende Daten an:

7.1 · Anmeldung

- Vorname
- Nachname
- E-Mail
- Passwort

Der Anwalt rät
Mit der Registrierung müssen Sie die Datenschutzbestimmungen und die Allgemeinen Geschäftsbedingungen von Xing akzeptieren. Dies ist Voraussetzung für die Nutzung des Dienstes. Die Nutzungsbedingungen, die Sie über den angegebenen Link einsehen können, stellen Ihre Geschäftsgrundlage für alle Aktivitäten auf Xing dar und sollten daher von Ihnen durchgelesen werden. Denn nur wer die Spielregeln der Plattform kennt, kann für sich entscheiden, ob er damit einverstanden ist oder die Plattform meidet. Hier wird u. a. geregelt, welche Pflichten Sie bei Ihren Aktivitäten auf Xing haben und welche Grenzen für Sie gelten. Das Positive an Xing: Im Vergleich zu den meisten anderen (ausländischen) Anbietern richtet sich das Rechtsverhältnis ausschließlich nach deutschem Recht, Sie bewegen sich also in bekannten Gefilden.

Auf der Xing-Seite erscheint nun die Aufforderung zur Bestätigung der Registrierung über einen Link, der an die von Ihnen angegebene Adresse versendet worden ist. Klicken Sie auf den Button, woraufhin Sie zu dem angegebenen Postfachanbieter weitergeleitet werden. Hier geben Sie nun die Anmeldedaten an, und wahrscheinlich haben Sie nun schon eine Mail von Xing im Posteingang mit dem Betreff »Bitte bestätigen Sie Ihre Registrierung«. Nach einem »Klick« auf den angegebenen Link in der Bestätigungsmail wird der Xing-Account freigeschaltet.

Jetzt haben Sie die Möglichkeit, auf der Xing-Seite vor der Personalisierung Ihres Accounts einige persönliche Ziele und persönliche Informationen einzugeben – Xing bietet hierzu verschiedene Möglichkeiten an. Suchen Sie aus, was Ihren Zielen entspricht, beschreiben Sie Ihren Status zutreffend und drücken Sie zum Abschluss den grünen Button unterhalb Ihrer Eingaben. Anhand der Fragen merken Sie, dass Xing stark danach ausgerichtet ist, als Jobportal zu agieren. Sie haben die Angaben eingegeben und bestätigt? Willkommen, Sie sind nun bei Xing (Basis-Mitgliedschaft).

Im Anschluss werden Sie gefragt, ob Sie Basis-Mitglied bleiben oder das kostenpflichtige Premium-Angebot wahrnehmen wollen. Sie müssen sich nicht gleich entscheiden – das Premium-Angebot wird Ihnen Xing immer wieder anbieten, Sie können also jederzeit neu entscheiden.

Sie haben den Button »Basis-Mitglied bleiben« gedrückt und bekommen sofort erste mögliche Kontakte vorgeschlagen. Bei Dr. Stefan Beispiel sind es beispielsweise Xing-Mitglieder, die ebenfalls als Zahnarzt aus Berlin kommen bzw. momentan in Berlin beruflich tätig sind.

Speed Gehen Sie auf »Weiter zu Schritt 2«. (0 Sekunden)

Perfekt Hier können Sie nun beliebig viele Kontakte hinzufügen (dafür auf den Button »Hinzufügen« im jeweiligen Profil klicken, dann erhält die betreffende Person eine Kontaktanfrage). (10 Minuten)

Es ist wie mit den Fans bei Facebook und den Followern bei Twitter oder den Klicks bei Youtube: »Alle« schauen erst einmal auf die Zahl Ihrer Kontakte und bilden sich sofort einen ersten Eindruck. Zwar wissen Profis, dass zum Beispiel bei Facebook die Zahl der Fans nicht wirklich etwas aussagt, aber in der Tat spiegelt sich bei Xing in der Zahl der Kontakte Aktivität wieder. Deshalb, so egoistisch es klingt und auch ist, fügen Sie zunächst viele Kontakte hinzu, auch wenn Sie diese Kontakte gar nicht kennen. Später können Sie die wieder löschen. Und manchmal ergeben sich exakt daraus wichtige berufliche oder private Kontakte, die man vorher nicht ahnte!

Nun können Sie zu dem Punkt »Kollegen« gelangen. Hier können Sie (ehemalige) Kollegen, die auch ein Xing-Profil besitzen, suchen.

Speed Überspringen! (0 Sekunden)

Perfekt Geben Sie die »Art« und den »Ort« des letzten Arbeitgebers an, drücken Sie dann den Button »Kollegen finden«, und diesen senden Sie eine Kontaktanfrage. (10 Minuten)

Versuchen Sie einen Trick! Geben Sie bei »Art« doch mal Ihre Spezialisierung ein, zum Beispiel »Angstpatienten« oder »Kinderzahnbehandlung«; auch dann erscheinen »gute« Treffer.

Wenn beide Angaben getätigt wurden, erscheint eine Auswahl von Xing-Mitgliedern, die ehemalige Kollegen sein könnten (diese haben entweder den gleichen Ort oder die gleiche Art des Arbeitgebers angegeben).

Speed Überspringen! (0 Sekunden)

Perfekt Hier können Sie wieder gezielt Kontakte auswählen und dem eigenen Profil hinzufügen. Dafür muss der Button »Hinzufügen« im jeweiligen Profil gedrückt werden. (10 Minuten)

Viele Xing-Nutzer schauen gar nicht genau hin, wer eigentlich eine Kontaktanfrage versendet, sondern bestätigen einfach. Deshalb seien Sie sicher, dass viele sofort bestätigen werden. Das hat zwar eigentlich keinen Wert, erhöht aber zumindest Ihre Zahl an Kontakten.

Im Anschluss sehen Sie die Möglichkeit, nach ehemaligen Kommilitonen oder sonstigen ehemaligen Kollegen (»Alumni«) zu suchen.

Speed Überspringen! (0 Sekunden)

Perfekt Auswählen!

Xing schlägt einem User nun noch einmal eine Reihe von Kontakten vor, die den gleichen aktuellen Arbeitsort, die gleiche Art des Arbeitgebers, die gleiche Hochschule oder das gleiche Fachgebiet in ihrem Xing-Profil angegeben haben. Es ist oben zu lesen: »Diese Xing-Mitglieder könnten Sie interessieren«. Hier besteht jetzt wieder die Möglichkeit, einen Kontakt direkt auszuwählen (auf grünen Button »Hinzufügen« drücken). Oder man überspringt diese Seite und drückt den Button »Weiter zum Profil«. (10 Minuten)

Speed »Weiter zum Profil« klicken. (0 Sekunden)

Perfekt Wählen Sie möglichst viele Kontakte aus. (10 Minuten)

Nun erscheint das Xing-Profil mit den Daten, die bereits angegeben wurden (Vorname, Nachname, Stellenbeschreibung, Ort). Vervollständigen Sie nun Ihr Profil mit allen Angaben, die Sie von sich preisgeben wollen.

> **Tipp des PR-Beraters**
>
> Mit dieser Strategie werden Sie schnell viele Kontakte erhalten, was für den Aufbau und den Start genau richtig ist, denn: Wer viele Kontakte bei Xing hat, der scheint wichtig zu sein. So zumindest ist die häufige Meinung, aber Ihr langfristiges Ziel ist es natürlich, die für Sie wichtigen und richtigen Kontakte zu finden. Deshalb sollten Sie sich ab 50 Kontakten nur noch auf die tatsächlich relevanten Kontakte konzentrieren und sukzessive die »Füll-Kontakte« wieder aus Ihren Kontakten entfernen.

7.2 Foto

Fahren Sie mit Ihrer Maus in das schwarze Fotofeld und klicken Sie doppelt. Nun öffnet sich Ihre Festplatte. Wählen Sie ein Foto aus, Doppelklick auf das Foto, fertig.

- **Checkliste: Fotoeigenschaften**
- Die Größe sollte maximal 20 MB umfassen
- Porträt
- Kein Freizeitfoto, denn Xing ist Business
- Sie alleine sollten darauf zu sehen sein, denn Xing ist im wahrsten Sinne »persönlich«
- Es kann durchaus das gleiche Foto sein, das Sie zum Beispiel bei Facebook verwenden

7.3 Profildetails

Klicken Sie hier, und es öffnet sich rechts ein Feld mit zahlreichen Feldern, die Sie ausfüllen können.

Was ist Ihr Ziel? Einen neuen Job werden Sie wohl kaum hier suchen oder angeboten bekommen (wollen), wenn Sie eine eigene Arztpraxis haben. Also geht es vor allem darum, sich im professionellen Kollegium kompetent darzustellen – primär, um sich als adäquate Praxis für Überweisungen zu positionieren, sekundär, um für Partnerschaften, Angebote oder Kongresse als interessante Persön-

lichkeit wahrgenommen zu werden. Genau danach richtet sich auch die nun folgende Beschreibung Ihrer Person. Die Begriffe, die Sie hier wählen, sind Suchbegriffe, also
- Begriffe, nach denen Personen Sie suchen, und
- Begriffe, nach denen Sie gefunden werden wollen.

Vergleichen Sie das mit der Googlesuche und Ihrer Website.
Begriffe wie »Freundlichkeit« haben hier keinen Erfolg, denn danach sucht niemand einen Zahnarzt bei Xing (bei Arztbewertungsportalen übrigens schon!).

- **Ich biete**

Dieser Punkt ist wichtig, denn hier schaut der Besucher schnell hinein, und es ist auch mit einem Blick gut darstellbar, warum ausgerechnet Sie interessant sind als Zahnarzt mit Praxis. Also stellen Sie hier unter Berücksichtigung der Regelungen aus Berufsordnung und HWG (wie in ▶ Kap. 2 dargestellt) viele Begriffe ein.
Oberbegriffe sind genauso wichtig wie untergeordnete Begriffe. Tragen Sie tatsächlich die Daten/Wörter ein, unter denen Sie auch gerne bei Google gefunden werden möchten. Strategisch gesehen sollten Sie hier auch Begriffe nennen, die Sie auszeichnen, also Behandlungen, die kaum jemand anbietet oder auf die Sie sich besonders konzentrieren. Bei einer MKG-Chirurgin könnte es »Lippen-Kiefer-Gaumenspaltenkorrektur« sein oder bei einem Zahnarzt somit vielleicht »Weisheitszähne« oder »Knirschen«. Und besonders wichtig: Geben Sie natürlich den Ort an, an dem Sie praktizieren.

> **Tipp des PR-Beraters**
>
> Beginnen Sie mit den Eingriffen, die eher als »selten« oder als »besonders schwierig« gelten und in denen Sie sich als Experte sehen (möchten). Dann erst nennen Sie Eingriffe, die Sie auch sonst gerne anbieten. Auf diese Weise können Sie sich schnell erkennbar und leicht als Spezialist für bestimmte Eingriffe darstellen, also zum Beispiel auch für die Behandlungen, die andere möglichst nicht durchführen möchten.

- **Ich suche**

Dies ist nun ein strategischer Punkt, denn »Überweisungen« oder »Patienten«, am besten noch »gute Selbstzahler« können Sie hier natürlich nicht schreiben. Tragen Sie hier zum Beispiel ein: »Kontakt zu Kollegen, auch anderer Fachrichtungen, zwecks Austauschs«, »interessante Menschen«.

- **Berufserfahrung**

Hier tragen Sie Ihre medizinische (!) Ausbildung ein. Dass Sie vielleicht mal nebenbei eine Schauspielausbildung machten, ist spannend, aber verwässert hier den Eindruck des medizinischen Experten.

> **Tipp des PR-Beraters**
>
> Bitte nicht zu bescheiden! Sie haben, wenn auch nur am Rande, an medizinischen Studien teilgenommen, die »atemberaubend« spannende Titel tragen oder einfach sehr bekannt sind in der Branche? Und in den USA waren Sie zu einer Fortbildung? Am besten haben Sie bei einer anerkannten Koryphäe Ihrer Branche einen Fortbildungskurs belegt? Andere Ihrer Zahnarztkollegen haben das sicher nicht, also nennen Sie es! Sie verfolgen nur ein Ziel, nämlich, sich kompetent und interessant darzustellen, und das klappt nicht, wenn Sie sich klein machen. Schauen Sie ruhig mal bei den anderen, wie die das machen.

- **Ausbildung**

Hier schreiben Sie möglichst viel an Zusatzausbildungen hinein, denn wenn Sie jemand über Xing auswählt, ist er an den fundierten Qualifikationen interessiert, die andere eben nicht selbstverständlich vorweisen können.

- **Sprachen**

Grundkenntnisse? Muttersprache? Egal was, schreiben Sie dies hinein, denn Sprachen machen interessant und kompetent, und das ist Ihr Ziel! Dieser Punkt bekommt eine enorme Brisanz in Ihrer Marketingstrategie, wenn Sie sich beispielsweise auf ein Klientel aus dem Orient spezialisiert haben oder auf Kunden aus Asien.

- **Qualifikationen**

Sie schreiben diese Qualifikationen bei Xing quasi für zuweisende Ärzte, und ein halbstündiger Kurs »Pflaster richtig kleben« oder »Behandlungsstühle richtig pflegen« mag Patienten beruhigen, aber zieht bei Kollegen doch eher ein verächtliches Lächeln nach sich. Deshalb: Es müssen schon »wirkliche« Qualifikationen sein. Gerade Ärzte können hier viel vorweisen, ohne sich dessen bewusst zu sein.

- **Auszeichnungen**

Bitte eintragen, wenn es im Bereich Medizin welche gibt. Dieser Punkt gehört dann selbstverständlich auch auf Ihre Facebookseite und Ihre Internetseite sowie auf Ihre Arztbewertungsportalpräsenzen.

- **Organisationen**

Sie sind in medizinischen Verbänden, Gesellschaften oder Organisationen Mitglied oder unterstützen diese? Hervorragend! Alles muss hier stehen, denn das bietet auch die Chance einer Gemeinsamkeit, und erhöht die Sympathie und das Vertrauen.

- **Interessen**

Dieser Punkt ist teilweise geschäftlich und teilweise privat zu sehen. Forschen Sie oder verfolgen Sie ein ganz bestimmtes medizinisches Thema intensiv oder mit größerem Interesse? Dann sollte und kann das nicht nur oben bei »Ich suche« stehen, sondern auch hier!

Dennoch können Sie auch ein privates Interesse einstellen, aber mehr als zwei sollten es nicht sein, das passt dann doch besser zu Facebook.

- **Persönliches**

Diese Daten bitte ausfüllen.

Bitte unbedingt Ihren Geburtstag angeben (auch wenn Sie jünger aussehen). Denn Ihr Geburtstag erscheint dann als Hinweis bei Ihren Kontakten: Die anderen sehen es dann bei sich (bei Xing) und erhalten auch eine Mail als Erinnerung. Es ist ein Service von Xing, den Sie natürlich auch für sich nutzen können. Ganz gleich, ob diese Kontakte bzw. die Personen Ihnen gratulieren oder nicht: Sie erscheinen dort, und man nimmt Sie wahr.

7.4 Portfolio

Stellen Sie sich vor, Sie führen ein Logistikunternehmen oder ein Unternehmen für Verpackungen oder eine Autowerkstatt für Oldtimer, dann ist es sehr hilfreich, sich hier illustrativ mit all seinen Diensten darzustellen.

Speed Überspringen Sie diesen Punkt, denn Unternehmen wie zum Beispiel Verpackungsfabriken oder Speditionen werden auch über Xing gezielt gesucht, und das gleich direkt mit Ansprechpartner. Eine Zahnarztpraxis allerdings suchen weder Patienten noch Ärzte tatsächlich über Xing, deswegen können Sie diesen Punkt auslassen. (0 Sekunden)

Perfekt Sie haben besondere Forschungsergebnisse? Videos Ihrer Praxis oder digitale Praxisvorstellungen? Dann können Sie diese hier vorstellen! (10 Minuten)

7.5 Weitere Profile im Netz

Hier müssen Sie stehen, all Ihre Präsenzen im Internet, allen voran Social Media, also Internetseite, Facebookauftritte (Praxis und privat), Twitter, Youtube usw.

Dies ist Ihre Chance, »Eindruck« zu machen, denn wer hier zahlreich vertreten ist, der verdeutlicht modernes Denken und Handeln.

7.6 Pflege

Der einfachste Weg ist, wenn Sie stets per Mail bequem informiert werden, sobald es eine Sie betreffende Veränderung gibt, also zum Beispiel, wenn Ihnen jemand über Xing eine Nachricht gesendet oder einen Kontakt bestätigt hat. Dazu klicken Sie bitte mit der Maus einmal oben rechts auf »Einstellungen« und dann auf »Benachrichtigungen«. Im ersten Feld wählen Sie das HTML-Format aus, da es sich für Sie übersichtlicher darstellt. Im zweiten Feld klicken Sie sämtliche Benachrichtigungen an, aktivieren diese also.

Nun geht es darum, sich über Xing bei der Zielgruppe vorzustellen und bekanntzumachen.

Speed Sie werden angeschrieben oder gebeten, eine Kontaktanfrage zu bestätigen oder einer Gruppe beizutreten, dann tun Sie dies.

Schauen Sie genau hin, wer mit Ihnen bei Xing als Kontakt verbunden sein will. Ist es ein stadtbekannter Unsympath oder der Vorsitzende des Vereins »Prostatakrebs durch Biertrinken heilen«? Dann ist ein Kontakt sicherlich eher schädlich für Sie. In dem Fall bestätigen Sie einfach die Anfrage nicht, fertig.

Perfekt Sie sprechen aktiv Personen an, um mit denen bei Xing als Kontakt verbunden zu sein. Dazu klicken Sie oben rechts neben dem Suchfenster auf »Erweiterte Suche« und geben dann oben in dem neuen Fenster zum Beispiel »Allgemeinmedizin« und in das Feld der Stadt »Ihre Stadt, in der Sie arbeiten« ein. Nun klicken Sie auf »Suchen« und erhalten alle Allgemeinmediziner in der gewählten Stadt, die bei Xing sind. Und denen senden Sie nun eine Kontaktanfrage, und schon nehmen diese Sie wahr.

> **Tipp des PR-Beraters**
>
> Klicken Sie unter Benachrichtigungen auch den Xing-Newsletter mit den E-Mail-Tipps an, dann sind Sie wirklich stets gut informiert.

- **Und wenn sich ein Patient meldet und wegen einer Kontaktbestätigung anfragt?**

Dann bestätigen Sie! Wie kommt das wohl an, wenn Sie ein guter/treuer Patient um einen Kontakt bittet und Sie dies ablehnen? Aber natürlich gilt: Bitte keine vertrauliche Korrespondenz führen, die öffentlich lesbar ist.

- **Was soll ich bei der Kontaktanfrage schreiben?**

Sie kennen die Person überhaupt nicht, die Sie kontaktieren wollen, und suchen den Kontakt »nur«, um am Anfang mehr Kontakte zu haben? Dann schauen Sie, wo es einen Berührungspunkt gibt! Ist es die gleiche Stadt, der gleiche Bezirk, die gleiche Uni, der ehemals gleiche Arbeitgeber, was auch immer: Nehmen Sie das zum Anlass.

Beispiel
»Guten Tag Herr Dr. Müller, ich möchte mein Netzwerk mit interessanten Personen erweitern und habe gesehen, dass wir in der gleichen Stadt tätig sind. Über eine Kontaktbestätigung würde ich mich sehr freuen. Mit vielen Grüßen, Dr. Stefan Beispiel«

Wenn Sie die Person gar nicht kennen, aber ganz gezielt genau diese Person ansprechen wollen, weil es für Ihre Praxis sinnvoll ist? Dann sprechen Sie den Grund auch direkt an!

Beispiel
»Guten Tag, sehr geehrter Herr Dr. Schneider, ich habe Sie bei Xing entdeckt und sehe, dass wir im gleichen Fachgebiet tätig sind. Ich würde mich freuen, wenn ich Sie zu meinen Kontakten zählen darf. Mit vielen Grüßen, Stefan Beispiel.«

Sie wollen diese Person ganz gezielt ansprechen, um Ihr Zuweisermarketing auszubauen, kennen aber diese Person gar nicht persönlich? Dann stellen Sie sich hier vor, damit derjenige gleich weiß, worum es geht und auch ein Interesse spürt, mehr über Sie zu erfahren, und auf Ihre Internetseite geht.

Beispiel
»Sehr geehrter Herr Dr. Schmidt, als Zahnarzt mit eigener Praxis in Berlin liegt mir viel an einem guten Netzwerk unter Kollegen. Ich würde mich freuen, wenn wir unsere Kontaktdaten bei Xing austauschen. Mein Schwerpunkt liegt in der Behandlung von Knirschpatienten, und es würde mich interessieren, mehr über Ihre Schwerpunkte zu erfahren. Mit kollegialen Grüßen, Stefan Beispiel.«

> **Der Anwalt rät**
> Rechtlich wird vertreten, dass es sich bei derartigen Kontaktaufnahmen um eine elektronische Werbung handeln könnte, die als »Cold Mailing« ohne vorherige Einwilligung des Angeschriebenen gemäß § 7 UWG verboten ist. Grundsätzlich sprechen dafür durchaus einige

Argumente, weil ein elektronisches Anschreiben unbekannter Personen ohne Zweifel aus kommerziellen Erwägungen erfolgt – und eine Einwilligung dieser Empfänger eben meistens nicht vorliegt. Allerdings ist die Nutzung derartiger Funktionen durchaus typisch für elektronische Netzwerke, denen immerhin sowohl Absender als auch Empfänger in Kenntnis der Nutzungsmöglichkeiten freiwillig beigetreten sind. Trotzdem sollte hier bis zur rechtlichen Klärung dieser Frage im Zweifel immer Zurückhaltung geübt werden – betreiben Sie also keinesfalls »Massen-Spamming«; das wäre übrigens auch nach den Nutzungsbedingungen von Xing verboten.

- **Suche von neuen Kontakten als Premiummitglied**

Gehen Sie links oben auf das Xing-Zeichen (einmal klicken), und nun haben Sie einen guten Überblick:

Rechts oben sehen Sie die »Profilbesucher«, das ist besonders spannend, denn hier können Sie sehen, wer Ihr Profil aufgerufen hat, also wer sich über Sie informiert hat. Und das können Sie sehr gut nutzen, um diese Person, falls diese noch kein Kontakt von Ihnen ist, aber als Kontakt geeignet und empfehlenswert ist, direkt anzuschreiben. Doch beachten Sie: Wenn Sie bei Xing eingeloggt sind und ein Xing-Profil anklicken und aufrufen, sehen die entsprechenden Profilinhaber ebenso, wenn Sie deren Profil anklicken. Sie sind bei Xing nicht incognito unterwegs! Denken Sie daran, wenn Sie Ihren ehemaligen Chef oder gefürchteten Konkurrenten bei Xing »besuchen«.

Ebenfalls sehr nützlich sind die angezeigten Geburtstag – auch eine Möglichkeit, Kontakt aufzunehmen oder zu pflegen.

Rechts darunter sehen Sie »Vielleicht auch interessant«. Hier erscheint eine Liste von Personen, die in irgendeiner Form gleiche Angaben bei Xing gegeben haben wie Sie, also beispielsweise die gleiche Universität genannt haben oder gleiche Kontakte bei Xing haben wie Sie. Schauen Sie regelmäßig hier durch, ob sich darin für Sie interessante Personen finden, dann anklicken und Kontaktanfrage versenden.

7.7 Newsmeldungen

Bei Xing können Sie Neuigkeiten mitteilen, was in Ihrem Fall als Zahnarztpraxis eine Patienteninformationsveranstaltung sein kann oder ein Praxistag der offenen Tür. Dazu klicken Sie nun oben links auf das Xing-Logo, und Sie sehen anschließend »Neuen Beitrag erstellen« und darunter ein Feld mit »Was gibt's Neues«. Xing sollte für Sie möglichst ohne Patientenkommunikation sein, und es ist in Ihrer Branche eher unwahrscheinlich, dass ärztliche Kollegen auf Ihre dortigen News warten. Deshalb die Empfehlung: keine News.

7.8 Gruppen

Es gibt ein Thema, das Sie besonders interessiert und zu dem Sie gedankliche/wissenschaftliche »Mitstreiter« suchen? Sie haben zum Beispiel vor, eine Gruppe von Zahnärzten, Psychologen und Mund-Kiefer-Gesichtschirurgen sowie Orthopäden zu gründen, um das Thema »Knirschen« besser behandeln zu können? Oder vielleicht möchten Sie so einer Gruppe beitreten? Das geht bei Xing.

Eine Gruppe ins Leben zu rufen, die einen so medizinisch-wissenschaftlichen Anspruch besitzt, werden Sie wahrscheinlich eher über Verbände oder die Ärztekammer realisieren. Sollten Sie das dennoch beabsichtigen, dann klicken Sie rechts auf »Gruppe erstellen« und wählen hier den Weg der »Geschlossenen Gruppe«. Und zu dieser Gruppe können Sie dann gezielt Mitstreiter einladen.

Einfacher ist es, Sie schauen bei dem gewaltigen Angebot an Gruppen, ob es schon eine Gruppe gibt, die für Sie beruflich-strategisch oder medizinisch oder privat interessant ist, und treten dieser bei.

Dazu klicken Sie oben auf »Gruppen«, dann auf »Gruppen finden« und wählen dann in dem Menü das aus, was Sie interessiert. Bei den Treffern können Sie sich die Ziele der Gruppe anschauen und entscheiden, ob es das ist, was Sie wollen und erwarten. Dann können Sie der Gruppe beitreten oder nicht beitreten. Natürlich können Sie auch mehreren Gruppen beitreten.

In einer Gruppe, also in irgendeiner Form einer Gruppe von Gleichgesinnten, können Sie natürlich viel besser Ihre Bekanntheit ausbauen!

LinkedIn

Marc Däumler, Marcus M. Hotze

- **LinkedIn oder Xing?**

Diese Frage stellen sich viele, da es schon umständlich ist, zwei vergleichbare Portale parallel zu pflegen, die eigentlich das Gleiche bieten. Zwar ist in Foren eher die Meinung zu vernehmen, dass Xing übersichtlicher als LinkedIn sei – doch das ist als rein subjektiv zu werten. Wer hauptsächlich in Deutschland (als Arzt) agiert, der sollte sich für Xing entscheiden, da ein niedergelassener Arzt mit Praxis vermutlich kaum internationale englischsprachige Medizin-Kongresse besucht oder dort mit ärztlichen Kollegen in beruflicher Verbindung steht. Zudem sind bei Xing etwa doppelt so viele Nutzer im deutschsprachigen Raum registriert als etwa bei LinkedIn (4 Millionen). Wer allerdings beruflich medizinische Kontakte ins Ausland pflegt, der sollte sich ergänzend für LinkedIn entscheiden, schon deshalb, weil im englischsprachigen Ausland Xing kaum bekannt ist. Die Patientenkommunikation allerdings hat auch bei LinkedIn nichts zu suchen.

LinkedIn bietet ebenso wie Xing einen kostenfreien Basiseintrag sowie eine kostenpflichtige Präsenz, die auch mehr bietet. Hier gibt es beispielsweise genauere Suchfunktionen und die Möglichkeit, Kontakte und Nachrichten differenzierter zu archivieren und zu managen, sowie erweiterte Netzwerkstatistiken, die Aussagen darüber geben, wie das Profil angenommen wurde oder wie Personen darauf reagiert haben.

Nutzen Sie dieses Portal nur, wenn Sie es auch wirklich pflegen. Das heißt, dass Ihr Auftritt professionell sein muss, mit Foto und ausführlicher, aktueller Beschreibung. Selbstverständlich schauen Sie dann auch regelmäßig in Ihre dortigen Nachrichten. Sind Sie dort aber als »Karteileiche« registriert – einmal angemeldet, und das war es –, dann können Sie sich denken, wie vertrauenswürdig das bei Kollegen oder Patienten (auch die sind bei LinkedIn) eingeschätzt wird.

Instagram, Flickr, Pinterest und Tumblr

Marc Däumler, Marcus M. Hotze

9.1 Instagram – 164

9.2 Flickr – 165

9.3 Pinterest – 165

9.4 Tumblr – 165

Literatur – 165

Bilder sagen mehr als 1000 Worte. So in etwa könnte die Idee hinter Apps und Fotodiensten wie Instagram, Flickr und Pinterest klingen. Von Ihrem eigenen Account aus können Sie Fotos und Videos hochladen, mit Kommentaren versehen und anderen Nutzern zugänglich machen. Die Fotos vom »Tag der offenen Tür«, einer »Patienten-Veranstaltung« oder die »Weihnachtsdekoration in der Praxis« – hier finden Ihre Fotos die passende Plattform und können mit verschiedenen Tools und Bearbeitungsfunktionen in Szene gesetzt werden. Ihre Patienten können Ihnen folgen, ähnlich wie bei Twitter und Facebook. Und durch das Setzen von Schlagworten, den sogenannten Keywords, können die Bilder von anderen Nutzern noch besser gefunden werden.

Hinzu kommt der angenehme Vorteil, dass diese Apps erstaunliche Möglichkeiten bei den Fotografien bieten, also beispielsweise etliche und beeindruckende Filter für eine ebenso beeindruckende Inszenierung des Motivs.

Für Sie als Arzt und Praxisteam eignen sich Dienste wie Instagram, Flickr und Pinterest nur zusätzlich zu Facebook und Google+, da Sie auf diesen Seiten mehr Funktionen finden und Ihre Praxis besser vorstellen können. Ihre Beiträge der hier beschriebenen Fotodienste können Sie jedoch bei Facebook oder Twitter teilen und somit alle Social-Media-Aktivitäten verbinden.

> **Der Anwalt rät**
> Achten Sie darauf, dass Sie von allen Personen, die auf Ihren Fotos erkennbar sind, eine Einwilligung in die Veröffentlichung erhalten haben. Weisen Sie in Einladungen zu Veranstaltungen, am Veranstaltungsort oder vor Behandlungen schriftlich oder mündlich darauf hin, dass Fotos gemacht werden, die zu Zwecken der PR- und Öffentlichkeitsarbeit sowie des Marketings auch in den sozialen Medien genutzt werden sollen. Schweigen der Betroffenen ist zwar keine Zustimmung, aber wer nach einer solchen expliziten Aufklärung freundlich in die Kamera lächelt und posiert, wird seine Ablehnung der späteren Bildnisverwendung schwerer begründen können.
> Trotzdem: Sorgen Sie sicherheitshalber immer für eine (schriftlich) dokumentierte Einwilligung, insbesondere bei der Ablichtung von Mitarbeitern und Patienten. Gerade bei Patienten ist sicherzustellen, dass durch die Veröffentlichung die ärztliche Schweigepflicht nicht verletzt bzw. der Patientendatenschutz gewahrt wird. Achten Sie besonders bei der Ablichtung von Kindern darauf, dass nur die Erziehungsberechtigten die erforderliche Einwilligungserklärung geben können.
> Prüfen Sie alternativ, ob ggf. gesetzliche Ausnahmevorschriften gegeben sein könnten, die eine Bildnisverwendung auch ohne Einwilligung zulässig machen könnten (Vorliegen eines zeitgeschichtlichen Ereignisses, Personen als Beiwerk, Personen bei öffentlichen Versammlungen etc.). Häufig wird dies aber nicht der Fall sein bzw. die Zustimmung der Patienten nicht ersetzen.

9.1 Instagram

Instagram ist eine kostenlose App für Smartphone-Geräte und eine Mischung aus Foto- und Videoanwendung und sozialem Netzwerk. Bilder, die Sie mit dem Smartphone aufgenommen haben, können Sie bei Instagram mit verschiedenen Filtern und Effekten bearbeiten. Anschließend können Sie diese im Netzwerk hochladen und so anderen Nutzern zugänglich machen.

Angemeldete User, zum Beispiel Ihre Patienten, können Ihnen – wie auch bei Facebook und Twitter – folgen und Ihre Fotos kommentieren.

Bei Instagram werden täglich weltweit durchschnittlich 55 Millionen Fotos hochgeladen. So kamen bis heute etwa 20 Milliarden Fotos zusammen, täglich kommen etwa 20 Millionen neue Fotos hinzu, und die werden (theoretisch) von über 150 Millionen aktiven Nutzern gesehen und kommentiert. Vor allem bei Promis ist Instagram beliebt.

Problematisch ist, dass Instagram derzeit noch immer keine technische Möglichkeit anbietet, ein rechtskonform abrufbares Impressum einzufügen. Ein Impressum benötigen Sie aber auch auf

Instagram. Insofern bleibt nur die Einfügung der Anbieterkennzeichnung als Link in die Profilbeschreibung oder aber die Aufnahme eines Links in das Feld »Website«. Hier ist aber zur Erfüllung der formalen rechtlichen Anforderungen technisches Geschick gefragt – lassen Sie sich besser von einem Profi bei der Umsetzung beraten.

9.2 Flickr

Die Bezeichnung kommt vom Englischen »to flick through something« (»etwas durchblättern«) bzw. von »to flicker« (»flimmern«). Flickr ist ein kommerzielles Web-Dienstleistungsportal mit Community-Elementen, das es Benutzern erlaubt, digitale und digitalisierte Bilder sowie kurze Videos von maximal drei Minuten Dauer mit Kommentaren und Notizen auf die Website zu laden und so anderen Nutzern zugänglich zu machen (zu »teilen«). Neben dem herkömmlichen Hochladen über die Website können die Bilder auch per E-Mail oder vom Mobiltelefon aus übertragen und später von anderen Webauftritten aus verlinkt werden. Flickr bietet Ihnen die Möglichkeit, Fotos in Kategorien (auch Tags genannt) zu sortieren, nach Stichworten zu suchen, sogenannte Fotostreams (User-Profile in Form kleiner »Fotoblogs«) anderer Benutzer anzuschauen und Bilder mit Bildausschnitten zu kommentieren. Pro Minute werden bei Flickr ca. 5.000 Fotos hochgeladen.

9.3 Pinterest

Pinterest ist ein soziales Netzwerk, das kürzlich mit einem Wert von 11 Milliarden US-Dollars bewertet wurde, und in dem Nutzer Bilder-Kollektionen mit Beschreibung an virtuelle Pinnwände heften können. Sie haben richtig gelesen: Bei Pinterest haben Sie keinen Account und keine Seite, sondern eine Pinnwand. Andere Nutzer können diese Bilder teilen, also an ihre Pinnwand hängen (repinnen), ihren Gefallen daran ausdrücken oder kommentieren.

Der Name »Pinterest« setzt sich zusammen aus den englischen Wörtern »to pin« (»anheften«) und »interest« (»Interesse«). Gemeint ist damit, dass man durch das öffentliche »Anheften« an der digitalen Pinnwand seine eigenen Interessen herausstellen kann. Die Idee hinter Pinterest ist der gemeinsame Austausch über verschiedene Hobbys, Interessen und Tipps mithilfe virtueller Pinnwände. Die Inhalte von Pinterest können übrigens direkt und automatisch auf Ihrem Twitter-Account dargestellt werden. Durch die gezeigte Bildwelt können Sie Ihren Patienten einen großen Einblick in die Arztpraxis bieten. Der Aufwand besteht darin, Fotos an die eigene Wand zu pinnen und die ankommenden Kommentare zu moderieren. Bei Pinterest geht es in erster Linie um ein visuelles Selbstporträt.

Pinterest zählt nach eigenen Angaben in Deutschland über 2 Millionen Nutzer und bietet rund 30 Milliarden Fotos und Videos an. Inzwischen verursacht Pinterest ähnlich viel Datenverkehr wie Google oder Twitter.

9.4 Tumblr

Der Name ist erst einmal irreführend, denn er stammt aus dem englischen »to tumble«, was so viel bedeutet wie »etwas durcheinander bringen«. Tumblr wurde 2013 von Yahoo für eine knappe Milliarde Dollar gekauft und rangiert in Deutschland bei den Social-Media-Angeboten auf Rang 4, hinter Twitter und vor LinkedIn (Statista 2014).

Ähnlich wie bei Facebook erhält jeder Teilnehmer eine eigene Domain (»nutzername.tumblr.com«), und in einer Timeline lassen sich Beiträge von Freunden oder Fremden anzeigen. Es sind also wie bei Facebook Texte, Bilder, Videos oder Links zu sehen bzw. zu zeigen – allerdings ohne Kommentarfunktion. Besonders beliebt bei Tumblr sind die »gifs« (Graphics Interchange Format), bei denen Bilder, etwa ein kurzes Video, animiert werden; die lassen sich mit einer kostenlosen Bildbearbeitungssoftware leicht erstellen.

Literatur

Statista (2014) Top 10 Soziale Netzwerke nach der Anzahl der Besucher im September 2013 (in Millionen). ► http://de.statista.com/statistik/daten/studie/170467/umfrage/besucherzahlen-sozialer-netzwerke-in-deutschland). Zugegriffen: 09.07.2015

Foursquare

Marc Däumler, Marcus M. Hotze

Weltweit gibt es etwa 55 Millionen Nutzer dieses Social-Media-Angebots, in Deutschland sind es nach Unternehmensangaben etwa 600.000 Nutzer. Foursquare ist seit 2014 in zwei Geschäftsbereiche unterteilt:

Die Grundidee war und bleibt, dass Foursquarenutzer durch ein »Einchecken« (also dem Markieren, wo man gerade ist) anderen Usern mitteilen, wo sie sich gerade befinden, also an welchem Ort, zum Beispiel in einem Restaurant oder an einem öffentlichen Platz, und diese Orte können nun auch bewertet werden, wie beispielsweise bei Yelp, dem vorherigen Qype.

Neu ist nun die zweite App, mit dem Namen Swarm. Hierbei sendet die App den anderen »Freunden« automatisch den Ort, wo sich jemand gerade befindet, was die Möglichkeit des kurzfristen Chats und einem Adhoc-Treffen bietet.

Die übereinstimmende Meinung lautet, dass Foursquare sich noch durchsetzen wird. Der Vorteil, jederzeit, an jedem Ort, per Smartphone erfahren zu können, wo sich in der Nähe gute Orte oder gute Unternehmen (oder Freunde) befinden, ist evident. Für Foursquare spricht, dass die Zahl derer, die es nutzen, zwar relativ gering ist, aber diese Nutzer sind ausgesprochen aktiv.

Quelle: ▶ http://allesfoursquare.de/gastartikel-die-chronic-von-foursquare-meilensteine-nutzerzahlen-von-2009-bis-2014/

Serviceteil

A Anhang – 170

Stichwortverzeichnis – 178

M. Däumler, M. M. Hotze, *Social Media für die erfolgreiche Zahnarztpraxis*, Erfolgskonzepte Zahnarztpraxis & Management, DOI 10.1007/978-3-642-45035-8, © Springer-Verlag Berlin Heidelberg 2016

A Anhang

A1 Bildnisrechte

Bildnisrecht ist nicht gleich Bildnisrecht, obwohl in der Praxis oft keine Differenzierung stattfindet. Zu beachten sind etwa für die Frage, ob etwa ein Foto für Ihre Seite bei Facebook oder Twitter oder auf sonstigen Social Media Kanälen genutzt werden darf, ganz unterschiedliche Rechtsmaterien. Um beantworten zu können, ob Sie zum Beispiel das bei einer Behandlung aufgenommene Foto einer Patientin im Rahmen Ihrer Facebookseite verwenden dürfen, sind voneinander unabhängige Fragen zu beantworten:
- Urheberrechtliche Fragen: Wer hat das Foto gemacht und ist Inhaber der Urheber- oder Leistungsschutzrechte? Welche Rechte müssen Sie ggf. erwerben, um das Foto im vorgesehenen Umfang nutzen zu dürfen?
- Bildnisrechtliche Fragen: Hat die Patientin als Trägerin ihrer Persönlichkeitsrechte in Kenntnis der geplanten Verwendung in die Nutzung des Fotos eingewilligt? Wie muss eine solche Einwilligung aussehen, um das Recht am Bild und die ärztliche Schweigepflicht sowie das Datenschutzrecht gleichermaßen zu beachten?
- Werberechtliche Fragen: Dürfen Ärzte und Praxismitarbeiter in Berufskleidung zu sehen sein und eine Behandlung des Patienten mit ihrem medizinischen Gerät bildlich dokumentieren?

In der Praxis ist festzustellen, dass sich viel zu wenige Nutzer über diese Fragen ernsthaft Gedanken machen und die Rechtsmaterien sachwidrig vermischen. Ist man Inhaber aller erforderlichen Nutzungsrechte am Filmmaterial, hat aber die Einwilligung der abgebildeten Personen nicht erhalten, ist das Foto aber nicht nutzbar. Und natürlich verhält es sich umgekehrt genauso – wenn der Fotograf eines vom Patienten zur Veröffentlichung mitgebrachten Fotos mit genau dieser Veröffentlichung nicht einverstanden ist, kann eine Nutzung rechtswidrig sein. Dies kann dann zu rechtlichen Auseinandersetzungen führen und den (unberechtigten) Nutzer Nerven und Geld kosten. Deswegen unterscheiden Sie bitte zunächst immer strikt zwischen dem Recht am Fotomaterial und dem Recht der auf einem Foto Abgebildeten.

- **Urheberrechtliche Fragen**

Fotografien sind ganz überwiegend urheberrechtlich geschützt – entweder als Lichtbildwerke oder als Lichtbilder, die sogenannten Schnappschüsse. Gehen Sie grundsätzlich zunächst einmal davon aus, dass jedes Foto geschützt ist und es einen Rechteinhaber gibt, der über das Ob und Wie der Nutzung seines Werks entscheiden kann. Dass ein Foto »frei zugänglich« ist, etwa über die Google-Bildersuche, ändert daran nichts – hierdurch werden urheberrechtlich geschützte Inhalte nicht gemeinfrei. Ihre unerlaubte Nutzung erfolgt ganz überwiegend rechtswidrig. Auch kostenlose Bild-Datenbanken verfügen streng genommen nicht über »Freiware« – sie räumen den Verwertern lediglich (kostenlos) begrenzte Nutzungsrechte ein; diese hatte ihnen zuvor der Rechteinhaber übertragen. Auch hier gilt: Prüfen Sie immer in den Allgemeinen Geschäfts- oder Nutzungsbedingungen der Anbieter, zu welchen Bedingungen Ihnen diese Fotos zur Verfügung gestellt werden – und stellen Sie sicher, dass die von Ihnen konkret beabsichtigte Nutzung hiervon erfasst ist.

Auch bei der von Ihnen vorgenommenen Beauftragung eines Fotografen oder einer kommerziellen Bild-Agentur gilt: Treffen Sie mit Ihrem Vertragspartner eine Vereinbarung, in der Ihnen zeitlich, örtlich und inhaltlich möglichst uneingeschränkt die zur Erreichung des Vertragszwecks erforderlichen Nutzungsrechte eingeräumt werden. Beschreiben Sie mindestens den beabsichtigten Einsatz der Fotos, regeln Sie die Art und Form der Urheberangabe und lassen Sie sich auch das Recht zur Bearbeitung und Unterlizenzierung einräumen. Das brauchen Sie nämlich beispielsweise für Ihre Facebookseite. Eine solche Vereinbarung kann grundsätzlich mündlich getroffen werden; aus Nachweisgründen empfiehlt sich aber immer eine schriftliche Dokumentation.

Praktisch kann dies auch bereits in der Anfrage eines Kostenvoranschlags konkretisiert werden: Beschreiben Sie, wofür Sie ein Foto oder einen anderen Inhalt nutzen wollen und fragen Sie den Fotografen oder Rechteinhaber ausdrücklich nach den Kosten der Zurverfügungstellung nebst Einräumung aller zeitlich, örtlich und inhaltlich uneingeschränkten Nutzungsrechte zu Verwendung der Inhalte für alle Zwecke der PR und des Marketings sowie der Presse- und Öffentlichkeitsarbeit, dies einschließlich der Nutzung in analogen und digitalen, vor allem auch sozialen Medien. Ebenso sollten Sie sich das Bearbeitungsrecht sichern und transparente Regelungen zur Namensnennung treffen. Erfolgt auf dieser Grundlage ein inhaltlich nicht eingeschränktes Angebot, haben Sie den Vertragszweck und den von Ihnen erwarteten Umfang der Nutzungsbefugnis auf einfache Art und Weise schriftlich dokumentiert.

- **Bildnisrechtliche Fragen**

Hiervon unabhängig haben Sie bei Personenaufnahmen das Recht der Abgebildeten am eigenen Bild zu beachten. Eine Nutzung des Bildnisses einer Person ist nur mit deren Einwilligung zulässig, insbesondere wenn eine Nutzung zu werblichen Zwecken erfolgen soll. Nur in ganz seltenen Ausnahmefällen, etwa wenn Personen bloßes Beiwerk sind oder untergeordneter Teil einer öffentlichen Versammlung, kann eine gesetzliche Erlaubnis das Einwilligungserfordernis ersetzen. Achten Sie also auch in diesem Zusammenhang darauf, dass die abgelichteten Personen Ihnen – bestenfalls schriftlich – in Kenntnis des Verwendungszwecks eine Einwilligung in die Nutzung des Fotos erteilt haben. Dies gilt auch für Mitarbeiter und insbesondere für Patienten. Beachten Sie insbesondere bei Minderjährigen, dass hier ausschließlich die Eltern eine entsprechende Einwilligung zugunsten ihrer Kinder erteilen können. In Situationen, in denen auf Kinder spezialisierte Zahnärzte also Darstellungen von Behandlungen mit den kleinen Patienten verwenden wollen, ist insoweit besondere Vorsicht geboten.

Achten Sie also wegen des Rechts am eigenen Bild und datenschutzrechtlicher Bestimmungen darauf, sich vor einer Fotonutzung eine Einwilligungserklärung Ihrer Mitarbeiter und Patienten geben zu lassen. Diese könnte – grob gefasst – wie folgt ausgestaltet werden:

»Hiermit erkläre ich, [Name, Anschrift], mich damit einverstanden, dass [Name der Praxis/des Arztes] die von mir im Rahmen [meines Arbeitsverhältnisses/meiner Behandlung/der Patientenveranstaltung vom …] angefertigten Fotografien zu eigenen Zwecken (insbesondere des Marketings und der Presse- und Öffentlichkeitsarbeit) nutzen und unentgeltlich öffentlich zugänglich machen darf, dies insbesondere im Internet und in sozialen Netzwerken wie etwa Facebook, Twitter usw. Die Nutzung darf zeitlich, örtlich und inhaltlich unbeschränkt erfolgen und umfasst im Rahmen des Zwecks der Einwilligung das Recht der technischen Bearbeitung und zur Einräumung einfacher Lizenzen an Dritte.« [Datum, Unterschrift]

Diese Textfassung ist natürlich sehr knapp und am besten immer an den Einzelfall anzupassen. Insbesondere bei der Ablichtung von Patienten sollte ergänzend klargestellt werden, dass mit der Veröffentlichung auch nach Auffassung des Patienten eine Verletzung der ärztlichen Schweigepflicht oder des Patientendatenschutzes nicht verbunden ist bzw. der Arzt von diesen Verpflichtungen insoweit befreit wird.

- **Werberechtliche Fragen**

Schließlich sind alle Fotos vor ihrer Verwendung auch darauf zu untersuchen, ob ihr Einsatz zu werblichen Zwecken gegen das Berufsrecht oder das HWG verstößt. Die möglichen Rechtsfragen hierbei sind vielfältig, sodass dies immer eine Einzelfallprüfung voraussetzt. Ganz grundsätzlich: Die Abbildung von Ärzten und Praxismitarbeitern in Berufskleidung sowie die bildliche Darstellung von Krankheiten und von Vorher/Nachher-Vergleichen sind mittlerweile grundsätzlich erlaubt. Zu beachten ist allerdings, dass die Darstellungen nicht in missbräuchlicher, abstoßender oder irreführender Weise erfolgen und zu einer falschen Selbstdiagnose verleiten dürfen. Hiervon unabhängig gilt auch weiterhin das Verbot der Vorher/Nachher-Werbung für operative plastisch-chirurgische Eingriffe, soweit sich die Werbeaussage auf die Veränderung des menschlichen Körpers ohne medizinische Notwendigkeit bezieht. Wenn Sie unsicher sind, konsultieren Sie vor der Foto-Verwendung einen spezialisierten Rechtsanwalt. Das hilft, potentielle Rechtsverletzungen zu vermeiden, und ist im Ergebnis meist billiger.

A2 Netiquette

»Netiquette« setzt sich zusammen aus den beiden Begriffen »Net« für Netz bzw. Internet und »etiquette«, was aus dem Französischen stammt und übersetzt »Verhaltensregel« bedeutet. Es geht also um Verhaltensregeln im Internet, und um es noch klarer zu beschreiben: Es geht um die Verhaltensregeln auf Ihren Social Media Kanälen. Am gängigsten sind Netiquetten bei Facebook, aber man kann sie ebenso auf anderen Kanälen anbieten, zum Beispiel Youtube.

Dort beschreiben Sie, was für Ihre Facebookseitenbesucher erlaubt und gewünscht ist und was nicht.

Netiquetten sind umstritten. Je mehr Sie vorgeben, was wie gepostet oder kommentiert werden darf, desto mehr engen Sie die Kreativität und Freiheit und damit die eigentlich gewünschte Interaktion Ihrer Facebookseitenbesucher ein. Verstößt jemand gegen die Netiquette, können Sie allerdings sofort dessen Beitrag löschen, mit dem Vermerk, dass dieser gegen die Netiquette verstößt, wobei es natürlich bequem und angenehm ist, sich bei unangenehmen Beiträgen einfach beim Löschen auf die Netiquette zu berufen.

Speed Geben Sie keine Netiquette vor. (0 Sekunden)

Perfekt Verfassen Sie die Netiquette nicht als Aufzählung aller Dinge, die Sie weder dulden noch wünschen, schließlich ist man nicht auf der Anklagebank, sondern als gefälliger Text. Mehr als fünf Sätze wirken auch eher abschreckend. Schreiben Sie zu Beginn einen Satz wie »Um sicherzustellen, dass unsere treuen und neuen Facebookbesucher nie von anderen beleidigt, gekränkt oder in anderer Form belästigt werden, möchten wir auf unserer Facebookseite die Höflichkeitsregeln einhalten, die wir im täglichen Umgang in der Praxis auch pflegen. Dazu gehört für uns …«. Diese Netiquette steht etwas versteckt im Bereich Info. (60 Minuten)

- **Vorteile einer Netiquette**
- Strahlt Professionalität aus
- Bei negativen oder unerwünschten Beiträgen können Sie den Beitrag leicht löschen und sich an den Verfasser mit dem Hinweis wenden, gegen die Netiquette verstoßen zu haben. Damit haben Sie einen Grund, den Sie als neutrale Erklärung angeben können.
- Wenn es Themen gibt, die Sie auf keinen Fall auf Ihrer Facebookseite haben möchten, können Sie diese hier nennen; angenommen, Sie stehen gerade in einem (hoffentlich nur kleinem) Skandal, direkt oder indirekt, der durch die lokalen Medien geht, und Sie möchten dieses Thema auch aus juristischen Gründen nicht kommentieren, dann können Sie dies mit einer freundlichen Erklärung in der Netiquette anmerken.
- Sie können hier festlegen, ob auf Ihrer Facebookseite ein mittlerweile gängiges »Du« in Ordnung ist, oder für eine Zahnarztpraxis eher ein relevantes »Sie« erwartet wird. Denn wenn Sie jemand mit »Du« über Facebook anschreibt, können Sie bei der Antwort das »Sie« verwenden, und um niemanden peinlich zurechtzuweisen, verweisen Sie eingangs auf die Netiquette.

- **Nachteile einer Netiquette**
- Netiquetten werden von vielen Usern als legitime Erlaubnis gesehen, unangenehme Beiträge auch sofort löschen zu können, weil eben die Netiquette verletzt wurde. Das kommt einer Zensur gleich und widerspricht durchaus dem Grundgedanken von Social Media.
- Wenn Sie eine Netiquette haben, dann müssen Sie auch auf die Einhaltung achten. Das bedeutet, dass diese aufgestellten Regeln auch für alle gelten, inkl. der Konsequenz, bei »treuen« Fans genauso einzuschreiten wie bei irgendwelchen unbekannten Erstkontakten.
- Sollte sich jemand tatsächlich beleidigend oder unangebracht auf Ihrer Facebookseite verhalten, dann – ganz ehrlich – brauchen Sie nicht die Legitimation einer Netiquette, um diese Person zu ermahnen oder sanktionieren. Es ist Ihre Pflicht.

Der Anwalt rät
Aus rechtlicher Sicht ist der Nutzen einer Netiquette umstritten. Da ihr Inhalt oft Geschäftsbedingungen zum Gegenstand hat, stellt sich bereits die Frage nach der wirksamen Einbeziehung in das Nutzungsverhältnis. Hier gelten eher die strengen Regelungen des Rechts der Allgemeinen Geschäftsbedingungen (AGB), die in der Praxis bei dem Einsatz von Nutzungsbedingungen, Disclaimern und Netiquetten mangels Hinweis auf ihre Geltung und mangels (dokumentiertem) Einverständnis des Nutzers häufig nicht erfüllt sein dürften. Auch verstoßen viele gutgemeinte Netiquetten inhaltlich gegen die gesetzlichen Restriktionen etwa zu Haftungsfreizeichnungen oder Schadenstragung. Daher empfiehlt es sich, in Ihrer durchaus sehr sachgerechten virtuellen Hausordnung eher Spielregeln für das kommunikative Mitmachen aufzunehmen als dort eine Art rechtlicher Mini-AGB zu verankern. Denn insoweit gilt: Viele rechtliche Aspekte sichern ohnehin die auch vom Nutzer akzeptierten Facebook-Nutzungsbedingungen ab. Achten Sie immer darauf, dass die Regelungen Ihrer Netiquette den Nutzungsbedingungen von Facebook nicht widersprechen – das verbietet nämlich wiederum Facebook.

- **Checkliste: Was sollte in einer Netiquette stehen (Beispiel)?**

Sie können eine Netiquette in Textform verfassen, was sehr gefällig ist, aber gängig und einfacher ist eine numerische Aufzählung. Eine Netiquette ist erst mal eine Vorgabe und damit eine Einschränkung, und aus strategisch-psychologischer Sicht ist es angebracht, hier eine eher sympathisch-lockere Formulierung zu wählen und keine, die das einschüchternde Werk eines Anwalts vermuten lässt (auch, wenn dieser die Netiquette verfasst haben sollte).

1. Auch wenn es für viele altmodisch wirkt, so möchten wir auch aus Respekt vor Ihnen beim »Sie« bleiben.
2. Bitte beleidigen Sie niemanden, auch dann nicht, wenn Ihnen eine andere Meinung gar nicht gefällt.
3. Sollte jemand mit seinen Beiträgen andere beleidigen, so behalten wir uns vor, zum Wohle und Schutz aller anderen, diese Beiträge zu löschen, oder sogar den User zu sperren und Facebook zu melden.
4. Bitte vermeiden Sie es, uns auf unserer Facebookseite medizinische Daten über Ihre Behandlung öffentlich mitzuteilen, denn wir unterliegen der ärztlichen Schweigepflicht.
5. Ein Rechtschreibfehler passiert leider schon mal, auch uns. Bitte haben Sie Verständnis dafür, dass wir Wert darauf legen, dass Ihre Kommentare und sonstige Beiträge auf unserer Facebookseite auch möglichst ohne Rechtschreibfehler sind.

A3 Memoliste

Hier sehen Sie die in ▶ Kap. 1 erwähnte Memoliste (◘ Abb. A.1).

A4 Checkliste: Auswahlkriterien für die Suche nach einem externen Dienstleiser für Social-Media-Aktivitäten

Im Folgenden finden Sie eine Checkliste mit Auswahlkriterien für die Suche nach einem externen Dienstleiser für Social-Media-Aktivitäten (◘ Abb. A.2).

| Social Media für die erfolgreiche Zahnarztpraxis | Seite 1 |

Memoliste

1. Facebook:

E-Mail-Adresse: _____

Passwort: _____

Administratoren: _____ _____
                 (Name)   (Position)

                 _____ _____
                 (Name)   (Position)

Facebook-Seiten_ID: _____

Kreditkartenverbindung: _____

Angegebene Handynummer: _____

2. Google my Business:

Gmail-Adresse: _____

Mailadresse für Benachrichtigungen: _____

Passwort: _____

Administratoren: _____ _____
                 (Name)   (Position)

                 _____ _____
                 (Name)   (Position)

3. Twitter:

Benutzername oder E-Mail-Adresse: _____

Passwort: _____

4. Xing:

E-Mail-Adresse: _____

Passwort: _____

Abb. A.1 Memoliste

Social Media für die erfolgreiche Zahnarztpraxis	Seite 2

5. LinkedIn

E-Mail-Adresse: _____

Passwort: _____

6. Bewertungsportale

Portal: _____ Nutzername: _____ Passwort: _____
Portal: _____ Nutzername: _____ Passwort: _____
Portal: _____ Nutzername: _____ Passwort: _____
Portal: _____ Nutzername: _____ Passwort: _____

7. Sonstige Zugangsdaten:

_____

_____

_____

Abb. A.1 Fortsetzung

Social Media für die erfolgreiche Zahnarztpraxis	Seite 1

Checkliste: Auswahlkriterien für die Suche nach einem externen Dienstleiser für Social Media Aktivitäten

Ob Steuerberater, Fachanwalt oder PR-Berater – externe Dienstleister sind hilfreich und oft notwendig, aber die Auswahl ist schwierig. Gibt es bei einem Fachanwalt noch die Sicherheit des Titels, ist das in der Marketingbranche schon schwieriger, denn »PR-Berater«, »Marketing-Spezialist« und »Social Media-Experte« sind nicht geschützte Bezeichnungen (jeder kann sich so nennen).

Kriterien, die bei Suche eines Social-Media-Experten helfen:

		JA	NEIN
a.	**Referenzen:** Die Agentur muss Social-Media-Erfahrung nachweisen können, also lassen Sie sich Referenzen zeigen. Hier ist nicht nur das optische Erscheinungsbild relevant, sondern schauen Sie sich auch die Zahlen an: Wie viele »Gefällt-mir«-Angaben oder Follower wurden erreicht in einer bestimmten Zeit?	☐	☐
b.	**Interaktion:** Gibt es bei den Social Media Auftritten, die von der Agentur betreut werden, Interaktion (Likes, Retweets, Teilen, Kommentare)?	☐	☐
c.	**Identifikation:** Ist die Agentur selber aktiv in den Social-Media-Kanälen, die Sie beauftragen möchten? Und wie sieht es da aus? Ist die Agentur selber nicht aktiv, dann können Sie annehmen, dass die Agentur die Bedeutung selber nicht erkannt hat; oder kennen Sie eine Internetagentur ohne gute Internetseite?	☐	☐
d.	**Stil?** Gefällt Ihnen der Stil? Ist die Rechtschreibung in Ordnung? Die Agentur arbeitet in Ihrem Namen und verfasst in Ihrem Namen Post, Tweets, Texte, Beiträge und Kommentare. Sie müssen sich damit identifizieren können, es muss Ihnen gefallen.	☐	☐
e.	**Medizinerfahrung:** Es geht um medizinische Themen und Sachverhalte, und die müssen sensibel und glaubwürdig mit Verständnis kommuniziert werden. Deshalb muss die Agentur Erfahrung mit medizinischen Themen nachweisen können und sich auskennen mit den Grundregeln der HWG.	☐	☐
f.	**Alles im Angebot und alles inhouse?** Sie wollen zum Beispiel Facebook und Arztbewertungsportale als Pflegeauftrag vergeben? Dann sollte dies in einer Agenturhand liegen, denn es muss inhaltlich und strategisch aufeinander abgestimmt sein – außerdem kostet es sonst doppelt so viel Zeit. Das gleiche gilt für Text und Grafik, denn beides wird bei der Pflege von Facebook und Google+ verlangt. Kann eine Agentur das nur über weitere externe Dienstleister anbieten, dann wird es teurer und dauert grundsätzlich länger bei der Umsetzung und Korrektur.	☐	☐

Abb. A.2 Checkliste: Auswahlkriterien für die Suche nach einem externen Dienstleiser für Social-Media-Aktivitäten

A Anhang

| Social Media für die erfolgreiche Zahnarztpraxis | Seite 2 |

g. Fester Ansprechpartner:

PR-Arbeit ist eine individuelle Arbeit, deshalb brauchen Sie einen festen Ansprechpartner, vergleichbar mit einem Anwalt oder Steuerberater, der auch nicht immer wechselt. Gibt es den? ☐ ☐

h. Persönlicher Kontakt:

Heute kann alles bequem per Mail oder Telefon abgestimmt oder besprochen werden, die Agentur muss nicht vor Ort sein. Aber das heißt nicht, dass Sie sich nie persönlich kennengelernt haben. Sie sollten schon wissen, wer in persona für Sie arbeitet. Ein Vorort Termin gehört zum guten Stil, zumindest ein persönliches Gespräch Auge in Auge. ☐ ☐

i. Konzept!

Nicht nur Sie müssen wissen, was die Agentur tun wird, auch die Agentur muss wissen, was sie tun soll. Und das Beste ist, es wird für alle schriftlich festgehalten. Im Konzept ist die Strategie beschrieben, inklusive der Kosten, Botschaften und Ziele. Ist das der Agentur zu viel Arbeit, wissen Sie gleich, wie die Agentur arbeitet. ☐ ☐

j. Kurze Vertragsdauer

Lernen Sie die Agentur erstmal kennen, vielleicht ist die Arbeit sehr gut, aber die Chemie passt nicht. Es gilt auch hier zur Orientierung die 100-Tage-Regel. Die zu empfehlende Startlaufzeit sollte zwischen drei und sechs Monaten liegen: In drei Monaten können Sie die Arbeitsweise und die Erfolge einschätzen. Verträge über mehr al s ein Jahr sind unüblich. ☐ ☐

k. Keine Versprechen und Garantien

Agenturen, die Ihnen eine bestimmte Anzahl an von »Gefällt-mir« -Angaben, Followern, Kommentaren oder sogar neuen Patienten versprechen, sollten Sie meiden. Das klingt erstmal verlockend, aber man kann nicht das Handeln von unbekannten Dritten seriös vorhersehen oder sogar garantieren. Meistens steckt dann die Strategie »Quantität hilft« dahinter, und Ihr Anspruch als Zahnarzt kann nur Qualität sein. ☐ ☐

Abb. A.2 Fortsetzung

Stichwortverzeichnis

A

Account 32
Administrator 107
Apps 82

B

Bewertung 80

C

Call to action 70
Chronik 76
Corporate Design 3, 120

E

Edge-rank 70

F

Facebook 13
Facebookprofil 16, 18
Facebookseite 18
Fan 17
Flickr 163
Folgen 164
Follower 111, 118
FollowFriday 131
Foren 10, 146, 162
Fotos 82
Foursquare 167
Freunde 9, 17

G

Gefällt mir 45
Google Analytics 93
Google+-Konto 89
Graph Search 82

H

Hangout 86
Hashtag 52, 111, 123

I

Image 3, 50
Impressum 6, 25, 93, 116
Impressumspflicht 94, 116
Instagram 163
Interaktion 5, 16, 86

K

Kommentieren 50, 140, 146, 164

L

Link 10, 19, 116
LinkedIn 161

M

Meilenstein 50

P

Pinterest 163
Posten 50
PR 3
Privatsphäre-Einstellungen 18
Profil 16
Profilbild 18, 91

R

Registrieren 19
Reichweite 52, 140
Retweet 111
Retweeten 125
Rezension 81

S

SEO 5, 143
Shitstorm 66
Sicherheit 38, 117
Social Media 2, 129, 134
Statistik 16
Statusfeld 59
Suchmaschinenoptimierung 5

T

Targeting 76
Teilen 50, 125, 165
Themen 2, 86, 134
Titelbild 135
Tumblr 163
Tweet 125
Twitter 109
Twitterwall 123

U

Unternehmensseite 22
Urheberrecht 23
URL 21

V

Vanity-URL 21
Veranstaltungen 6, 16, 164

W

Widgets 121

Y

Youtube 7, 86, 133

Z

Zuweisermarketing 3, 66, 147, 159